« J'aimerais penser
que je vous manque un peu »

STEFAN ZWEIG

« J'aimerais penser que je vous manque un peu »

Lettres à Lotte
1934-1940

*Texte établi et présenté
par Oliver Matuschek*

*Traduction de l'allemand et avant-propos
par Brigitte Cain-Hérudent*

ALBIN MICHEL

*Cet ouvrage est publié avec le soutien
de la Fondation d'entreprise La Poste*

Sommaire

Avant-propos à l'édition française

Ce livre a deux auteurs : Stefan Zweig, qui dans une période cruciale de sa vie, 1934-1940, écrivit ces cent quarante *Lettres à Lotte* – jusqu'alors inconnues du public français –, et Oliver Matuschek, qui les donne à découvrir : rassemblées, classées et éclairées par un texte continu destiné à retracer les circonstances changeantes d'une relation qui naît et se développe. Aucun des ouvrages consacrés à Stefan Zweig par le chercheur allemand aujourd'hui confirmé qu'est Oliver Matuschek n'a encore été traduit en français, c'est pourquoi nous aimerions, d'abord, le présenter.

«Aus der Ordnung» : cela pourrait se traduire avec exubérance par «hors du cadre, exceptionnel, insolite et indiscipliné». Et c'est ainsi que nous comprenons, *a priori*, le titre de l'exposition qui a marqué recémment (juin-septembre 2022) à Salzbourg (Autriche) les dix années d'existence des Archives littéraires (Literaturarchiv Salzburg). Oliver Matuschek en est l'un des deux curateurs, pour le dire à l'allemande. Dans cette exposition, on découvre (et l'on peut contempler!) un vieux pardessus laissé par Bertolt Brecht de passage par Salzbourg en rentrant d'un long exil, ou des écorces de bouleau utilisées comme support d'écriture par Peter Handke, ou encore des bribes d'enveloppes déchirées, usagées et autres bouts de papier récupérés dans la corbeille pour servir de marque-pages et retrouvés dans les livres de la – ou plutôt des multiples bibliothèques de Stefan Zweig[1]. Pour mettre en valeur et rendre *dignes d'exposition* ces objets ô combien insolites dans des archives, il faut beaucoup d'érudition et d'imagination : récupération tranquille, situationnisme *soft*, sans aucune agressivité subversive. Cette exposition pacifique et singulière nous paraît correspondre à une tendance profonde d'Oliver Matuschek, né en 1971 à Braunschweig (Brunswick, à 70 kilomètres à l'est de Hanovre, en Basse-Saxe).

Après des études d'histoire contemporaine, assorties d'un peu de politologie et de pédagogie empirique, il travailla plusieurs années (2000-2004) au musée d'Art de sa ville natale. Mais depuis 1994, il menait des recherches en vue d'une œuvre magistrale : reconstituer le catalogue de la collection d'autographes de Stefan Zweig, exceptionnelle en son genre. L'ouvrage de Matuschek, qui en est digne, fut publié en 2005 sous le titre *Je connais la magie de l'écriture*[2]. Ce livre n'est évi-

---

1. Cf. *Stefan Zweigs Bibliotheken*, comme s'intitule, au pluriel, le beau livre consacré à ces bibliothèques, puisque leurs lieux et leurs fonds ont évolué au cours de la vie mouvementée de leur possesseur, grand amateur de livres et collectionneur de manuscrits. Par Stephan Matthias et Oliver Matuschek, Sandstein Verlag, 2018, 143 pages grand format, richement illustrées (NdT).

2. Outre les 991 manuscrits autographes, précisément décrits, avec de nombreux fac-similés, O. Matuschek y a aussi rassemblé une bonne vingtaine de textes composés par Zweig entre 1913 et 1936 sur l'art et la passion de collectionner. «*Ich kenne den Zauber der Schrift.*» *Katalog und Geschichte der Autographensammlung Stefan Zweigs* [«*Je connais la magie de l'écriture*». *Catalogue et histoire de la collection d'autographes de Stefan Zweig*], Oliver Matuschek (dir.) (Antiquariat In-libris, Katalog 15), Vienne, 2005, 432 p. (NdT).

demment pas traduit et ne le sera peut-être jamais, c'est pourquoi nous nous permettons d'insister, dans l'intérêt du public français.

Depuis cette publication, suivie en 2006 par une biographie intitulée *Stefan Zweig. Trois vies*[1], Oliver Matuschek apparaît comme une référence capitale pour la vie et l'œuvre de Stefan Zweig. Mais il est resté un chercheur indépendant, même s'il s'est activement associé, dès sa création en 2009, au Stefan Zweig Zentrum implanté à Salzbourg. Et cette belle indépendance continue à résonner dans le titre de sa dernière exposition : «Aus der Ordnung».

Ses différents ouvrages publiés nous paraissent manifester la même personnalité : une érudition très soigneuse, puisée dans l'examen des pièces archivées et disséminées dans le monde entier, associée à une sensibilité imaginative, discrète mais réelle. Grâce à sa maîtrise des moyens informatiques il contribue activement au projet «Stefan Zweig Digital» lancé au début de l'année 2017 par le Literaturarchiv Salzburg. Dans le *Stefan Zweig Handbuch*, énorme «manuel» paru en 2018, qui se veut une encyclopédie de l'écrivain et de son œuvre, il a signé une présentation impeccable du *Nachlass* (les vestiges non publiés)[2]. On y trouve en particulier une mise au point précieuse concernant les trois principaux lieux où sont conservées des archives Stefan Zweig : 1. Fredonia (State University of New York), la Stefan Zweig Collection, dans la

---

1. Oliver Matuschek, *Stefan Zweig. Drei Leben*, Francfort-sur-le-Main, 2006, Fischer Taschenbuch Verlag, 406 p., avec illustrations, inédit en français (NdT).

2. Cf. p. 902-906, in *Stefan Zweig Handbuch*, Arturo Larcati, Klemens Renolder, Martina Wörgötter (dir.), De Gruyter, 2018, 1017 p. (NdT).

Daniel A. Reed Library; 2. Salzburg, le Literaturarchiv et la fondation Adolf Haslinger Literaturstiftung; 3. Jérusalem, The National Library of Israel. Oliver Matuschek appartient donc pleinement à la «nouvelle donne» des études zweigiennes[1] – d'autant plus qu'il vient de réaliser l'exploit de publier la correspondance de Stefan Zweig avec Anton Kippenberg, le directeur de l'Insel Verlag à Leipzig, son éditeur et ami pendant plus de trente ans.

On l'aura compris, c'est avec une passion méthodique qu'Oliver Matuschek œuvre à la mise en valeur et à la confrontation des archives internationalisées – sans oublier celles restées entre des mains privées, auxquelles il parvient à accéder. Et il est manifestement animé du désir de renouveler l'art de la biographie, en général[2]. Ce qui est une tendance contemporaine très forte dans la création littéraire.

*

Dans ce livre qu'il a intitulé en 2013 «*J'aimerais penser que je vous manque un peu.*» *Lettres à Lotte Zweig 1934-1940* [«*Ich wünschte, dass ich Ihnen ein wenig fehlte*», *Briefe an Lotte Zweig*] se trouve évoquée, dans la vie de Stefan Zweig, toute une période où plusieurs phases doivent être distinguées.

---

1. Nous y avons contribué (plus modestement mais avec ardeur) par l'anthologie d'articles «politiques», puis «littéraires» inédits, en deux volumes, cf. Brigitte Vergne Cain et Gérard Rudent, «Stefan Zweig : la nouvelle donne» in *Revue des Deux Mondes*, décembre 2021-janvier 2022, p. 38-46 (NdT).

2. Signalons ainsi son originale étude historique autour des «éléphants de Goethe» : *Goethes Elefanten*, Insel Verlag, 2020, 107 p. (NdT).

1934 : une vraie renaissance. 1935-1936 : une valse-hésitation. 1937-1938 : liquidation générale de Salzbourg, dos tourné à Friderike et à ses filles. 1938-1939 : triomphe du nouveau couple. 1940-1941 : activité débordante. 1942 : panne brutale, fatale – et néanmoins géniale. C'est ainsi que l'on pourrait renouveler complètement la biographie longtemps inspirée, voire déterminée par Friderike Zweig la pseudo-veuve, par Donald Prater le Britannique et par Serge Niémetz le Français.

Dans cette mouvance, Lotte Altmann, la jeune Juive allemande devenue à Londres l'incontournable secrétaire est un *minus habens*, tout au plus une «vipère» (comme disait l'entourage de l'épouse délaissée). Ce livre procuré par Oliver Matuschek modifie un peu tout cela, mais en douceur.

Pour notre part, nous aimons, comme Boileau, nommer un chat un chat. La nouvelle donne, pour cette période 1934-1940, consiste à penser que Stefan Zweig, loin d'être dépassé par les événements, en a pleine conscience et réagit avec courage et discernement : ce n'est pas sur un coup de tête qu'il décide de réorganiser sa vie de grand écrivain germanique – lui qui jusqu'en 1933 se désignait plus souvent comme allemand que comme autrichien. Soutenu par sa réputation internationale, il entend persévérer dans son être – en dépit de la persécution hitlérienne qui fait de lui et de son œuvre une cible de premier choix. Le livre procuré par Matuschek est donc un peu paradoxal, au sens propre : il s'en prend discrètement à plus d'un stéréotype négatif concernant Zweig, mais il nous semble qu'il aurait çà et là facilement pu aller beaucoup plus loin.

*

11

Lotte Altmann se révéla vite comme la secrétaire idéale. Elle n'avait pas été recrutée au printemps 1934 par Friderike, à qui Matuschek accorde seulement l'avantage d'avoir bien accompagné les démarches nécessaires. À vingt-six ans, Lotte était intelligente, dévouée, trilingue (et douée pour toutes les langues). Souffrant sans doute dès l'enfance d'un asthme chronique, elle avait une expérience douloureuse du monde, depuis sa Haute-Silésie natale, devenue polonaise, et son brutal départ en exil, de Francfort-sur-le-Main vers Londres en 1933. Dans l'entourage de Friderike, on l'assimila successivement à l'Edith de Kekesfalva de *La Pitié dangereuse* (ou *Impatience du cœur*), à la « demoiselle des postes » de l'*Ivresse de la métamorphose*, et on la désignait aussi, sans gentillesse particulière, comme *La Femme silencieuse*. Ces assimilations sont des clés grossières, mais elles révèlent un fait indéniable : que Zweig et ses proches avaient l'imagination et la pensée fortement stimulées par la nouvelle secrétaire. Et pour l'écrivain, cela avait dû commencer dès avril 1934 au cours du travail préparatoire pour la biographie de Marie Stuart, dans une espèce de complicité joyeuse dont le souvenir ne le quittera plus !

À Londres vivaient aussi les proches de l'efficace secrétaire, la famille Altmann. Cela permit à Zweig de se glisser dans un nouveau personnage, de changer de peau en quelque sorte – et le lecteur découvre un nouveau Stefan Zweig, pas toujours indulgent, un homme très poli, bien de son temps, souvent taquin, doué d'un humour parfois juif. Les lettres qu'il écrit aux Altmann à partir de janvier 1939, donc dès avant son mariage avec Lotte (6 septembre 1939), montrent qu'il était devenu un quasi-beau-frère cordial et très attentif à toutes les difficultés rencontrées par ces exilés juifs valeureux : il sympathise vivement avec Hannah, la belle-sœur de Lotte, dont le mari Manfred, naguère médecin à Berlin, s'est bagarré pour exercer à Londres, et Zweig a ainsi pris conscience, dans tous les détails, de la catastrophe en cours – mille fois plus, sans aucun doute, que Friderike et ses filles trop protégées. À Bath, dans la nouvelle maison, Zweig joua bientôt au bon tonton avec la nièce de Lotte, Eva Altmann, aujourd'hui Alberman. Et cela constituera progressivement un héritage qui vit encore, même si l'œuvre de l'oncle prestigieux relève depuis 2013 du domaine public.

*

Toutes ces données sont incontestablement vivifiées par le récit que Matuschek a composé entre les lettres authentiques. C'est un tissu interstitiel qui se lit un peu comme un roman et où, mine de rien, tout un contexte biographique, historique, voire politique est évoqué, où mainte allusion est précisée. Sans prétendre pourtant à une exhaustivité qui serait vite indigeste : dans les réticences d'Oliver Matuschek entre beaucoup de sagacité. Il n'empêche que le lecteur voudrait quelquefois en savoir davantage…

C'est là que les nombreuses photos et les quelques fac-similés qui rythment ce volume jouent un rôle irremplaçable en stimulant l'imagination du lecteur, sa capacité à rêver, à se replonger dans ces temps anciens où tout était si différent d'aujourd'hui, sans qu'on y pense toujours. Même s'il s'agit en général de photos d'amateur, ces documents sont inédits pour la plupart, et très précieux, surtout concernant Lotte Altmann, dont la personnalité reste dans l'ombre, puisque toutes ses lettres à Stefan Zweig ont disparu[1]. Or, à plusieurs reprises, il la remercie de sa «longue lettre»! Toutes ont disparu, sauf une, datant de janvier 1935 (n° 20), une seule lettre d'amour, pourrait-on dire – mais qui pose problème, car c'est une copie censurée et tronquée –, par Friderike Zweig.

On touche ici à une autre réalité que la lecture de ce livre révèle crûment : c'est l'histoire d'une séparation difficile. Plusieurs textes permettent de suivre pour la première fois en détail l'affrontement entre Friderike et Stefan Zweig, de 1935 à 1937 (voir les «billets» n° 61 à 64, et la plus longue lettre du livre, en mars 1937, n° 81). S'y ajoute une lettre-bilan adressée par Zweig aux «enfants (trop) gâtées» que sont à ses yeux ses deux belles-filles, Alix et Suse von Winternitz (n° 87). Enfin, on découvre deux lettres-documents, rares, qui éclairent un peu les relations entre Stefan Zweig et son frère Alfred (n° 95). Ce volume de *Lettres à Lotte* constitue donc un vrai dossier biographique[2], puisqu'au total, plus d'un quart d'entre elles ne sont pas échangées entre les deux personnages principaux !

*

----

1. Voir plus loin la postface d'Oliver Matuschek, p. 357. Signalons aussi que dans l'après-guerre les Altmann, devenus légalement les ayants droit, optèrent pour la discrétion, face à une Friderike Zweig plutôt dominante, voire envahissante (NdT).

2. Les «Notices biographiques» en fin d'ouvrage fournissent d'éclairantes précisions sur les principaux membres des deux familles (NdT).

Il faut pourtant revenir à eux, Stefan Zweig et Lotte Altmann. Devant leur relation – plutôt banale, *a priori* : le grand écrivain et sa secrétaire –, le lecteur reste un peu perplexe. Un point l'intrigue en permanence, c'est la sexualité de ce nouveau couple, et il n'arrive pas à se persuader qu'elle était absente du travail de l'écrivain. Or le travail était l'essentiel, et de plus en plus, pour Zweig : l'essentiel pour survivre. Cette urgence mériterait d'être mise en exergue.

Il faudrait donc imaginer davantage ce travail qui les réunit. Et l'on s'aperçoit qu'ils l'ont pratiqué de plusieurs façons : ensemble et séparément. D'abord Lotte libérait son patron de la corvée du courrier, il y revient constamment dans ses lettres. Et c'était pour que l'écrivain puisse se concentrer sur son travail créatif : lectures, projets, ébauches. Ensuite, Zweig manifestement dictait des textes à Lotte, en improvisant d'après un canevas ou des notes. C'est là que l'ambiance devenait pour lui décisive : la présence de Lotte, ses réactions, ses modestes interventions, tout était joyeux, semble-t-il. Dès après la première période de travail à Londres en 1934, Zweig n'arrête pas de regretter ces séances heureuses, dynamiques. C'est que pour improviser brillamment il faut se sentir bien, emporté par son sujet, convaincu qu'il plaît à l'autre qui vous écoute. C'est un peu dommage que Matuschek n'ait pas souhaité évoquer cette dimension. Et quand Lotte avait mis au propre un beau texte bien tapé, bien aligné, sans faute (sans disposer des facilités de notre traitement de texte, *mind you !*), Zweig s'en saisissait et, se prenant (inconsciemment ?) pour Balzac, le surchargeait autant qu'il pouvait de précisions et de ratures. Bref, nous percevons beaucoup de libido à l'œuvre dans tout ça. La dictée était *in the mood*, d'un érotisme *soft*, *in præsentia*. La reprise, *in absentia*, était sauvage, plutôt *hard* ! Et le couple pouvait s'en amuser, plus souvent qu'on ne l'imagine. Mais à cet égard encore, Oliver Matuschek est plus prudent que nous.

Ce qui, à nos yeux, mériterait aussi d'être pointé plus nettement, c'est la richesse de «leur production», la grande diversité des œuvres signées Stefan Zweig, publiées entre 1934 et 1940 (et au-delà, jusqu'au début de 1942) : de *Marie Stuart* au *Monde d'hier*, en passant par *Castellion contre Calvin*, par *Le Chandelier enterré*, par *Magellan*, par *Amérigo*, par *Le Brésil, terre d'avenir*, par *La Pitié dangereuse*... Sans oublier les articles, les œuvres ébauchées, inachevées, et les ultimes nouvelles – dont *Le Joueur d'échecs* – et quelques autres, publiées d'abord en anglais. Sans oublier non plus la diversité des lieux : à Londres, à Zurich, à Ostende, à Marienbad, à Lugano, sur les hauts de Lisbonne, en bateau sur le *Normandie*, à Rio de Janeiro, à New York, à Ossining, à Petropolis, – que de séances productives, mais joyeuses et animées ! Tout ceci nous amène à contredire résolument la doxa selon laquelle Stefan Zweig, après 1934, devint une épave abandonnée à tous les vents mauvais[1] ! Que non pas ! Zweig fut heureux de changer de vie, et de pouvoir avec sa nouvelle assistante travailler comme un forcené, «comme sept démons», écrit-il en 1941 à son éditeur américain Ben Huebsch[2].

---

1. Quand Zweig évoque ses accès de «dépression», ses humeurs noires – ses «grosses crises de cafard», traduisons-nous dans la lettre n° 65 –, il faudrait se garder des interprétations rétrospectives à partir du suicide, et se souvenir de l'époque qu'il traversait, si inquiétante, décourageante et ravageuse : pas besoin d'un état pathologique pour être parfois abattu ou pessimiste (NdT).

2. Dans une lettre non datée, sans doute de juillet 1941, traduite par Laure Bernardi dans Stefan Zweig, *Correspondance 1932-1942*, p. 391, cf. Bibliographie, p. 390 (NdT).

Et Lotte le fut aussi[1]. Il ne faudrait pas l'oublier. Oliver Matuschek a l'immense mérite de s'en être souvenu. Et dans la remarquable édition commentée qu'il a donnée du *Monde d'hier*[2], nous avons été frappés par l'une de ces remarques discrètes, qui révèle toute sa sensibilité. Stefan Zweig, en tête de son premier chapitre, «Le monde de la sécurité», a inscrit huit vers, plutôt méditatifs, de Goethe – sans préciser davantage. Et Matuschek signale (à la toute fin de sa postface) que c'est la troisième strophe d'un poème, par ailleurs enjoué, intitulé *An Lottchen* : «À la petite Lotte». Il suggère de voir dans cette épigraphe une discrète manière de dédier cette œuvre majeure (l'ultime) à sa seconde épouse, à la compagne très efficace de son travail.

Brigitte Cain-Hérudent, 2022

---

1. Même si sa personnalité conserve une part de mystère, il suffit de comparer les photos de Lotte que ce livre fait découvrir – en 1933-1934, puis en 1938 et 1940 ! (NdT).

2. Véritable édition critique, qui comporte l'étude des états successifs du texte et, en tête de chaque chapitre, des notes ponctuelles et un commentaire synthétique : Stefan Zweig, *Die Welt von Gestern. Erinnerungen eines Europäers*, édition et commentaires d'Oliver Matuschek, S. Fischer Verlag, 2017, 700 p. (NdT).

Première partie

1933

Francfort-sur-le-Main

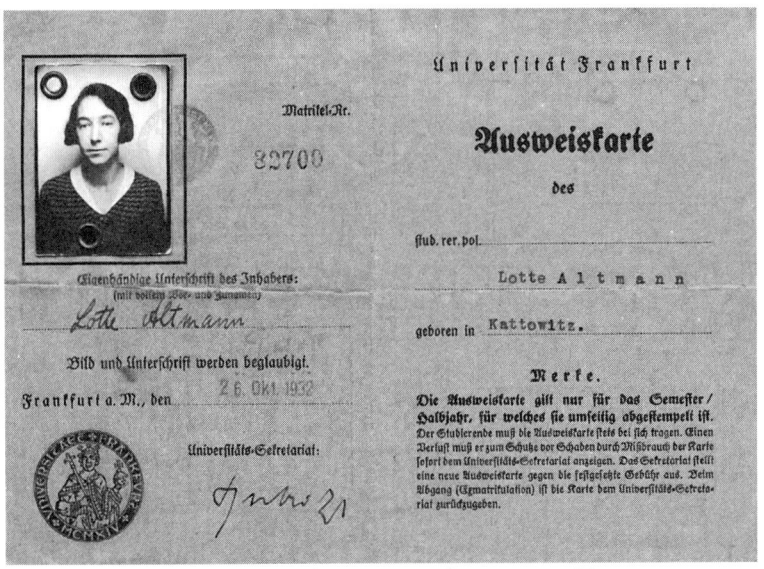

*Carte d'étudiante de Lotte Altmann pour le semestre d'hiver 1932-1933
à l'université de Francfort-sur-le-Main [document traduit p. 369].*

sofort ausgefüllt an Sekretariat zurücksenden

Johann Wolfgang
Goethe-Universität
zu Frankfurt a.M.

F r a g e b o g e n

für nichtarische Studierende.

18 Mai 1933

Zuname: . *Altmann* . . . . . Vorname: . *Lotte* . . . . .

Geboren am . *5. Mai 1908* . . in . *Kattowitz. O/S.* . . . . .

Staatsangehörigkeit: . . *Preussen.* . . . .

Studium: . *Volkswirtschaft.* . . . . . .

Wohnung: . . *Eppsteinerstr. 45^E* . . . .

1) Im wievielten Semester des gegenwärtigen Studiums stehen Sie? *7. Sem.*

2) Ist ein Elternteil arischer Abkunft? *nein*
   (Wenn ja) welcher?

3) Sind Ihre Großeltern arischer Abkunft? *nein*
   (Wenn ja) welche?

4) Hat Ihr Vater im Weltkriege an der Front für das Deutsche Reich
   oder seine Verbündeten gekämpft? *nein, er war nicht mehr dienstpflichtig*

   Sind Sie selbst Kriegsteilnehmer?
                   Kriegsbeschädigter? *nein*
                   Vertriebener?

5) Seit wann ist Ihre Familie in Deutschland ansässig?
   väterlicherseits seit dem 19. Jahrh.
   mütterlicherseits seit dem 13. Jahrh.

6) Hat Ihre Familie die jüdische Religion aufgegeben? *nein*
   (Wenn ja) seit wann?

7) Gehören Sie einer politischen Partei oder einem politischen Verein an?
   (Wenn ja) welchem? *nein*
           seit wann?

8) Welche sonstigen, für Ihre Weiterzulassung zum Studium sprechenden
   besonderen Gesichtspunkte haben Sie noch anzugeben?(z.B.Bruder gefallen)

       Ich versichere hiermit ehrenwörtlich, die obigen Angaben nach
   bestem Wissen und Gewissen gemacht zu haben.

               Frankfurt a.M., den   Mai 1933.

               Lotte Altmann
               (Vor- und Zuname)

Le questionnaire pour les étudiants non aryens, rempli par Lotte Altmann en mai 1933 [document traduit, p. 369-370].

Les responsables de l'université de Francfort-sur-le-Main ne perdirent pas de temps. À la fin d'avril 1933, une loi du Reich contre la prétendue surpopulation dans les universités avait été adoptée, et dès le début mai, l'administration distribuait un Questionnaire pour les étudiants non aryens. Sur le haut de la feuille avait été ajoutée à la main la mention expresse «à retourner au secrétariat, sitôt complété». Chacun comprenait facilement l'objectif de cette mesure : un trimestre après l'arrivée des nationaux-socialistes au pouvoir, il s'agissait de bannir des universités les étudiants et les professeurs juifs.

Le 16 mai 1933, onze jours après son 25ᵉ anniversaire, Elisabeth Charlotte Altmann, que tout le monde appelait Lotte, remit à l'université son formulaire rempli. Avec peu d'espoir, sans doute, d'être autorisée à poursuivre ses études. Elle n'avait pas pu répondre par l'affirmative à la question : «Avez-vous des parents aryens ?», ni à la suivante : «Avez-vous des grands-parents aryens ?» Il ne servait absolument à rien que la succession de ses ancêtres maternels fût attestée sans aucun doute en Allemagne jusqu'au XIIIᵉ siècle, et qu'elle eût pour arrière-grand-père le considérable rabbin Samson Raphael Hirsch, mort en 1888. Après la dernière question : «Quels autres éléments particuliers pouvez-vous mentionner en faveur de la poursuite de vos études ? (par ex. frère mort au champ d'honneur)», Lotte Altmann avait laissé en blanc l'espace prévu pour la réponse.

La famille maternelle de Lotte Altmann était originaire de Francfort-sur-le-Main ; la branche paternelle venait de Haute-Silésie, où Lotte naquit le 5 mai 1908, à Kattowitz. Après qu'en 1920 cette région eut été cédée par l'Allemagne à la Pologne, ses parents, Joseph Georg et Therese Altmann, partirent s'installer à Francfort-sur-le-Main. L'entreprise

Therese et Joseph Altmann avec leurs enfants, Richard, Manfred et Lotte à Kattowitz en 1918.

familiale, un commerce de quincaillerie et de fournitures pour l'industrie minière, continua pourtant à Kattowitz, dirigée par les frères aînés de Lotte, Hans et Richard. Ayant dû plusieurs fois changer d'école et à cause d'une assez longue maladie – Lotte Altmann souffrit probablement très tôt d'un asthme allergique –, elle perdit presque une année scolaire par rapport à ses camarades du même âge. C'est pourquoi à l'automne 1929, tout en préparant son examen de fin d'études secondaires, elle sollicita l'autorisation de suivre les cours de l'université, ce qui lui fut pleinement accordé après un entretien. Elle déclara vouloir étudier les langues vivantes ; par la suite elle s'inscrivit en français, en anglais et en économie, avec l'intention de travailler comme bibliothécaire, une fois ses études terminées. Après deux semestres, l'un à Berlin, l'autre à Kiel, elle revint à

Lotte Altmann et ses frères Manfred, Hans et Richard à Garmisch, en août 1926.

l'université de Francfort. Ce questionnaire complété et remis signa la fin des études de Lotte Altmann, au bout de sept semestres en tout. Elle reçut le 14 juin 1933 son *exeat* et dut quitter l'université sans diplôme.

La famille Altmann ne fut pas désemparée face à ces mesures et on agit sans attendre. Manfred, le frère de Lotte, de huit ans son aîné, était parti dès la mi-mai 1933 avec sa femme Johanna (que l'on appelait Hannah) et sa fille Eva pour l'Angleterre, où il avait l'intention d'ouvrir un cabinet médical. Il avait peu auparavant été démis de son poste de médecin dans un établissement berlinois. Et c'était le même motif qui avait fait bannir sa sœur de l'université : il s'agissait d'exclure les diplômés juifs de toutes les institutions publiques d'Allemagne. Manfred Altmann connaissait l'Angleterre pour y avoir rendu visite à des membres de sa famille

25

Lotte Altmann avec sa nièce Eva à Francfort-sur-le-Main, en 1931.

et voyagé pendant ses vacances, parfois d'ailleurs en compagnie de Lotte. Étant donné les circonstances, il insista pour que sa sœur quitte l'Allemagne aussi vite que possible. À la fin juin, Lotte se fit établir un passeport et partit peu après vers Londres pour rendre visite à Manfred et à sa famille, comme elle le déclara à son arrivée dans le pays. Un permis de séjour lui fut accordé pour trois mois, et pour améliorer son anglais elle s'inscrivit au Whittingham College, à Hove, au bord de la Manche. En septembre, Lotte Altmann revint à Londres et s'installa dans la maison de son frère, Willesden Lane. Même après la prolongation de son visa, elle n'était pas autorisée à travailler, mais elle s'était inscrite dans un organisme d'aide aux réfugiés juifs, la Woburn House, qui s'entremettait pour leur procurer des emplois plus ou moins déclarés. Lotte pourrait ainsi contribuer, si peu que ce soit, aux revenus de sa famille, car son frère n'avait pas encore reçu l'autorisation d'ouvrir son propre cabinet. En outre, un nombre croissant de réfugiés affluait d'Allemagne vers la Grande-Bretagne, et il fallait se préparer à accueillir bientôt les parents Altmann, si leur situation à Francfort devait s'aggraver.

À cette époque, il semblait bien incertain que Lotte Altmann puisse un jour réaliser son désir de travailler comme bibliothécaire. Avec ses connaissances de l'allemand, de l'anglais et du français, elle n'était pas la plus mal placée pour trouver un emploi, même modeste, dans un pays étranger. Pour augmenter ses compétences, elle apprit comment classer des documents et suivit une formation de dactylographie. Peut-être parviendrait-elle en effet à travailler comme secrétaire ?

1933

Salzbourg

Plein été 1933. Période du festival, à Salzbourg. Les hôtels de la ville sont complets, malgré l'obstacle des 1 000 marks que le gouvernement du Reich allemand a imposé récemment et qui a sensiblement réduit le nombre des visiteurs. La nouvelle réglementation oblige tout Allemand qui franchit la frontière autrichienne à verser cette somme impressionnante. Véritable provocation envers un pays qui a besoin de touristes bien argentés.

À côté des spectacles officiels organisés par le festival, dont la nouvelle mise en scène par Max Reinhardt du *Faust* de Goethe, avec un décor fastueux, dans la Felsenreitschule, de nombreuses réceptions et festivités privées avaient lieu, comme chaque année. La comédienne Frida Richard donna un thé pour les artistes dans son jardin, un après-midi. Événement mondain auquel participèrent notamment ses collègues Dagny Servaes, Richard Eybner, le *Kammersänger* Franz Völker. On y vit Frida Richard saluer très cordialement avant son départ un invité en chemise blanche fort estivale, avec cravate à rayures : « Cher monsieur, je suis tellement contente que vous m'ayez fait le plaisir d'accepter aujourd'hui notre invitation ! » L'intéressé esquissa un sourire gêné sans dire un mot, fit passer de sa main

Stefan Zweig en visite au thé des artistes chez la comédienne Frida Richard pendant le festival de Salzbourg, à l'été 1933.

droite à sa main gauche son cigare rougeoyant et baisa la main de son hôtesse. Malgré cet adieu d'une exquise politesse, la scène a quelque chose d'emprunté. Même si l'invité est une célébrité mondiale, il a une sainte horreur de se produire en public ou dans un large cercle. Et que la scène soit filmée et enregistrée par une caméra lui a sans doute rendu ce moment encore plus désagréable. Le visage de Stefan Zweig indique nettement qu'il n'a pas l'habitude d'essuyer les feux de la rampe ou de se laisser filmer et qu'il n'éprouve d'ailleurs nulle envie de s'y habituer.

Il était déjà assez remarquable que Zweig fût resté en ville au moment du festival. Il y habitait certes depuis 1919, dans une impressionnante demeure sur le Kapuzinerberg, mais en général il essayait d'échapper aux foules des manifestations estivales. Son épouse Friderike, qu'il avait rencontrée en 1912, prenait au contraire grand plaisir aux mondanités. Dans un film documentaire tourné sur le festival de l'été 1933, avant la séquence avec baise-main, évoquée plus haut et qui fut par la suite coupée lors du montage, on voit Friderike Zweig assise, avec un petit enfant sur les genoux, à côté de leur hôtesse au milieu de tous les invités.

Friderike et ses deux filles d'un premier mariage – Elisabeth Maria Alexia, née en 1907, appelée Lix ou Alix, et sa cadette de trois ans, Susanne Benediktine Louise, appelée Suse –, vivaient

Stefan Zweig avec sa traductrice italienne Lavinia Mazzucchetti devant la Maison du festival de Salzbourg ; Stefan et Friderike Zweig (à dr.) avec une amie, dans la Hofstallgasse de Salzbourg.

avec Stefan Zweig dans l'ample maison entourée d'un vaste jardin. Outre un domestique nommé Johann, que Friderike désignait comme un «valet de chambre», on avait une cuisinière et un jardinier, et pour ses travaux Stefan Zweig recourait bien entendu aux services d'une secrétaire. Elle se nommait Anna Meingast et avait pris ses fonctions peu après qu'il se fut installé dans cette maison. Elle avait depuis lors dactylographié des milliers de feuillets manuscrits et de lettres pour son patron qui, pour optimiser le travail, avait même acquis l'un de ces dictaphones très modernes, avec rouleaux de cire, si bien qu'elle pouvait aussi saisir ses textes à la machine lorsqu'il était absent.

Stefan Zweig, au début des années trente, était au sommet de son succès. Ses livres célèbres dans le monde entier, comme *Les Heures étoilées de l'humanité* et son recueil de nouvelles *La Confusion des sentiments*, avaient paru au cours des années précédentes. Presque tous ses ouvrages étaient immédiatement traduits en plusieurs langues et trouvaient des lecteurs dans tous les pays. Contrairement à beaucoup de ses confrères écrivains, Zweig ne connaissait pas les soucis financiers, d'autant qu'il possédait aussi des parts dans l'entreprise familiale. Bien avant sa naissance, son père Moritz Zweig, décédé précocement en 1926, avait acquis une usine textile en Bohême, dont il fit une florissante entreprise industrielle avant même la fin du siècle. Depuis déjà longtemps, Alfred, le frère de Stefan et son aîné de deux ans, dirigeait l'usine depuis Vienne, où tous deux, les seuls enfants de Moritz et Ida Zweig, avaient vu le jour en 1879 et 1881. Tout semblait donc aller pour le mieux, même si précisément dans les dernières années, certaines tensions avaient surgi au sein de cette famille.

Friderike Zweig, fort douée pour l'organisation, était une femme déterminée, non dépourvue d'exigences, et qui se plaisait

Stefan Zweig, Suse et Alix von Winternitz ainsi que Friderike Zweig, avec le chien Kaspar dans le jardin de leur maison de Salzbourg.

à vivre en grande bourgeoise, avec une admiration déclarée pour l'univers aristocratique. Elle avait par ailleurs des ambitions littéraires personnelles, qu'elle ne parvint jamais à réellement concrétiser aux côtés de son mari. Et elle avait ses deux filles. Après avoir divorcé de leur père, le conseiller financier Felix von Winternitz, en 1914, elle semble en avoir toujours eu mauvaise conscience vis-à-vis de ses enfants, et cherché souvent à la compenser en se montrant généreuse et indulgente. Quant à Stefan Zweig, il ne voulut jamais jouer le rôle d'un second père. Après son mariage avec Friderike en 1920, il n'avait pas adopté les deux fillettes ; et plus Alix et Suse grandissaient, plus il avait de mal à s'accommoder du manque d'intérêt qu'elles manifestaient parfois ouvertement pour sa vie, ses amis et son travail. Les dissensions à propos du comportement des deux filles devinrent si aiguës que Stefan Zweig, le lundi de Pâques 1931, écrivit à leur père une lettre où il ne mâchait pas ses mots et priait instamment Felix von Winternitz de faire preuve d'autorité. Mais en fin de compte, les initiatives de ce genre contribuèrent plutôt à renforcer les tensions qu'à résoudre le conflit.

Pourtant, même si ses nerfs étaient parfois à bout, rien ne pouvait vraiment ébranler la puissance de travail de Stefan Zweig, car malgré les troubles politiques et l'absence de sérénité familiale, ses livres paraissaient année après année. Mais autour de son cinquantième anniversaire, le 28 novembre 1931, son humeur s'assombrit sensiblement. Ayant une certaine tendance à la dépression, il voyait avec horreur approcher cette date particulière dans sa vie. Les nombreux hommages au grand écrivain n'y changèrent pas grand-chose. Il prit la fuite, quitta Salzbourg pour Munich et y fêta son anniversaire simplement avec son confrère et ami Carl Zuckmayer.

Au demeurant, l'état de Zweig ne tarda pas à s'améliorer et ce fut précisément cette année-là qu'il écrivit sur Marie-Antoinette, la reine de France, une biographie qui parut juste avant les fêtes de Noël 1932 et qui allait pendant longtemps battre tous les records de vente ; dans sa vie personnelle toutefois, une inquiétude et une insatisfaction croissantes perçaient. Dans sa jeunesse il avait beaucoup voyagé, très loin, et maintenant il faisait à nouveau de plus en plus souvent ses valises. Mais si jadis il avait plutôt été poussé par la curiosité, il manifestait à présent, de plus en plus nettement, une tendance à fuir les choses désagréables, ou celles qu'il percevait comme menaçantes. D'autre part, Stefan Zweig déclara plusieurs fois, pendant le printemps 1933, qu'il ne pouvait guère s'absenter de chez

Stefan Zweig devant sa maison de Salzbourg durant l'été 1931.

lui parce qu'on ne pouvait pas imaginer ce qui allait se produire en Allemagne aussitôt après l'arrivée au pouvoir d'Adolf Hitler, ni quelles répercussions cela aurait sur l'Autriche. L'obligation des 1 000 marks, évoquée plus haut, se faisait très directement sentir à Salzbourg, tout près de la frontière allemande ; on avait entendu parler d'autres mesures encore, que chacun, selon ses opinions politiques, considérait d'un œil différent, l'approbation n'étant pas rare. Zweig suivait les nouvelles avec la plus grande attention. Dans les conditions actuelles, se rendre dans le pays voisin, où vivaient la plupart de ses lecteurs, n'était plus envisageable pour lui. En Allemagne, certains de ses ouvrages figuraient désormais sur la liste des livres que l'on brûlait dans des manifestations publiques. Combien de temps d'ailleurs pourraient-ils continuer à être publiés ? Et lui fallait-il s'attendre, en tant que Juif, à des représailles dans d'autres pays ? Autant de questions qui ne trouvaient pas vraiment de réponses à ce moment-là, mais certaines rumeurs qui étaient parvenues aux oreilles de Zweig ne présageaient rien de bon. En 1933, les nationaux-socialistes avaient interprété arbitrairement, et à leur avantage, la loi adoptée sous la république de Weimar sur la détention d'armes et ils avaient perquisitionné la maison de campagne d'Albert Einstein, à Caputh près de Potsdam, à la recherche d'armes. Que le seul objet officiellement enregistré alors ait été un couteau à pain n'ôtait rien à l'importance symbolique de cette affaire, et Stefan Zweig ne s'y trompa pas, comme le révèle une des lettres qu'il écrivit à son traducteur argentin Alfredo Cahn.

Après la fin du festival, Zweig était reparti en voyage. Il commença par travailler quelque temps en Suisse, mais partit ensuite vers le nord, destination fort inhabituelle pour lui. Depuis sa jeunesse il était très lié à la France et il y passait souvent plusieurs mois ; mais cette fois-ci, il laissa Paris derrière lui et continua son voyage jusqu'à Londres. Il y avait déjà séjourné une fois, pour une visite qui remontait à près de trente ans. Cette ville ne lui était pas apparue alors comme très ouverte ni accueillante, mais à présent elle lui offrait exactement le calme et la tranquillité dont il avait un besoin urgent, à l'écart de ses amis et connaissances, de sa famille aussi. Après avoir logé quelques jours au Brown's

Hotel, il s'installa dans un appartement meublé, à l'adresse du 11, Portland Place, à quelques minutes à pied de l'Oxford Circus.

Si Zweig choisit Londres pour y travailler, c'était notamment parce que dans la Grande-Bretagne d'alors, on ne se sentait pas encore très concerné par les contradictions du continent européen, même si l'on ne pouvait pas fermer les yeux, ici non plus, sur les conséquences de la politique d'Adolf Hitler. En Angleterre, un nombre croissant de réfugiés arrivèrent d'Allemagne au cours de l'année 1933. Et même Zweig, qui d'ordinaire ne se répandait pas en déclarations politiques, se vit conduit, à la fin de novembre, à lire publiquement dans la maison du banquier Anthony de Rothschild un « Appel au secours en faveur des enfants juifs encore en Allemagne ». En même temps culminait une affaire qui s'était déclenchée autour de la revue d'exilés *Die Sammlung* [« Le Rassemblement »] que publiait Klaus Mann. À cause d'un désaccord sur les choix politiques de la revue, une lettre que les éditions Insel Verlag avaient reçue de Stefan Zweig fut reproduite, sans le consulter, dans *Le Bulletin des libraires allemands*. Voyant sa confiance trahie, Zweig mit fin à sa collaboration de presque trente ans avec cette maison où quasiment tous ses livres avaient été publiés. Comme la suite allait bientôt le montrer, en prenant d'un cœur lourd cette décision il ne faisait qu'anticiper sur le cours de l'Histoire.

En décembre il partit pour l'Autriche, en passant par Paris. Il emportait dans sa valise des esquisses pour un livre sur Marie Stuart, auquel il avait travaillé, les semaines précédentes. S'il voulait effectivement poursuivre son idée d'écrire une biographie de la reine d'Écosse, il allait devoir bientôt revenir en Grande-Bretagne pour s'y livrer à d'autres recherches. Mais tout d'abord, Stefan Zweig retournait dans sa maison de Salzbourg.

Stefan et Friderike Zweig dans le jardin de leur maison de Salzbourg, à l'été 1931.

1934

Salzbourg et Londres

Après s'être séparé des Éditions Insel, Stefan Zweig se fixa pour priorité absolue de chercher un nouvel éditeur à l'extérieur du Reich allemand. Au commencement de l'année 1934, il lui sembla qu'il avait trouvé un partenaire convenable en la personne de Herbert Reichner, à Vienne. Ils avaient jadis déjà travaillé ensemble à quelques projets de bibliophilie, mais pour Reichner c'était l'occasion d'intégrer dans sa maison d'édition un des auteurs ayant les plus gros tirages du monde. Et bien sûr, sa petite entreprise allait devoir être restructurée. Stefan Zweig fit en sorte que l'un de ses très proches amis, son partenaire aux échecs, Emil Fuchs, «le renard des échecs», fût intégré dans l'équipe éditoriale comme lecteur et comme son quasi-représentant dans la place. En février, Zweig partit passer quelques jours à Vienne afin d'y travailler avec Reichner à la mise au point définitive de son livre sur Érasme de Rotterdam. Que durant ce séjour se soient produits dans quelques faubourgs de Vienne et dans les villes industrielles d'Autriche des affrontements dignes d'une guerre civile entre les partisans de la dictature austro-fasciste du chancelier Engelbert Dollfuss et l'opposition sociale-démocrate, Zweig ne s'en aperçut guère.

Lorsque les liaisons ferroviaires, brièvement interrompues, furent rétablies, il repartit pour Salzbourg où il trouva, le soir, l'habituelle pile de courrier accumulé auquel il s'attaqua jusque tard dans la nuit. Le lendemain matin, comme Zweig le décrit dans ses Mémoires, il fut réveillé par son domestique qui l'informa que quelques messieurs de la police souhaitaient lui parler. Ce qui suivit fut une perquisition en règle, à la recherche d'armes, dans la maison de l'un des plus célèbres pacifistes européens. On supposait, était-il dit dans le document officiel, que le Schutzbund républicain qui soutenait les sociaux-démocrates avait établi un arsenal sur le Kapuzinerberg. Bien entendu, cette idée était absurde, et les policiers eux-mêmes ne semblent pas, selon le récit de Zweig, avoir pris ces insinuations au sérieux ; mais la véritable intention cachée derrière cette initiative était aussi transparente que plus d'un an auparavant, dans la maison d'Albert Einstein. Zweig, outré par cette intrusion brutale dans sa sphère privée, fit aussitôt ses bagages, et le 26 février 1934 il était de retour à Londres, Portland Place. Même si dès le 17 février, probablement la veille de la perquisition, il avait écrit à l'écrivain Josef Leftwich qu'il reviendrait de toute façon à Londres au début de mars, Zweig n'avait pas eu à l'origine l'intention de déclarer son départ à l'administration autrichienne. Il le fit alors et se désigna officiellement comme résident en Angleterre.

Sa femme vint le rejoindre, essaya de le faire changer d'avis, mais sentit rapidement que sa décision était irrévocable. Dès ce moment-là, Zweig indiqua à certains amis que Friderike et ses filles étaient trop attachées à Salzbourg et à la maison. Pour dédramatiser la situation, Friderike entreprit de créer autour de son mari, comme elle s'y entendait, l'environnement qu'il lui fallait pour travailler. Elle savait parfaitement qu'il aurait très vite besoin d'une secrétaire s'il voulait rester travailler à Londres pendant une période prolongée. Sans doute aurait-il pu assumer seul le travail indispensable pour de nouveaux livres jusqu'à la mise au propre de ses manuscrits pour l'éditeur, mais Zweig entretenait en parallèle une correspondance si abondante qu'il n'aurait certainement pas pu y faire face sans assistance. Dans l'idéal, il faudrait qu'à Londres la nouvelle secrétaire ne maîtrisât pas seulement l'allemand, mais aussi à la perfection la langue du pays, Zweig en étant, pour sa part, encore très éloigné. Et si en outre elle connaissait le français, cela ne ferait que faciliter le travail. Étant donné ces exigences, le mieux était de s'informer dans le milieu des réfugiés allemands pour voir s'il n'y aurait pas là une candidate qui convienne à ce poste. Et c'est ainsi qu'allaient se croiser les chemins de Lotte Altmann, l'émigrée allemande de presque vingt-six ans, et de Stefan Zweig, l'écrivain autrichien de cinquante-deux ans.

Probablement dès le mois de mars, mais au plus tard à partir d'avril 1934, Lotte Altmann fut employée par Stefan Zweig à des travaux de secrétariat. Friderike Zweig raconta plus tard qu'après s'être adressée à l'organisme juif d'assistance aux réfugiés de la Woburn House, en quête d'éventuelles candidates, c'était elle qui avait sélectionné Lotte Altmann. Ceci apparaît comme une présentation un peu simplificatrice des choses, car selon les témoignages oraux recueillis dans les familles Altmann et Smolka, Lotte Altmann et Stefan Zweig entrèrent en relation par l'intermédiaire de Peter Smolka, que tous deux connaissaient et qui travaillait à Londres comme correspondant de la *Neue Freie Presse*, le journal de Vienne auquel Stefan Zweig avait lui-même collaboré pendant des décennies. Et Manfred Altmann,

Lotte Altmann peu après son arrivée en Angleterre.

le frère de Lotte, était le médecin de la famille Smolka. La version des événements selon Friderike n'est pas nécessairement fausse, dans la mesure où elle fut sans aucun doute associée au choix de la secrétaire de son mari. Comme Lotte Altmann était inscrite auprès du Jewish Refugees Committee, il est très vraisemblable que cet organisme ait lui aussi fourni de son côté une recommandation favorable. Aucune des deux versions de l'histoire n'exclut entièrement l'autre.

Comme Stefan Zweig, dans la période qui suivit, repartit assez souvent en voyage, il lui fallut maintenir le contact avec sa nouvelle secrétaire en lui écrivant. Mais la première lettre conservée de lui, adressée à Lotte Altmann, fut envoyée à Francfort-sur-le-Main, depuis son appartement londonien, Portland Place. Pendant que Zweig travaillait d'arrache-pied aux ultimes corrections de son livre *Triumph und Tragik des Erasmus von Rotterdam*[1] et préparait sa documentation pour la biographie de Marie Stuart dont il avait conçu le projet, Lotte Altmann était retournée encore une fois en Allemagne avec son frère Manfred pour assister leur père, gravement malade.

[1]   Stefan Zweig à Lotte Altmann [de Londres], le 1er mai 1934

Chère Mademoiselle,
Permettez-moi seulement de vous dire que dans ces heures d'inquiétude, nous sommes de tout cœur avec vous. Je me sens un peu mauvaise conscience pour avoir trop insisté auprès de vous sur l'importance de mon travail à terminer; je vous prie surtout de ne pas penser que je veuille faire pression en vue de votre retour. Car je sais parfaitement distinguer entre ce qui est vraiment important et ce qui semble seulement l'être, et pour moi, qui pense toujours à mes commodités, ce sera une excellente école d'apprendre à m'acquitter tout seul de mon travail pendant

---

1. Ce titre remarquable (littéralement « Triomphe et tragique d'Érasme de Rotterdam ») n'est apparu en français qu'en 2019, dans la nouvelle traduction de Jean-Jacques Pollet : *Grandeur et tragédie d'Érasme de Rotterdam*, Paris, Les Belles Lettres. Cette formulation claironnante témoigne de la combativité de Zweig en 1934 (NdT).

quelque temps. Je me réjouirai d'autant plus quand je vous saurai revenue ici — voici donc simplement pour aujourd'hui toute la sympathie et les pensées les plus sincères de mon épouse et de moi-même ! Très cordialement vôtre

1ᵉʳ mai 1934   *Stefan Zweig*

Ce 1ᵉʳ mai 1934, Joseph Georg Altmann, le père de Lotte Altmann, mourait à Francfort. Pour ses enfants Lotte et Manfred, il ne faisait aucun doute qu'ils allaient rentrer le plus vite possible à Londres. Therese Altmann, leur mère, quitta elle aussi l'Allemagne avant la fin de l'année et partit s'installer en Angleterre à l'automne 1934.

La véritable adresse de la famille Altmann à Francfort était : Eppsteinerstrasse 45.

[2]   Stefan Zweig à Lotte Altmann [de Londres], le 9 mai 1934

Enveloppe
Fräulein Lotte Altmann
Frankfurt a / Main / Germany
Eppsteiner Strasse 25 oder 35

Le 9 mai 1934

Chère Mademoiselle,
Nous avons très vivement pensé à vous durant toutes les heures d'épreuve que vous traversez maintenant. Espérons que

vous retrouverez la paix intérieure, une fois rentrée ici. Je me réjouis déjà beaucoup de vous revoir, et même si entre-temps j'ai attaqué tout seul mon travail, il se remettra à avancer et reprendra vie avec votre bonne assistance. Pourtant je vous prie de ne pas tenir compte de moi, pour tout ce que vous déciderez, mais de considérer seulement les obligations personnelles qu'un pareil coup du destin vous impose à présent.

Avec mes très cordiales salutations, votre
Stefan Zweig

Le bateau de Lotte Altmann accosta le 14 mai 1934 à Douvres. Comme précédemment, les autorités lui accordèrent un permis de séjour de trois mois, à la condition qu'elle continuerait à n'accepter aucun travail, ni rémunéré ni bénévole. Dans ses papiers d'identité, elle n'indiquait aucune profession. Officiellement elle rendait à nouveau visite à son frère, qui continuait à essayer d'obtenir l'autorisation d'ouvrir en Angleterre un cabinet médical.

Friderike Zweig était manifestement convaincue, elle aussi, des capacités de la nouvelle secrétaire de son mari, car une fois de retour en Autriche elle joignit à une lettre pour lui, envoyée peu avant le début du festival de Salzbourg, une carte pour Lotte Altmann ; celle-ci complétait avec succès sa formation pour sa nouvelle activité et se perfectionnait dans les langues vivantes. À Londres, Friderike avait également fait la connaissance de Hannah Altmann, la belle-sœur de Lotte, et remerciait pour les salutations que Lotte lui avait transmises dans une lettre.

[3]   Friderike Zweig à Lotte Altmann [de Salzbourg, mi-juillet 1934]

Pour <u>Mademoiselle Lotte</u>

Chère Mademoiselle Lotte,

Je vous remercie bien pour votre bonne lettre et les mots si aimables de votre belle-sœur. Oui, je serais moi aussi ravie de vous revoir. J'ai bon espoir que mon mari poursuive son travail avec vous, et une interruption vous fera certainement du bien puisqu'elle vous permettra de vous reposer, en n'ayant pas besoin de vous lancer aussitôt dans autre chose. Ici, Dieu soit loué, la situation semble se calmer. Beaucoup d'amis sont déjà là. Je ne

Carte postale représentant la maison des Zweig sur le Kapuzinerberg à Salzbourg, adressée par Friderike Zweig à Lotte Altmann en juillet 1934.

suis hélas ! pas vraiment d'attaque, ayant des insomnies, et de ce fait, l'idée du festival qui approche et dont on se réjouit d'avance pendant toute l'année ne m'excite pas vraiment, ce qui est donc, à l'avance, un inconvénient. En vous souhaitant une très bonne fin d'été, je vous félicite encore (pour votre succès à l'examen), avec toute mon estime, bien à vous, Fr[iderike]. M[aria]. Zweig

Dans les jours où la carte de Friderike Zweig arrivait à Londres, Stefan Zweig partait pour l'Écosse afin d'y préparer son livre sur Marie Stuart. Lotte Altmann l'accompagnait dans ce voyage. Après son retour, souffrant déjà d'asthme chronique, elle fut victime d'une irritation des voies respiratoires, causée par des particules fines. Cette maladie bien connue était couramment désignée comme la *Wimbledon throat*, d'après ce quartier de Londres où elle sévissait alors tout particulièrement.

[4]   Stefan Zweig à Lotte Altmann, de Londres, le 30 juillet 1934
        [cachet de la poste], carte postale

Miss Lotte Altmann
[London] N. W. 6
174, Willesden Lane

Chère Mademoiselle Altmann,
    Je suis <u>tout à fait</u> *désolé que vous ayez attrapé le* Wimbledon throat, *mais surtout en pensant à* <u>vous</u> *; ne vous faites aucun souci, je vais me débrouiller, et tout au plus je décalerai mon départ*

46

de deux, trois jours. Mais guérissez-vous <u>vraiment</u>, ne faites pas d'imprudence en vous remettant trop vite sur pied ! Je fais ici toute confiance à la sévérité de votre médecin de frère !

Avec mes meilleurs vœux, votre

Stefan Zweig

En cette fin d'été 1934, Stefan Zweig s'apprêtait à retourner pour la première fois en Autriche depuis la perquisition de sa maison sur le Kapuzinerberg. La destination qui lui importait le plus était Vienne, où il avait des négociations à mener avec son nouvel éditeur, Herbert Reichner. Et il resta le moins possible à Salzbourg, où il ne passa que quelques jours. Dans l'intervalle, son appartement meublé de Portland Place, à Londres, n'était pas conservé, mais Zweig avait la possibilité d'habiter à nouveau dans l'immeuble à son retour, et pouvait se faire envoyer son courrier à cette adresse, même durant son absence.

Après la traversée de Folkestone à Boulogne, il y retrouva son ami de longue date, le peintre et graveur belge Frans Masereel qui lui suggéra, à l'intention de Lotte Altmann, quelques lieux de villégiature ayant un climat favorable, que Zweig reporta au dos de l'enveloppe. Celle-ci contenait une lettre avec des instructions adressées à sa secrétaire à Londres, suivies de quelques mots personnels sur une autre feuille.

Tableau de Frans Masereel représentant le port de Boulogne, qu'il avait offert à Stefan et Friderike Zweig en 1929.

[5] Stefan Zweig à Lotte Altmann, de Boulogne-sur-Mer, le 5 août 1934 (cachet de la poste), enveloppe adressée à Londres, Willesden Lane

Chère Mademoiselle Altmann,
La mer est tellement calme, à part quelques moutons blancs qui bondissent ici et là, que je peux vous écrire en étant encore sur le bateau, pour vous remercier très chaleureusement de tout le mal que vous vous êtes donné pour moi. J'ai éprouvé, surtout pendant ces derniers jours où vous n'étiez pas en bonne forme, le pénible sentiment de jouer l'«esclavagiste» et je me suis senti

honteux en moi-même, en pensant à ma femme. Mais vous savez bien quelle masse de choses il y avait à traiter en ce moment, et vous aurez excusé mon acharnement.

Permettez-moi de revenir sur mes instructions. Je vous télégraphierai une adresse dès que j'en aurai une où vous pourrez envoyer l'article que vous savez et les différentes parties de Marie Stuart. Ceci est à faire en recommandé, bien sûr et, je vous le demande, en deux envois (pas expédiés le même jour), pour que si l'un (l'original) se perdait, l'autre (la copie) reste assuré. Je vous en prie, ne souriez pas de cette bizarrerie, je me sens plus rassuré ainsi.

Occupez-vous, s'il vous plaît, des lettres qui restent encore. Et j'aurai peut-être aussi diverses courses à vous demander. Tout le reste va se clarifier et se dénouer prochainement. Je n'ai pas la moindre idée de ce que le destin me réserve, et dois m'en remettre à ce qui arrivera. Mais je voudrais encore vous dire en toute cordialité combien je vous ai d'obligation pour votre assistance dans mon travail et quelle joie ce me serait de pouvoir y recourir bientôt à nouveau. Je suis un peu maladroit et embarrassé pour exprimer ma gratitude, mais je vous prie, chère Mademoiselle Altmann, d'être bien certaine de ma sincère reconnaissance.

Ne m'en veuillez pas si je vous importune de temps en temps à Londres en vous confiant de menues tâches, vous savez que je ne vous dérangerai qu'en cas de réel besoin. Il faut avant tout que vous vous remettiez entièrement.

Dites, je vous prie, à madame votre belle-sœur et à monsieur votre frère combien j'ai été contrarié de devoir partir si précipitamment, mais ces derniers jours ont été vraiment pleins à craquer et je me demande d'ailleurs comment nous avons réussi quand même à tout boucler, pour finir. Je suis certain que tout va marcher pour monsieur votre frère comme il le souhaite, et que *lors de ma prochaine visite à Londres je verrai briller sur sa porte une plaque de docteur.*

Encore une fois, merci beaucoup, j'espère y voir clair bientôt, pour les semaines à venir. Je vous salue bien (mais le bateau bouge, vous le voyez à mon écriture), sincèrement votre

Stefan Zweig

Folkestone – Boulogne

Quelque chose encore. Car je crois vous avoir vraiment mal et insuffisamment remerciée pour toute la bonté que vous m'avez manifestée. Il n'est pas aussi facile que vous le pensez, en jeune personne que vous êtes, de trouver quelqu'un qui comprenne et même devine vos souhaits avec autant de dévouement ; je ressens toujours une certaine crainte, comme si j'étais trop vieux et trop étranger à mon époque pour pouvoir espérer ou même demander à quelqu'un de jeune une véritable empathie pour moi, et je garderai le souvenir reconnaissant, il faut me croire, je vous en prie, de toutes ces semaines où n'a pas surgi entre nous la moindre contrariété. Je ne suis peut-être pas un tempérament tout à fait facile, en général je me fatigue vite des gens, je suis vite dérangé par l'un ou l'autre trait de leur caractère, qui n'apparaissait pas d'abord ; mais chez vous j'ai perçu dès le début une telle loyauté que je me suis senti en confiance. J'aurai des regrets en repensant à cette période de Londres. Vous m'avez beaucoup gâté, et je crains que ma fidèle Madame Meingast et plus d'une autre ne s'aperçoive que j'ai à présent de tout autres exigences ; eh oui, on s'habitue incroyablement vite à ce qui est bon, et c'est presque heureux que cela s'interrompe, car on finirait par ne plus s'en apercevoir et on désapprendrait la gratitude. Maintenant, grâce à Dieu, je l'éprouve, et parfois il m'est même accordé de l'exprimer.

50

Cela me ferait du bien de penser et de savoir que vous êtes à présent sereine, heureuse et occupée à des choses nouvelles. Il faut vous remettre entièrement, et vous sentir fraîche, joyeusement prête à tout. J'ai parfois eu le sentiment que votre propre bonheur n'avait pas assez d'importance à vos yeux, comme si vous ne vouliez saisir que ce qui vous échoit, sans faire un seul pas dans cette direction, comme si vous n'aviez pas assez de <u>courage</u> pour vouloir être heureuse. Si seulement je pouvais vous aider à cet égard, et vous fournir un exemple. J'ai toujours désiré le meilleur, et souvent il m'a été accordé ; et au moment précis où je n'osais pas l'espérer, c'était doublement beau.

Croyez-moi aussi, s'il vous plaît, sur un point : mon amitié n'est pas oublieuse. J'oublie des relations et des gens de rencontre. Mais là où j'ai vraiment ressenti de l'amitié, je n'ai jamais faibli et je suis plus fidèle que d'autres qui le proclament haut et fort, avec de grandes phrases. Je crois que celui qui m'a un jour aidé peut compter sur moi.

Donc, encore une fois, sincèrement merci pour tout ! Votre dévoué

St. Z.

P. S. : S'il vous arrivait de passer à proximité de Woolworth, ayez la gentillesse de penser à toutes les petites choses que j'achetais là-bas ; on ne peut malheureusement pas envoyer cela par la poste (à cause des tracasseries de la douane), mais je suis content de me dire que vous pourriez, si nécessaire, vous en occuper pour moi, et que vous y pensez.

[Au dos de l'enveloppe, ajouté à la main :]
Masereel vous conseille Paris-Plage Le Touquet ou Wimereux près de Boulogne

Avant de partir pour l'Autriche, Zweig resta encore quelques jours en Suisse pour écrire d'autres chapitres de *Marie Stuart* et faire quelques visites, en particulier chez Thomas Mann, et il se divertit manifestement plus avec les enfants Mann, Klaus et Erika, qu'avec leur père.

Les lettres qui suivent, écrites à Zurich et à Klosters, donnent une première impression de la coordination désormais nécessaire pour son travail entre deux bureaux et en voyage, entre Salzbourg et Londres, coordination qui allait devenir quotidienne au cours des années suivantes. Le télégramme mentionné ne se trouve pas parmi les papiers conservés.

[6] Stefan Zweig à Lotte Altmann, de Zurich, le 6 août 1934 (cachet de la poste), carte postale adressée à Londres, Willesden Lane

Zurich, lundi soir

Chère Mademoiselle Altmann,
J'espère que vous avez reçu mon télégramme, je pars demain mardi pour Klosters (tout près de Davos) en tout cas jusqu'à samedi soir ; ensuite, si je ne vous indique rien d'autre mon adresse sera Salzbourg (mais je ne resterai qu'une journée). Pardonnez-moi de vous tracasser avec ce nomadisme et prenez autant de bon temps que possible. Vous avez vraiment besoin de vous reposer. Cordialement, votre dévoué

Stefan Zweig

Bien des choses aux vôtres.

[7]   Stefan Zweig à Lotte Altmann, de Klosters [le 8 août 1934]

Klosters (Suisse) Hotel Weisskreuz
Mercredi

Chère Mademoiselle Altmann,
J'espère que vous avez bien reçu le télégramme. Je vais sans
doute rester ici à Klosters jusqu'à lundi soir, mais je vous prie
d'expédier tout le courrier à Salzbourg, si je ne vous télégraphie
pas autre chose. Bientôt ces déplacements divers seront terminés
et j'y verrai un peu plus clair, je vous en informerai aussitôt.
Ici, c'est très plaisant et calme, un endroit sans prétention,
bonne nourriture, je regrette seulement beaucoup les hors-
d'œuvre du Marine Hôtel, et après l'animation d'une grande ville
on est d'abord un peu déconcerté par la solitude. Le travail n'en
avance peut-être que mieux parce qu'il se poursuit sans inter-
ruption, mais finalement les pauses font aussi partie d'un bon
rythme, et les interruptions ont parfaitement leur sens. J'espère
maintenant avancer à très grands pas, plus tôt je terminerai, plus
vite je serai libre, et parfois je suis très impatient de conduire
cette bonne Marie Stuart sous [= sur] l'échafaud. Pour l'instant
je suis loin d'en être là et je dois dompter ma soif de sang. Mais
si je travaille dans le calme et sans être distrait, j'espère qu'à la
fin de l'automne je pourrai vivre entièrement pour moi et selon
mes goûts.
Dois-je me sentir honteux de dire que vous me manquez beau-
coup dans mon travail ? Je me suis tellement habitué à votre
bonne assistance que je me sens un peu démuni à présent, et

il m'arrive de jeter un regard méchant sur la machine posée là, noire et endormie, dans un coin de la chambre, c'était tout de même mieux quand elle crépitait sans cesse ; avec mes doigts stupides je ne suis bon à rien, ils n'ont pas l'habitude de ce rude travail sur la machine, impossible de les y habituer maintenant. Mais d'un autre côté je me réjouis que vous soyez en train de vous reposer, j'avais déjà mauvaise conscience, ces derniers temps, en me disant que je vous avais trop mobilisée pour mon travail. J'espère que vous profitez pleinement de cette phase d'oisiveté et qu'aussitôt que j'aurai à nouveau un sol ferme sous les pieds, je pourrai compter sur vous.

Rien de nouveau à raconter, dans ce trou. À Zurich, j'ai été voir Thomas Mann et le soir, je me suis baladé avec Klaus et Erika, ce qui fut plus amusant ; maintenant Marie Stuart est ma seule compagnie ; ma femme va sans doute arriver demain et nous rentrerons ensuite à Salzbourg, moi pour un seul jour, ensuite je continuerai vers Vienne. Saluez, je vous en prie, les vôtres, et soyez certaine que je pense toujours à vous avec reconnaissance.

Très cordialement vôtre
Stefan Zweig

Masereel m'attendait au bateau ; j'ai eu beaucoup de plaisir à le voir. Il a conseillé Le Touquet ou Paris-Plage, des endroits vivants, élégants, mais où l'on peut aussi vivre très simplement. Si vous y allez, il faudra le voir, lui ainsi que ses tableaux, c'est un type formidable !

Lotte Altmann prévoyait alors de passer des vacances avec sa mère sur la côte française. Mais elle devait tenir compte du fait que Therese Altmann, contrairement à ses enfants, observait strictement les usages et les prescriptions religieuses du judaïsme.

[8]   Stefan Zweig à Lotte Altmann, de Klosters-Platz, le 11 août 1934 [cachet de la poste], carte postale adressée à Londres, Willesden Lane

Chère Mademoiselle Altmann,
Le manuscrit expédié (chap. XVIII *(en partie) et* XIX*) est arrivé en bon état : merci beaucoup ! Dans les petites stations françaises, vous ne trouverez sans doute pas d'hôtel observant les rites alimentaires, ce serait beaucoup plus probable à Ostende ou à Blankenberge, mais ce sont des endroits peu enthousiasmants (pas de piscine gratuite, un public provincial venant de Belgique ou de Cologne). Possible qu'il y ait quelque chose à Paris-Plage, vous devriez d'ailleurs pouvoir vous en informer auprès du rabbinat de Londres : nous autres affreux mécréants, nous n'avons pas ce genre de soucis. Je serai probablement à Salzbourg jeudi, et vous télégraphierai l'adresse viennoise dès que je la saurai. Toujours bien sincèrement à vous,*
Stefan Zweig

Je travaille très sagement. Il n'y a rien pour me perturber ou me distraire dans ce trou perdu.

Parfois je me sens désolé que tout ce que vous avez écrit, qui est si propre page après page, soit maintenant réduit à rien, parce que remanié de fond en comble. Votre manuscrit impeccable ressemble à un champ de bataille. Mais je veux terminer, pour revenir ensuite à Londres.

Tandis que Lotte Altmann continuait à saisir sur sa machine à écrire les chapitres de la biographie de Marie Stuart qui avaient été composés à Londres, Stefan Zweig, à Klosters, retravaillait et modifiait encore les textes. Avec les feuillets dactylographiés elle lui expédiait également quelques livres tout juste parus et qui venaient d'arriver à l'adresse londonienne, comme la biographie de Heinrich Heine par Antonia Vallentin et *The Nephew of the Almighty*, de Cecil Roth.

La rencontre prévue par Zweig avec son éditeur italien Arnoldo Mondadori à Zell-am-See, sur son trajet vers Vienne, eut-elle lieu ? On l'ignore. La place qui se trouve devant l'Hôtel Regina, à Vienne, dont Zweig donnait déjà l'adresse ici, s'appelait à l'époque Freiheitsplatz et non Votivkirchenplatz, comme il l'indique dans sa lettre.

[9]. Stefan Zweig à Lotte Altmann, de Klosters, le 13 août 1934

Lundi, Klosters, 13 août 34

Chère Mademoiselle Altmann,
Je vous confirme avec mes remerciements avoir bien reçu la fin du chap. xix, *le Heine et l'exemplaire du* The Nephew of the Almighty. *Mais quelle pitié ! Vous écrivez tout cela bien au propre, et moi je détruis et barbouille à chaque fois votre beau texte irréprochable ! Vous savez, n'est-ce pas (même si au début, vous ne le compreniez pas tout à fait) comme je suis souvent insatisfait, j'ai peur de laisser m'échapper ne fût-ce qu'un passage, je relis tout, de haut en bas, de bas en haut, de gauche à droite et de*

droite à gauche, pour que rien, absolument rien ne puisse avoir été négligé ou omis. *Cette façon de travailler avec passion, il faudra que la vaillante secrétaire que vous êtes s'en accommode avec moi – et c'est à l'instant, en regardant votre superbe manuscrit impeccable sur lequel j'ai l'intention de me précipiter, que je viens de le sentir très fortement. Tous les premiers chapitres vont maintenant être à nouveau dactylographiés par Madame Meingast. Mais Dieu sait que ce n'est pas votre faute !*

Nous avons ici pleinement récupéré la pluie qui nous a manqué à Londres, pourtant il reste du temps pour les promenades, et l'air est formidable, il vous ferait du bien. Je vais <u>probablement</u> partir le 15, je passerai une journée à Zell-am-See auprès de mon éditeur italien, ensuite deux jours à Salzbourg, et autour du 20 août quelques jours à Vienne. Je vous télégraphierai les adresses, attendez je vous prie mon télégramme. Je le ferai seulement à Vienne, l'adresse c'est <u>Vienne, Hôtel Regina, Votivkirchenplatz</u> (notez-le, s'il vous plaît).

Je suis très curieux de connaître vos projets. J'imagine grosso modo *pour septembre de séjourner d'abord quelque part en Suisse ou en France, puis de partir seul passer un mois à Londres, qui m'est devenu presque indispensable à présent, puis d'en partir sans doute à la fin octobre pour l'Amérique, ensuite peut-être en Italie avec ma femme, qui serait très contente si vous n'aviez alors rien de mieux en vue et pouviez y séjourner avec nous. Mais rien de tout cela n'est encore certain, il peut se produire énormément de choses ; faites-moi seulement savoir où vous êtes, je serai toujours content d'avoir de vos nouvelles, et vous savez avec quelle reconnaissance je pense toujours à vous – même quand vous m'aurez expédié les manuscrits restants. Si je vous écris, ce n'est pas seulement par souci de mon texte, mais avec des sentiments cordiaux. Je sais parfaitement que sans votre assistance je n'aurais pas avancé aussi bien, ni aussi agréablement. Mais maintenant reposez-vous surtout à fond, car je crains qu'à peine terminé ce travail-ci, j'aurai, cet automne, à nouveau de quoi vous solliciter beaucoup. Avec mes salutations les plus sincères pour votre famille, votre*

  Stefan Zweig

Entre-temps, Friderike Zweig était arrivée elle aussi en Suisse pour y passer quelques jours avec son mari et repartir avec lui en Autriche. La perspective de ce voyage dans son pays natal suscitait chez Zweig un immense malaise, car l'offense de la perquisition du début de l'année n'avait rien perdu de sa virulence, tout au contraire. C'est dans ce contexte, et certainement en se souvenant des derniers mois passés à Londres, qu'avant même de quitter Klosters Zweig déclara à sa femme qu'il voulait vendre la maison du Kapuzinerberg et ce, même si elle n'était pas d'accord. S'adressant à Lotte Altmann, il fit allusion, dans cet ordre d'idées, à des décisions que «pendant sa bonne période londonienne il avait eu la sagesse et la lâcheté de remettre à plus tard». Qu'en outre, son épagneul Kaspar soit mort en juillet et ait été enterré dans le jardin ne faisait qu'augmenter sa répugnance à passer quelque temps à Salzbourg, car plus d'une fois Zweig avait désigné ce chien comme son «fils».

Les photographies mentionnées dans la lettre n'ont pas été conservées.

[10]   Stefan Zweig à Lotte Altmann, de Klosters
        [sans doute le 14 août 1934]

Encore à Klosters, Hôtel Weisskreuz
Adresse très bientôt Salzbourg

Pardonnez-moi, chère Mademoiselle Altmann,
si je vous dis seulement merci pour la lettre et l'envoi, les deux
m'ont fait grand plaisir. Mais ici, je n'ai pas une aussi bonne et
efficace secrétaire qu'à Londres et à Salzbourg, je dois m'occuper
seul de toute ma correspondance.

Donc, juste ceci : je serai probablement mercredi ou jeudi à
Salzbourg où j'attends votre courrier : dans l'intervalle, vous
aurez été informée par télégramme du lieu où envoyer la suite,
et j'aurai votre adresse. Une fois que l'ensemble de Mary [sic]
Stuart aura été expédié, vous n'aurez plus à subir ces importunités
télégraphiques.

Je suis un peu gêné que ces photographies aient paru peu sym-
pathiques et presque désagréables à madame votre belle-sœur,
manifestement l'appareil était de mauvaise humeur. Je vous en
envoie quelques autres, mais en vous priant de ne lui en mon-
trer qu'une, sinon elle ne me pardonnerait pas (à juste titre) ces
images un peu caricaturales.

Je suis ravi pour vous que vous alliez au bord de la mer, vous
en avez le plus grand besoin après les mois si éprouvants que je
vous ai fait passer. Reposez-vous à fond, imprégnez-vous du bon
air vif de la mer pour avoir des réserves en prévision des jours de
brouillard londonien !

De tout cœur et avec gratitude ! Ayez aussi l'amabilité, même
si je ne la connais pas, de saluer très respectueusement de ma part

madame votre mère. Ma femme est ici depuis hier et vous salue aussi très vivement – et j'aimerais bien glisser dans l'enveloppe un peu du bon air revigorant des Alpes.

Très cordialement vôtre
Stefan Zweig

Ceci encore. Je ne sais toujours pas dire nettement à quoi ressembleront les prochaines semaines, parce que beaucoup de décisions vont devoir être prises, toutes celles que durant ma bonne période londonienne j'ai eu la sagesse et la lâcheté de remettre à plus tard. Mais à la fin août j'y verrai certainement clair.

Ici à Klosters, c'est calme et lumineux, un air merveilleux souffle depuis les sommets, mais je suis assez bizarre pour m'ennuyer de Londres, même ici. En réalité, je ne comprends pas moi-même ce que cette ville a produit en moi. Au début, elle me laissait indifférent, je ne la voyais que du point de vue de mon travail, et Londres n'est vraiment pas une ville accueillante ni réjouissante, mais plutôt renfermée, une ville où tous les volets sont baissés. Mais plus je m'y suis habitué en y vivant, plus j'ai fait de découvertes, et j'ai pris goût aux couleurs, aux formes de cette ville, à son atmosphère particulière, j'ai même enregistré avec plaisir ses bizarreries, ses anomalies, et aujourd'hui, sous un ciel d'un bleu radieux, sa lumière voilée me manque et je préférerais être assis [à] Portland Place qu'ici, entouré de montagnes splendides. Depuis longtemps déjà aucune ville nouvelle, aucun jeune paysage rencontré ne m'a plus saisi aussi fort ; j'aurais envie de vivre complètement à Londres, et avant de partir pour l'Amérique, j'y retournerai sans aucun doute encore : d'ailleurs j'y ai divers points à discuter avec mes éditeurs, et peut-être que les choses vont aussi se réveiller du côté du théâtre.

Autour de moi tout est maintenant incertain, mais je me sens plutôt bien dans cet état, il y a là de la liberté. J'ai un peu peur de voir Salzbourg, la semaine prochaine, car on a enterré dans le jardin mon gentil Kaspar, et il n'y aura personne sur les marches pour me saluer avec enthousiasme en remuant la queue. En revanche, tant de gens et de choses m'attendent que je prendrai la fuite au bout d'une journée et [continuerai] vers Vienne. En septembre j'aurai sans doute quitté l'Autriche, j'ai mon travail qui l'exige, et j'espère que vous pourrez alors m'accorder votre bonne assistance. Je pense encore à vous souvent et chaleureusement – à chaque fois que je regarde avec irritation la pile de lettres qu'il me faut maintenant rédiger moi-même, mais aussi quand je me sens heureux. Savourez à fond et pleinement chaque heure, cela me ferait vraiment plaisir que vous soyez joyeuse et passiez de lumineuses journées. Vous les avez bien méritées !

Zweig partit avec Friderike pour passer d'abord quelques jours seulement à Salzbourg, où le festival avait commencé depuis le 29 juillet et où il retrouva quelques confrères et connaissances. Une amie de Francfort, qui n'est pas nommée, avait apparemment réussi à contourner l'obligation des 1 000 marks et à franchir la frontière sans les verser. Zweig rencontra la soprano Rose Walter qui, après l'arrivée au pouvoir des nationaux-socialistes, enseignait provisoirement au Mozarteum de Salzbourg, avant de partir pour Londres, où Lotte Altmann fut aussi en contact avec elle. Il revit également la directrice du ballet de l'opéra de Vienne, Margarete Wallmann à qui il vouait depuis longtemps un enthousiasme un peu exalté et dont il avait été le témoin de mariage à Londres, au printemps.

*La directrice du ballet
de l'opéra de Vienne,
Margarete Wallmann,
avec Stefan Zweig (qui fut
témoin à son mariage), lors
d'une excursion à Hampton
Court, près de Londres,
au printemps 1934.*

Enfin, il s'entretint avec Richard Strauss qui travaillait encore à son opéra *La Femme silencieuse*, dont Zweig avait écrit le livret. Avec la nouvelle situation politique en Allemagne et la nomination de Strauss à la présidence de la chambre de la Musique du Reich à l'automne 1933, on pouvait déjà imaginer les problèmes qui ne manqueraient pas de surgir lors de la représentation de cette œuvre, fruit de la collaboration entre le plus important compositeur allemand de l'époque et un librettiste juif.

Dès le 20 août Zweig, continuant son voyage vers Vienne, s'installait dans le train d'où il écrivait pour Lotte Altmann, au crayon noir, des lignes tremblotantes et par endroits à peine lisibles, pour lui rendre compte de la situation.

[11]   Stefan Zweig à Lotte Altmann [en voyage de Salzbourg à Vienne, le 20 août 1934]

Bien chère Mademoiselle Altmann,
Soyez indulgente avec moi, je vous écris dans le train, car malgré toutes mes bonnes intentions je n'ai pas eu le moindre loisir, durant ces journées à Salzbourg, pour tracer ne fût-ce qu'un mot sur le papier. J'ai passé de longues heures avec Richard Strauss, j'ai entendu Elektra, *le merveilleux concert* Mozart *donné par Bruno Walter, j'ai croisé littéralement des centaines de gens, j'ai eu la joie de saluer mon amie de Francfort, qui est venue à S[alzbourg]. par amour de la musique, sans les 1 000 marks. Tout cela fut un tourbillon incroyable, emballant et beau ; que Rose Walter et Wallmann aient évolué [?] là au milieu, relevait de l'évidence, et par instants je me disais tout de même que vous auriez pris grand plaisir à tout cela.*

À Vienne, j'aurai aussi beaucoup à faire et dans les intervalles je continuerai à travailler. Programme : jusqu'à vendredi dans la nuit, <u>Vienne</u> ; samedi, dimanche, lundi, de nouveau <u>Salzbourg</u> pour Toscanini, ensuite je serai libre. J'irai alors probablement passer quinze jours en Suisse ou bien en France et je ne serai pas à Londres avant la mi-septembre. J'aurais volontiers avec moi mon excellente secrétaire, mais je crains qu'à cause de ce stupide [?] Office vous ne puissiez pas quitter Londres ; si pourtant vous alliez accompagner madame votre mère ou veniez lui rendre visite sur le continent, ce serait absolument parfait. Je pourrais venir à proximité de Boulogne, où j'aurais aussi mon ami Masereel. Si donc avant d'être à Londres à la mi-septembre je pouvais compter *sur votre assistance, si importante pour moi, je m'en réjouirais beaucoup, sans vouloir prétendre faire pression ni interférer dans vos décisions. Si ça ne va pas, alors autour de la mi-septembre à Londres. J'espère que cette lettre vous parviendra à temps, je serai quant à moi lundi à Salzb[ourg]. Répondez-moi ici, le cas échéant envoyez aussi un télégramme à mes frais à Vienne, Hôtel Regina, si le hasard vous offrait l'occasion de venir sur le continent, car il y a parfois d'heureux hasards et des dérogations [?].*

Tout ceci affreusement bousculé, mais avec de bonnes pensées
Votre excité et exalté
Stefan Zweig

Si vous <u>télégraphiez</u> je vous en prie encore : à Vienne.

À Vienne, il s'agissait de mettre au point la collaboration éditoriale pour les prochaines années. Le dernier ouvrage de Zweig, *Triomphe et tragique d'Érasme de Rotterdam*, avait déjà paru chez Herbert Reichner en édition de luxe, et le tirage courant était en préparation. L'œuvre suivante, prévue pour bientôt, était *Marie Stuart*. Il fallait à présent négocier avec Anton Kippenberg, le directeur des Éditions Insel à Leipzig, pour savoir si et à quelles conditions les livres antérieurs de Zweig pourraient eux aussi à l'avenir être repris par Reichner ; mais une rencontre prévue de longue date était sans cesse remise à plus tard.

[12]   Stefan Zweig à Lotte Altmann, de Vienne [le 23 août 1934]
Papier à lettres «Hôtel Regina, Vienne»

[Vienne] jeudi

Chère Mademoiselle Altmann,
J'ai bien reçu et vous remercie pour l'envoi de la fin du Mnscrt
et pour votre aimable lettre! Dans une chaleur horrible, j'ai hor-
riblement à faire, et vous me manquez beaucoup, avec votre main
si experte à écrire, je viens de confesser mon chagrin à votre ami
Smolka. Il y a en ce moment précis énormément de lettres à faire,
j'ai des problèmes avec mon éditeur de Leipzig et je dois rédiger
des dossiers entiers, avec mes doigts maladroits.

Excusez-moi si je vous informe par télégramme de mes pro-
chains lieux de séjour et de mes projets, pour moi (sauf mon
cher Londres) tout est remis en question, affectivement par-
lant. Demain vendredi je pars dans la nuit pour Salzbourg où
nous attendons samedi à déjeuner Toscanini et Bruno Walter;
dimanche j'assisterai au concert de Toscanini et au Don Giovanni
de Bruno Walter; lundi, je fais ma valise et je pars – mais dans
quelle direction? Je l'ignore, parce que j'ai posé un ultimatum au
Prof. Kippenberg pour une rencontre en Hollande ou en Suisse,
et que je n'aurai sa réponse que lundi. Adresse jusqu'à lundi soir:
Salzbourg, et en réalité même après (ma secrétaire ou ma femme,
qui reste là-bas, me feront suivre les nouvelles) en attendant que
je puisse vous annoncer mes dates ultérieures.

Transmettez, je vous prie, mes respects à madame votre mère
et reposez-vous bien: ceci n'est pas une demande égoïste pour
m'assurer que vous soyez très en forme ensuite pour une activité

éprouvante, c'est un souhait sincère que vous savouriez pleine-
ment vos vacances. Bien cordialement, votre dévoué
Stefan Zweig

Si je dois rester plus longtemps en France et que vous soyez
vraiment assez bonne pour vous libérer et que vous obteniez
l'autorisation nécessaire, ce serait bien sûr pour moi un immense
allègement dans mon travail que vous puissiez déjà venir m'as-
sister avant Londres (pour Marie Stuart, *elle a été méchamment*
retardée à cause de ces détestables histoires d'édition). En tout
cas, dès que j'y verrai clair, je vous écrirai ou télégraphierai – mais
pour l'instant je dépends de la réponse du Prof. Kippenberg.

De Vienne, Zweig repartit comme prévu pour Salzbourg,
afin de voir Arturo Toscanini et d'entendre sous la direction
de Bruno Walter *Don Giovanni*, l'opéra de Mozart, la première œuvre dans l'histoire du festival à être représentée dans
sa langue originale, l'italien. Suse von Winternitz, la fille de
Friderike, qui travaillait comme photoreporter pendant le festival, fixa grâce à son objectif le souvenir de cette rencontre
de Zweig avec les deux chefs d'orchestre. Bien que ce fût, une
fois encore, l'une de ces réunions légendaires dans la maison
de Zweig, réputée depuis longtemps pour en abriter, il n'avait
pas changé d'avis pendant son séjour en Autriche concernant
la vente de la maison. Et le 27 août 1934, lorsque parut dans le
Salzburger Volksblatt un article qui n'était sans doute pas dû au
hasard, intitulé «Stefan Zweig quitte Salzbourg», il avait déjà
bouclé ses valises pour repartir en Suisse et prévoyait de poursuivre en direction de Londres.

Les chefs d'orchestre Arturo Toscanini et Bruno Walter avec Stefan Zweig devant sa maison de Salzbourg en 1934, photo de Suse von Winternitz.

Dans l'intervalle, Lotte Altmann était partie se reposer avec sa mère, non pas sur la côte française, mais à Hythe, dans le comté anglais du Kent, à quelques kilomètres seulement de Folkestone où arrivent les ferries traversant la Manche et repartant à destination de Boulogne.

[13]   Stefan Zweig à Lotte Altmann [le 29 ou le 30 août 1934]

Chère Mademoiselle Altmann,

Tout de suite mon adresse
<u>Baden bei Zurich</u>
Limmathof

Je vais y rester jusqu'au 7 ou au 8 septembre environ et pourrai être ensuite le 8 ou le 9 septembre à Boulogne. Je n'y resterai que s'il fait beau temps et que je peux compter sur votre assistance pour mon travail, sinon je continuerai directement jusqu'à Londres – mon travail, j'ai honte de le dire, se retrouve en quelque sorte dépendant de votre bonne volonté, alors que je voudrais tout de même en avoir complètement terminé avec Marie Stuart à la fin octobre, ce qui premièrement exige un énorme travail, ensuite d'être tout à fait déchargé de la corvée des lettres, et c'est là que je me rappelle toujours avec reconnaissance comme vous avez bien su m'aider. <u>J'aimerais mieux</u> rester à Boulogne parce que je n'aurais pas la moindre distraction à y redouter et pourrais être entièrement à moi et à mon travail. Informez-moi, s'il vous plaît, de vos projets, dites-moi quand et où je peux espérer compter sur vous. Excusez cet infâme *griffonnage, mais il est cinq heures et demie du matin et je vous écris en descendant du train, sans avoir encore fait ma toilette ni pris un petit déjeuner.*

Votre très dévoué
Stefan Zweig

Je resterais volontiers huit ou même dix jours à Boulogne, surtout pour goûter pleinement le bonheur d'un travail intense. À Salzbourg et à Vienne, je n'ai pas pu avancer du tout.

Depuis son lieu de vacances, Lotte Altmann réagit immédiatement à la lettre de Stefan Zweig, puisque quatre jours plus tard il pouvait déjà lui répondre en formulant des projets de voyage plus précis. Le mot «Several» qui figure dans l'adresse désigne probablement un diverticule de la route principale, «Seebrook Road».

Encore en Suisse, Zweig fut sollicité par le comédien Alexander Moïssi pour traduire en allemand à son intention la nouvelle pièce de Luigi Pirandello *Non si sa come* [«*On ne sait comment*»], une tâche fort chronophage, mais qu'il accepta malgré toute la charge de travail qu'il avait déjà.

[14]   Stefan Zweig à Lotte Altmann, de Baden bei Zurich,
le 4 septembre 1934 [cachet de la poste], carte postale

Miss Lotte Altmann
c/o Mrs Jacklin
Hythe (Kent) England
Several Seabroock Rd

Chère Mademoiselle Altmann,
Je crois que je viendrai probablement dimanche à Folkestone
pour vous avoir le plus vite possible à portée de main, c'est terrible
<u>à quel point</u> j'ai absolument besoin de vous, il y a énormément
à faire, tout arrive en même temps, Marie Stuart, toute la corres-
pondance avec les éditeurs, leurs lettres et leurs contrats, <u>avec</u> en
plus la pièce de Pirandello, que je dois traduire sans délai. Je vous
prie instamment, au nom de toute la bienveillance dont vous avez
fait preuve envers moi quand nous avons travaillé ensemble, <u>ne</u>
<u>me laissez surtout pas en plan maintenant !!!</u>
Le mieux serait, comme je le disais, de passer une petite semaine
quelque part au bord de la mer, où je ne perdrai de temps avec per-
sonne, décidez vous-même où, et je m'organiserai <u>entièrement</u> en
fonction de vous, pourvu que je puisse, n'est-ce pas, compter sur
vous. Excusez-moi auprès de madame votre mère, si je la prive de
vous pendant quelques jours, je ne le ferais sûrement pas si je n'étais
pas sous une telle pression, et reposez-vous bien d'ici là, car je crains
de devoir vous demander huit jours entiers de travail. Si je ne vous
télégraphie pas autre chose, j'arriverai dimanche par le bateau qui
part de Boulogne vers les deux heures à destination de Folkestone.
Très cordialement vôtre,
Stefan Zweig

Le 4 septembre, Zweig put enfin rencontrer Anton Kippenberg à Baden, près de Zurich, et négocier avec lui sur l'avenir de ses livres. Certains ouvrages, notamment les plus prisés du public, comme *Marie Antoinette* et *Les Heures étoilées de l'humanité* furent encore réédités à Leipzig en 1934 et 1935. En revanche, les nouveaux livres de Zweig paraîtraient désormais seulement chez Reichner, à Vienne.

En vue du séjour de travail à Folkestone, Lotte Altmann avait envoyé à Baden un dépliant indiquant les hôtels, mais elle commença par raccompagner sa mère à Londres.

[15]   Stefan Zweig à Lotte Altmann, de Baden (Suisse),
le 6 septembre 1934 [cachet de la poste], enveloppe
portant pour adresse Hythe (Kent) Several Seabroock Rd

Chère Mademoiselle Altmann, merci pour le prospectus. Je considère donc comme certain que vous serez à Londres lundi et mardi, et je vous enverrai un télégramme depuis Folkestone, dès que j'y arriverai. Celui que je préfère est le Royal Pavillon Hotel, tout près du port, car il semble être un hôtel pour voyageurs, et comme je renonce à la grande valise et ne me charge pas d'un smoking ni rien de semblable, je n'envisage pas un hôtel avec piste de danse. Je mène ici des négociations extrêmement difficiles et j'aspire vivement à quelques jours de calme et de travail.

Excusez ce griffonnage, j'espère donc pouvoir vous informer par télégramme lundi, mardi au plus tard, où je serai. Cordiales salutations
Stefan Zweig

71

Jeudi
En cas d'informations télégr. : samedi, Hotel Habis, Zurich.

Le 9 septembre, Zweig était de retour en Angleterre. Ses vœux de nouvel an, déjà adressés de Folkestone à Londres, font allusion en cet automne au jour suivant où, selon le calendrier juif, commençait l'année 5695. Sans doute Lotte Altmann le célébrait-elle avec sa mère.

[16]   Stefan Zweig à Lotte Altmann [de Folkestone,
      le 9 septembre 1934]

Royal Pavillon Hotel
Dimanche après-midi

Chère Mademoiselle Altmann,
Je viens juste d'arriver; pour l'instant, à cause d'une semaine de cricket (comme ces choses sont importantes) je n'ai dans l'hôtel qu'une chambre provisoire, mais agréable, j'en aurai une autre demain, qui sera mieux, et je vous prie de me dire le plus tôt possible quand je peux compter sur vous, envoyez-moi peut-être même un télégramme la veille de votre arrivée, pour que je fasse la réservation pour vous. Si vous avez le temps, pourriez-vous éventuellement demander au 11 Portland Place, soit directement soit par téléphone, si aux alentours du lundi, mon appartement ou un autre semblable serait disponible pour moi ?
Je vous en prie, ne me laissez pas tomber, fêtez dignement l'année nouvelle, si elle n'est pas pire que l'ancienne je serai content. Bien des choses aux vôtres de ma part
Stefan Zweig

Téléphonez aussi, je vous prie, au gardien[1] du 11, Portland Place ou bien dites-lui de m'envoyer mon courrier ici, Hotel Royal Pavillon. S'il y avait un quelconque problème ou un empêchement pour vous, télégraphiez-moi à quelle heure je peux vous joindre par téléphone.

Après les négociations avec Anton Kippenberg et avec Herbert Reichner, des entretiens étaient prévus à Folkestone avec Benjamin Huebsch, l'éditeur américain de Viking Press, New York, qui publiait les livres de Stefan Zweig aux États-Unis. En pensant aux restrictions du marché des livres en langue allemande, Zweig essayait de se rendre compte si, et comment il pourrait s'établir aussi dans l'univers anglo-saxon comme un auteur à grands tirages.

Concernant la suite de son voyage vers Londres, un appartement avait de nouveau été réservé pour lui au 11, Portland Place. Quelques nouveaux livres et un tableau de Frans Masereel – sans doute un cadeau pour Lotte Altmann – y furent déjà expédiés. Tout était parfaitement préparé, lorsque Lotte Altmann, tombée malade, dut à la dernière minute annuler sa venue à Folkestone. Stefan Zweig put cependant recourir pour quelques jours à l'assistance de la secrétaire de Heinrich Eisemann, le marchand de livres anciens à Francfort, qui par hasard séjournait dans le même hôtel et était depuis longtemps en bons termes avec lui. Manifestement Stefan Zweig ne comptait plus sur Lotte Altmann et projetait, une fois rentré, d'aller lui rendre visite à Londres dans l'appartement de son frère, qui était loin du centre.

---

1. Zweig utilise ici le mot anglais *Porter* (NdT).

[17]   Stefan Zweig à Lotte Altmann, de Folkestone,
le 10 septembre 1934 (cachet de la poste), enveloppe
adressée à Londres, Willesden Lane

Chère Mademoiselle Altmann,
S'il vous plaît, ressaisissez-vous, retrouvez sans tarder la santé!
Aujourd'hui c'est la secrétaire de M. Eisemann, arrivé de France,
qui m'aide à attaquer l'énorme pile – hélas je dois encore régler
l'affaire du loyer (le lease[1] *m'est enfin parvenu) et me défendre*
contre des visites (ce sera mieux la semaine prochaine!!), puis
refaire déjà mes valises, sans parler des négociations avec l'Amé-
rique ect. ect.[2]. Mais en tout cas je viendrai une fois vous rendre
visite, dans l'intervalle ressaisissez-vous!
Bien des salutations
St. Z.

Je vous envoie aussi des livres et le tableau de Masereel, qui vous
salue bien. Je n'ai pas le temps de le faire encadrer en ce moment.

Finalement, Lotte Altmann put tout de même aller rejoindre
son patron, car dans son album de photos il y en a une d'elle,
prise par Stefan Zweig. Souriante, elle tient sous le bras un épais
dossier contenant des manuscrits. Elle a écrit elle-même au
verso : «Lotte Altmann / Folkestone 1934.»

---

1. Anglais : «bail». La fréquence des mots anglais culminera dans les
lettres de 1939-1940 (NdT).
2. *Sic.* L'abréviation «*ect.*», et non «*etc.*» (*et cetera* : et autres choses),
correspond au latin *e ceteris* («parmi d'autres choses»); c'est l'un des austriacismes signalés par l'éditeur, cf. «Liste des documents», p. 367 (NdT).

Lotte Altmann à Folkestone, septembre 1934.

Entre-temps, le Jewish Refugees Committee s'était occupé à Londres de son permis de séjour. En octobre 1934, les autorités compétentes lui accordèrent la prolongation d'un an, qu'elle avait demandée.

Le même mois, la maison Herbert Reichner mettait en vente l'édition courante de *Triomphe et tragédie d'Érasme de Rotterdam*. Il devenait ainsi manifeste que Stefan Zweig avait désormais quitté la maison Insel. Dans l'exemplaire de sa secrétaire londonienne, il inscrivit la dédicace suivante : «À Mademoiselle Lotte Altmann / avec ma cordiale gratitude / pour son assistance apportée à ce livre et, je l'espère, à beaucoup d'autres encore / Stefan Zweig / Londres 1934».

Dans le flat-hôtel du 11 Portland Place, Zweig occupa un autre appartement que pendant son précédent séjour, et durant les semaines suivantes il se concentra principalement sur la biographie de Marie Stuart. Peu avant son anniversaire, fin novembre, il travaillait aux derniers chapitres du livre. Quelques jours après, il partit pour la Suisse où il retrouva Friderike et continua avec elle vers Paris, puis vers Nice. C'est là qu'avant la fin de l'année le manuscrit devait être achevé, car dans les premiers jours de janvier Zweig avait l'intention de s'embarquer à Villefranche-sur-Mer pour un voyage de plusieurs semaines aux États-Unis, à l'invitation de la Jewish Telegrafic Agency.

Pour le soutenir dans son travail, Lotte Altmann vint elle aussi dans le sud de la France et fut logée dans le même hôtel que les Zweig. Elle prévoyait un séjour à la montagne en Italie, à Sestrières, après le départ de Stefan Zweig. Comme il restait diverses formalités à régler en Allemagne, suite à la mort de son père, elle consultait sa famille sur l'opportunité de passer une fois encore par Francfort-sur-le-Main, quand elle rentrerait à Londres – un projet risqué pour une femme juive au début de 1935, et qui probablement resta sans suite.

Les Zweig rendirent plusieurs visites à des amis et, avant les fêtes de Noël, ils firent avec Lotte Altmann une excursion à Monte-Carlo. C'est là que le photographe amateur passionné qu'était Stefan Zweig prit à nouveau sa secrétaire en photo. Un tirage, qu'il avait signé «*Stefan Zweig pinxit*» à la manière des maîtres anciens, fut envoyé par Lotte Altmann comme carte de vœux à son frère Manfred, à Londres; celui-ci avait à présent emménagé avec sa famille dans une nouvelle maison, avec cabinet médical attenant, dans la Woodstock Road, domicile où Lotte continua d'habiter avec eux.

*Lotte Altmann, avec l'inscription manuscrite : « Monte-Carlo,
décembre 1934, Stefan Zweig l'a peint ».*

[18]   Lotte Altmann à Manfred Altmann [de Nice]
       le 31 décembre 1934 (carte postale)

*Manfred Altmann
50 Woodstock Road
London NW 11
Angleterre*

*31. 12. 34
Ce n'est pas un beau portrait, mais une jolie photo.
Bonne année !
Lotte*

*Si le voyage à F[rancfort]. est vraiment utile, j'irai bien sûr,
mais sans enthousiasme.*

Stefan Zweig et sa femme Friderike (assise, au centre) en visite chez la famille Joske, à Vence, dans le sud de la France.

1935

Quelques jours après le nouvel an 1935 se produisit dans l'hôtel, à Nice, un incident que seule Friderike Zweig a évoqué. Afin de préparer ses papiers pour son voyage outre-Atlantique, Stefan Zweig pria sa femme d'aller régler pour lui quelques formalités au consulat américain, tandis qu'il continuait à travailler avec Lotte Altmann sur le manuscrit du nouveau livre. Mais Friderike s'aperçut en route qu'elle avait oublié un document important et dut revenir sur ses pas. Dans son livre de souvenirs, *Stefan Zweig, comme je l'ai connu*[1], elle décrit ainsi les choses : «Pour récupérer la déclaration qui me manquait, je me dépêchai de retourner à l'hôtel, et depuis ma chambre j'entrai dans la pièce où Stefan travaillait – hélas ! en choisissant mal mon moment. Jamais je n'ai vu quelqu'un d'aussi consterné que cette jeune personne, soudain effarée et abasourdie. Stefan lui aussi fut très effrayé. Je m'efforçai de rester calme, mais ma voix tremblait en expliquant qu'il me fallait encore rapidement déposer d'autres documents au consulat avant la fermeture du bureau.» Quoi que Friderike ait vu alors, il ne faisait désormais aucun doute pour elle que Lotte Altmann était la maîtresse de son mari.

Elle raconte ensuite être retournée au consulat, et qu'après son retour à l'hôtel, ce ne fut pas elle, mais son mari qui voulut parler de cette histoire, en prenant toute la responsabilité sur lui. En revanche elle n'échangea pas le moindre mot avec Lotte pendant les trois jours qui suivirent, avant de recevoir une lettre de sa main : «Elle m'assurait que cet incident ne signifiait rien, n'avait aucune importance, et que je devais être convaincue que ses sentiments de respect et de reconnaissance envers moi étaient inchangés.» Sur quoi, raconte Friderike, elle avait adopté une attitude différente envers Lotte : «Je ne lui disais que le strict nécessaire, d'ailleurs il ne restait que très peu de jours avant qu'elle ne reparte, et elle m'inspirait de la pitié car elle était très seule.» Enfin il y eut encore, après la lettre de Lotte, un geste singulier : «Avant son départ Lotte me fit envoyer des roses, avec encore ses

---

1. *Stefan Zweig, wie ich ihn erlebte*, p. 374 et suiv., cf. Bibliographie p. 393.

remerciements. Stefan se montra sincèrement heureux de ma conduite conciliante[1].»

Comme prévu, Lotte Altmann partit alors pour Sestrières. Dans la lettre suivante, que Stefan Zweig lui écrivit probablement le jour même où elle partait, aucun mot ne faisait allusion aux événements racontés par Friderike. Il utilisa une feuille de papier sur laquelle Lotte Altmann avait déjà dactylographié la date, ainsi que «*Dear Sir*», adressé à un destinataire inconnu. En ce début d'année il se trompa en écrivant 1934 au lieu de 1935.

[19]   Stefan Zweig à Lotte Altmann, de Nice, le 6 janvier 1935,

Enveloppe
Signorina Lotte Altmann
Sestrières (Italia)
Hotel Torre
Via Ventimiglia

Hotel Westminster, Nice, ~~the 20th December 1934~~ *6 janvier 1934 [= 1935]*

Dear Sir*, non, chère Mademoiselle Altmann, je vous écris pour vous remercier, sur cette lettre commencée par vous, encore une* night letter[2] *! Plein de bonnes choses, je vous l'ai déjà dit, n'est-ce pas; vous savez combien je vous suis reconnaissant d'avoir été*

---

1. *Ibid.*, p. 374.
2. L'expression désigne, en anglais, un télégramme envoyé pendant la nuit, à tarif réduit; mais elle est à prendre ici au sens propre de «lettre écrite la nuit».

présente ici et comme j'aurais souhaité que ces éternels soucis professionnels nous aient laissé plus de temps libre.

Et maintenant, un concert de récriminations contre la poste française. Ils n'ont pas voulu prendre les sténogrammes comme commercial papers et ont exigé 35 francs. Le service ferroviaire, lui, a refusé de faire suivre des chaussures arrivées de Londres, et elles seront réexpédiées demain d'ici, depuis l'hôtel. Vous voyez que j'avais hélas ! raison d'être pessimiste, il faut s'occuper des choses à l'avance, et je m'inquiète à l'idée que vous pourriez avoir froid là-haut – surtout après les belles journées chaudes d'ici à Nice qui, je l'espère, vous ont fait du bien, moralement aussi.

Je suis loin de m'être fait à l'idée que vous êtes partie, et quand je passe dans le couloir, j'ai toujours envie de vous appeler pour écrire rapidement une lettre. Eh oui, on s'habitue et ça vous tue[1].

Je vous écrirai à nouveau dès que je vous saurai arrivée, cette lettre-ci n'était que pour vous remercier et régler des détails pratiques : dès que je saurai que vous êtes là-bas et que vous y restez, vous recevrez d'autres nouvelles de votre bien sincère

Stefan Zweig

La seule bonne chose, c'est que je peux penser à Londres avec certitude, il est vrai que c'est encore loin, mais je me sens tout à fait at home là-bas.

Même si Friderike Zweig écrit dans ses Mémoires qu'elle passa encore quelques belles journées à Nice avec Stefan après

---

1. Nous transposons ici le jeu de mots, Zweig écrivant « *man gewöhnt und verwöhnt sich* », littéralement « on s'habitue et on se laisse gâter » (NdT).

le départ de Lotte Altmann, la situation devait être passablement tendue, le 10 janvier 1935, quand elle accompagna son mari pour lui dire au revoir sur le bateau qui l'emmenait en Amérique. Lorsqu'ils entrèrent tous deux dans sa cabine, une lettre était déjà arrivée, que Lotte Altmann lui avait écrite de Sestrières. Après un rapide adieu à sa femme, Zweig prit une initiative inattendue : «Au dernier moment, raconte Friderike Zweig, la chaloupe commençait déjà à s'éloigner, il tendit un papier au-dessus de l'eau à un jeune homme à côté de moi pour qu'il me le fasse passer : c'était la lettre. [...] Je ne sais pas s'il n'avait pas du tout, ou trop rapidement, survolé des yeux le contenu de la missive[1].»

L'original de cette lettre a disparu, comme toutes les autres lettres de Lotte Altmann à Stefan Zweig ; mais dans les papiers laissés par Friderike Zweig se trouve une copie qu'elle en a prise et pour laquelle elle utilisa une feuille portant les initiales de Stefan Zweig et l'adresse de Salzbourg. Il est permis d'avoir des doutes sur la fiabilité de ce texte, vu que quelques passages sont omis par Friderike et qu'elle a souligné certains mots pour appuyer sa propre interprétation. En outre Lotte Altmann n'aurait certainement pas écrit «officiell» avec l'orthographe ancienne du mot, et non pas «offiziell». La question se pose aussi de savoir pourquoi Friderike en a pris une copie, alors qu'elle disposait de l'original, et où s'est ensuite retrouvé le texte complet de la lettre de Lotte. Étant donné que la correspondance du couple Zweig durant cette période n'a pas été intégralement conservée, on en est réduit à supposer que Friderike Zweig joignit cette lettre au premier courrier qu'elle adressa ensuite à son mari.

---

1. *Stefan Zweig, wie ich...*, *op. cit.*, F 1947, p. 376.

[20]   Lotte Altmann à Stefan Zweig [de Sestrières,
        probablement le 8 janvier 1935], copie
        de Friderike Zweig avec des mots supprimés
        et d'autres mis en exergue par elle, sur le papier
        à lettre marqué Salzbourg, Kapuzinerberg 5

*Mon bien cher, je me trouve moi-même terriblement lâche,
mais j'ai peur que q u e l q u ' u n ne soit là quand tu recevras cette
lettre, c'est pourquoi j'ai écrit la lettre officielle, lisible à mon avis
par n ' i m p o r t e q u i.*

*À t o i, je voudrais dire encore une fois (mais peut-être ne te
l'ai-je encore jamais dit) combien je t'apprécie et combien ton amitié m'a rendue heureuse. Même si je peux paraître froide, extérieu-
rement – peut-être aussi vis-à-vis de t o i, sans le vouloir – j'ai tout
de même, je crois, un très grand besoin d'a m o u r et d'amitié, et
c'est cela que tu m'as donné, et je t'en suis tellement reconnais-
sante, plus que t u ne peux l'imaginer, car tu ne sais pas à quel
point je me sentais seule intérieurement avant que tu sois là, même
si j'étais contente d'être à L[ondres].*

*-------------------- Tu m'as apporté tant de joie dans la période où
n o u s étions ensemble, et j'ai été si heureuse de séjourner à Nice,
pour pouvoir être plus longtemps avec t o i. Ce fut tellement bien,
<u>malgré</u> t o u t e l a p e u r, et si cet ennui qui n o u s est arrivé m'a
tellement accablée, c'est parce qu'il se trouve que j'apprécie aussi
beaucoup TA femme.*

*Ce fut difficile pour moi de te quitter, je crois que tu l'as remar-
qué, et je voudrais que t u puisses être ici, <u>nous deux tout seuls</u>.*

SALZBURG
KAPUZINERBERG 5

Mein Lieber, ich finde mich selber schrecklich feig,aber ich habe
Angst,dass j e m a n d dabei ist,wenn Du den Brief bekommst und
habendeshalb den officiellen Brief geschrieben,den meinetwegen j e d e r
lesen kann.

        Ich möchte D i r noch einmal sagen (oder habe ich es D i r noch
nie gesagt wie gerne ich Dich habe und wie glücklich Du mich durch
Deine Freundschaft gemacht hast. Wenn ich auch nach aussen kalt er -
scheine- vielleicht auch D I R gegenüber,ohne es zu wollen- so habe
ich doch,glaube ich ein ganz grosses Bedürfnis nach L i e b e und
Freundschaft und d i e hast Du mir gegeben und ich bin Dir so dank-
bar dafür mehr als D u es ahnst, Du weisst ja nicht wie einsam ich
mich innerlich gefühlt habe,bevor D u kamst,trotzdem ich zufrieden
war in L. zu sein. ----------- Du hast mir so viel Freude gegeben
in der Zeit u n s e r e s Zusammenseins und ich war so glücklich
über den Aufenthalt in Nizza,noch länger mit D I R sein zu können.
Es war so schön trotz a l l e r A N g s t und diese eine Unannen-
nehmlichkeit,die w i r hatten,hat mich nur deshalb so sehr bedrückt
weil ich D E I N E Frau nun einmal auch sehr gerne habe.
        Der Abschied ist mir schwer gefallen,ich glaube,Du hast es gemerkt
und ich wünsche D u könntest hier sein wir beide a l l e i n .

----------- Meine Bekannten sind nett --- aber kein Ersatz für Dich
i n k e i n e r Weise.-----

        Also nochmals alles Herzliche,ich denke oft an D i c h und
u n s e r Zusammensein. -----
                D E I N E   xxxxx

Jänner 35

Eingang. Abschrift des
Briefes, den mir St.
vor seiner Abreise
nach Amerika an
Bord des Schiffes
das gab, wo
er zu seinem Empfang
lag

Lettre de Lotte Altmann à Stefan Zweig, janvier 1935, dans la copie de Friderike Zweig.

------------------*Les gens autour de moi sont gentils*---------- *mais ils ne sont pas un ersatz pour* <u>*toi*</u>*, en aucune façon.*--------------

Encore une fois, de tout cœur, je pense souvent à toi et à nos moments ensemble.----------

À TOI xxxxx

[Ajouté à la main par Friderike Zweig :]
Janvier 35
Extraits recopiés de la lettre que S[tefan]., avant son départ pour l'Amérique, me remit à bord du bateau où elle l'attendait.

Sans doute faut-il être prudent si l'on veut faire fonds sur le texte écrit par Friderike Zweig ; mais il n'y a aucun doute qu'une lettre de Lotte Altmann se trouvait dans la cabine. Stefan Zweig la mentionna même dans sa lettre suivante à Lotte, sans rien dire toutefois sur son contenu. Pour la première et l'unique fois avant longtemps dans l'une de ses lettres, il s'adressa à « Mademoiselle Lotte », et non pas, comme à l'accoutumée, à « Mademoiselle Altmann ». En outre il signa « Stefan Z. », au lieu de son nom complet ou de ses initiales.

La lettre de Zweig confirme sans ambiguïté ses relations avec Lotte Altmann, bien qu'ici aussi il ne s'exprime pas en termes clairs, mais évoque seulement « cette entreprise ». Dans des passages où il désigne manifestement Friderike, il recourt à des circonlocutions, par exemple « ma partenaire, qui m'accompagnait ». Sa remarque, qu'après la lettre de Lotte il a eu « pour la deuxième fois » le sentiment « qu'une malchance particulière s'acharnait sur cette entreprise » semble faire allusion à l'incident arrivé peu auparavant dans l'hôtel, à Nice.

Comme dans sa lettre précédente, Zweig s'est à nouveau trompé sur la date : bien qu'on fût déjà en janvier 1935, il écrivit le chiffre romain XII, pour décembre, sur sa lettre.

[21]   Stefan Zweig à Lotte Altmann, à bord du *Conte di Savoia*, le 10 janvier 1935 [cachet de la poste], enveloppe et papier à l'en-tête du *Conte di Savoia*, à l'adresse de Sestrières (Italia), Hotel Torre

10. XII [= I] 1935

Chère Mademoiselle Lotte,
Encore un salut depuis le Conte di Savoia, *ensuite je vous enverrai très vite un télégramme à Londres. J'ai encore quelque chose d'un peu contrariant à vous raconter, j'ai trouvé dans ma cabine une lettre, qui par malheur a aussi intéressé très <u>vivement</u> ma partenaire, qui m'accompagnait ; ce fut une scène vraiment pénible, parce que c'était juste entre le moment de son départ et l'appareillage. Parfois je me dis que je n'ai pas de veine, parfois aussi que c'est mieux que diverses choses deviennent claires. J'en ai assez de certains jeux de cache-cache, cela n'est plus pour moi, et les choses qui sont importantes, il faut se battre pour les imposer. Croyez-moi, chère Mademoiselle, la responsabilité que j'éprouve me pèse beaucoup, je sais combien il va être difficile de poursuivre et de persister dans cette entreprise, je vois tous les combats que cela va coûter, mais il serait indigne d'un homme de ne pas tenir bon dans une belle histoire, même semée de difficultés. Vous le savez bien, cette entreprise a eu dès le début toutes les bonnes étoiles contre elle, et ceux qui s'y sont lancés restaient conscients*

à chaque instant que tout cela n'allait peut-être pas durer, et que chaque jour était une sorte de cadeau. Ne croyez pas que la part la plus facile revienne au plus âgé et plus expérimenté, perdre serait peut-être plus grave pour lui que pour l'autre partie, mais c'est difficile. Et j'ai parfois (pour la deuxième fois, maintenant) le sentiment qu'une malchance particulière s'acharne sur cette entreprise. Mais n'oublions pas l'autre sentiment, la forte volonté.

Cela me fait du bien de penser que tout va bien pour vous, j'espère que vous êtes gaie et rencontrez des gens agréables ; croyez-moi, ce qu'il vous faut pour être en bonne santé, c'est surtout de la joie, et si je pouvais vous l'apporter, vous savez que cela effacerait mes humeurs chagrines. Je mets tellement d'espoir dans Londres, j'aurai beaucoup à vous raconter après un si long voyage. Ayez toujours de bonnes pensées pour votre dévoué
Stefan Z.

Friderike Zweig passa encore quelques jours à Nice après le départ de Stefan. Elle renonça à son premier projet de partir pour Londres, préférant retrouver sa fille Suse, et après une étape à Florence, elle rentra avec elle à Salzbourg.

Avant de s'embarquer, Stefan Zweig avait signé un contrat avec l'éditeur Herbert Reichner pour sa biographie de *Marie Stuart*, si bien qu'à Vienne on put déjà, pendant son voyage, revoir et préparer pour l'impression le texte dactylographié. À New York, où il n'était pas revenu depuis 1911, un emploi du temps hyper-rempli de conférences, de soirées au théâtre et de débats attendait Zweig. Avant d'entamer son programme de travail, il prépara Lotte Altmann à son retour – même pour très peu de temps – à Londres.

[22] Stefan Zweig à Lotte Altmann, de New York,
le 17 janvier 1935 [cachet de la poste],
papier à l'en-tête de Londres, Portland Place,

enveloppe
Miss Lotte Altmann
London N. W. 11
50, Woodstock Lane [= Road]

Chère Mademoiselle,

Je vous écris encore, juste avant d'arriver. La traversée a été très mauvaise pendant deux jours, je suis resté au lit une journée, mais sans rien restituer de la bonne nourriture de la compagnie. Et maintenant, sans être encore vraiment à New York, je pense déjà à Londres. On va essayer de me rendre les choses difficiles, pour que j'y fasse désormais de longs séjours, alors que je suis si attaché à cette ville et que je ne me sens véritablement heureux nulle part ailleurs; mais le plus simple, le plus naturel est toujours le plus difficile dans la vie, surtout quand une mauvaise étoile préside à certains hasards. Et il faut se bagarrer pour obtenir ce qu'on souhaiterait comme la chose la plus évidente – je sais qu'aucune autre ville ne correspond aussi profondément à mon être, si seulement je n'avais pas cette maison et toutes ces entraves! Mais je ne vais pas me lamenter à l'avance, il faut prendre au sérieux les choses sérieuses, voilà tout, et se montrer à la hauteur des choses difficiles.

Je ne sais pas encore à quelle date j'embarquerai. Comme je ne prendrai pas un bateau allemand, il n'y en a pas d'autre avant le 26, et c'est sans doute trop tôt, et un autre le 7, si bien que je pourrais être à Londres le 14, et resterais jusqu'au 20. N'arrangez donc rien avant que je vous télégraphie, avec le nom du bateau, et informez-moi par un télégramme à mes frais.

Je pense encore beaucoup à tous les bons moments que je vous dois et que rien ne pourra altérer dans mon souvenir. Je serai très heureux de vous revoir et j'espère que vous vous serez bien reposée et aurez passé du bon temps. Vous savez combien je vous le souhaite de tout cœur.

Avec toutes mes salutations aux vôtres,
À vous
Stefan Zweig

Stefan Zweig
à son arrivée
aux États-Unis, 1935.

Après son arrivée à New York le 17 janvier, Stefan Zweig se remit pour la première fois depuis longtemps à tenir son Journal. Il n'y mentionne pas les événements de Nice. C'est seulement une semaine plus tard, en recevant une lettre, aujourd'hui disparue, de sa femme, à laquelle était peut-être jointe celle de Lotte Altmann, envoyée de Sestrières, qu'il nota : « Toute la soirée gâchée, hélas, par l'odieuse lettre de Frid[erike]., je souffre énormément de cette hystérie – une maladie, du reste, dont on n'a pas conscience et dont seuls les autres pâtissent. » Il lui répondit le lendemain selon ses propres termes « en hâte, mais pas assez énergiquement[1] » – mais cette lettre elle non plus n'a pas été retrouvée.

À des fins de promotion, Zweig donna lecture à la radio new-yorkaise d'extraits de *Marie Stuart* d'après son manuscrit, il assista à des concerts dirigés par Otto Klemperer et Bruno Walter, rendit visite à son éditeur Benjamin Huebsch, négocia avec des représentants de la Metro-Goldwyn-Mayer sur les droits cinématographiques pour *Marie-Antoinette*, parcourut les musées et les bibliothèques ; il revit aussi Margarete Wallmann, qu'il accompagna au Cotton Club « pour y voir danser les nègres, et c'est vraiment impressionnant[2] ! ».

Le bateau ramenant Lotte Altmann d'Italie n'accosta à Douvres que le 25 janvier 1935, et bientôt après elle reçut chez elle, à Londres, deux messages où Stefan Zweig lui donnait déjà des précisions sur son retour.

---

1. Zweig, *Journaux 1912-1940*, 25-26 janvier 1935, Belfond, 1986, p. 246.
2. *Ibid.*, 22 janvier 1935, p. 244.

[23]   Stefan Zweig à Lotte Altmann, de New York [autour du 20 janvier 1935], papier à en-tête Hotel Astor, New York

Chère Mademoiselle Altmann,
Je suis affreusement bousculé et voudrais seulement vous dire en quelques mots que j'ai l'intention de repartir d'ici le 30 sur le Manhattan *pour arriver le 6 ou le 7 à Plymouth, que je quitterai aussitôt pour Londres, dont la seule idée me réjouit beaucoup, dommage que cette joie doive être si courte.*
Très cordialement, très pressé, votre
St. Z.

Vous préparerez tout, n'est-ce pas, pour que je puisse me loger à Portland Place ou à proximité.

Vue aérienne de Manhattan, carte postale de Stefan Zweig, du 24 janvier 1935.

[24]   Stefan Zweig à Lotte Altmann, de New York,
le 24 janvier 1935 [cachet de la poste],
carte postale avec vue aérienne de Manhattan

Miss Lotte Altmann
London N. W.
50, Woodstock Lane [= Road]

Chère Mademoiselle Altmann,
Vérifiez assez à l'avance, je vous prie, quand arrivera le
Manhattan, *on me dit dès le 5 à Plymouth, je serai donc à*
Londres au plus tard *le 6, hélas! pas pour aussi longtemps que je*
voudrais. Saluez bien les vôtres, et les meilleures pensées de votre
(bousculé)
Stefan Zweig

On a peu d'informations sur le séjour de Zweig à Londres
après son voyage en Amérique. Arrivé le 6 février, il n'y resta
qu'une semaine environ ; et en adoptant l'itinéraire déjà habi-
tuel qui contournait largement le Reich allemand, il prit un
ferry pour la France, puis le train vers l'Autriche, en passant
par la Suisse. La seule trace qui s'est conservée de son étape à
Zurich est une enveloppe vide, adressée à Lotte Altmann.

Zweig ne séjourna de nouveau que brièvement à Salzbourg,
et au plus tard le 20 février, il était à Vienne. La lettre qui suit,
sans date, se trouvait dans une enveloppe datée de 1936, mais
elle n'y est pas à sa place. D'après le style du message, la signature « S. », insolite, et les sujets abordés, elle pourrait plutôt
avoir été écrite au début de 1935 et on peut la dater, avec une

relative certitude, de la visite à Vienne en février 1935. «Cette histoire délirante, impossible à réparer» serait alors une allusion à l'incident de Nice et à la querelle qui en résulta avec Friderike.

[25]   Stefan Zweig à Lotte Altmann [de Vienne, fin février 1935]

Chère Mademoiselle Altmann, vous êtes si bienveillante envers moi et je suis bourrelé de remords à l'idée que je fais peser sur vous mes moments d'accablement qui sont vraiment terribles; je me reproche parfois de vous imposer tant d'humeurs chagrines liées à mon âge, et je ne cesse de souhaiter à part moi que quelqu'un vienne vous apporter de la joie, grande et sans mélange. Les dernières années ont pesé sur moi comme des dizaines d'années, et je suis parfois plein d'une profonde lassitude. C'est assez sinistre ici, ma mère, et tout ce qui m'accable, et en plus, cette histoire délirante, impossible à réparer; mais pourvu que vous alliez bien, je me déclare content pour un moment. Je ne fais pas encore de projets, en réalité j'aimerais déjà avoir quitté ces lieux, et être quelque part, très loin; c'est indescriptible, à quel point j'en ai assez de la littérature et de tout ce qui s'attache à mon nom, les mots me manquent. Maintenant je devrais déchirer cette lettre, mais comme ça fait du bien d'avoir quelqu'un vers qui je peux me tourner! Très cordialement vôtre
S.

Pendant le voyage de Stefan Zweig à New York, le manuscrit de son nouveau livre avait été relu par l'éditeur, et l'on avait prévu un peu de temps pour les corrections. Il fallut donc organiser à Vienne un bureau à peu près opérationnel pendant plusieurs semaines pour travailler sur *Marie Stuart* et répondre au courrier qui s'était accumulé dans l'intervalle. C'est pourquoi Zweig engagea comme secrétaire provisoire Helene Rieger, la sœur de son ami Erwin Rieger.

Comme lors de ses séjours ultérieurs, il logea à l'Hôtel Regina, tout près de la Ringstrasse, à quelques minutes à pied seulement de l'appartement de sa mère, Garnisongasse.

[26]   Stefan Zweig à Lotte Altmann, de Vienne, le 4 mars 1935
        [cachet de la poste]

enveloppe
Miss Lotte Altmann
London N. W. 11
50, Woodstock Road

Chère Mademoiselle Altmann,
Pardonnez-moi de ne répondre qu'aujourd'hui à votre bonne lettre. Mais c'est devenu éprouvant ici ; un journal imbécile a signalé dans un entrefilet l'hôtel où je réside, et depuis, le téléphone n'arrête pas et des gens viennent, c'est là que j'aurais besoin d'une secrétaire aussi fiable et pleine de tact que vous l'avez été, pour me protéger. Ce sont pour une part des amis qui se présentent, mais le plus souvent, c'est l'horrible détresse qui règne ici et me déprime affreusement. J'ai toujours eu l'impression et l'intuition, à Londres, que je vivais, psychologiquement aussi, sur une île bienheureuse, et aujourd'hui je comprends à

nouveau combien cette période a été bonne, apaisante et heureuse pour moi. *Si seulement elle revenait bientôt !* Mais dans l'immédiat je vais encore être retenu ici pour assez longtemps par les corrections, qui sont copieuses et réclament une attention méticuleuse –, ce qui suivra n'est pas encore sûr, mais je crains que cela ne puisse pas être Londres tout de suite, bien que mon cœur y soit plus attaché qu'à toute autre ville. Mais les difficultés sont multiples, chez certaines personnes stupides il y aurait des suppositions déplacées si je repartais aussitôt pour Londres, à peine Marie Stuart terminée. Ce sera peut-être la France, en tout cas je resterai ici à peu près jusqu'à la fin mars. Pour l'instant j'habite encore à l'Hôtel Regina, mais l'adresse de la Garnisongasse est plus sûre, de toute façon j'y vais régulièrement car ma mère se sent encore assez faible, bien qu'elle soit pour l'instant hors de danger.

Je me réjouis que vos affaires familiales soient à peu près réglées et que vous y voyiez plus clair, j'espère que vous êtes par ailleurs en bonne forme, pourtant – ce n'est pas très joli à dire de ma part – j'aimerais penser que je vous manque un peu[1], parce que vous me manquez tant, vous et votre bienfaisant soutien. Pas un jour, pas une demi-journée ne passe où je ne sente pas combien je me suis habitué intérieurement à votre excellente assistance. La secrétaire qui me dépanne actuellement, la sœur de mon ami Rieger, me rend nerveux en me posant sans cesse des questions, ah, ce n'est pas pareil, et il me manque ce sentiment de sécurité qui me faisait tant de bien auprès de vous. Mais je n'ai pas le droit de vous imposer mes plaintes, il faut se résigner et attendre, pourtant je ne peux pas m'empêcher de le redire : comme mon travail

---

1. Formule retenue pour le titre de ce volume (NdT).

à Londres était facile, et gai, et à chaque minute je le savais alors, avec reconnaissance.

Vienne malgré tout est très belle, plaisante, non pas seulement à cause des cafés (d'ailleurs j'écris cette lettre dans un café), mais du fait de l'agréable atmosphère artistique qui règne, malgré le malheur ambiant. Mardi je retourne à l'opéra, j'ai vu déjà toutes sortes de musiciens et d'écrivains comme Alban Berg, Werfel, Krenek; ces jours prochains Bruno Walter arrivera; mais tout cela ne me rend pas vraiment gai, il me manque dans le cœur cette liberté intérieure, cette insouciance légère et heureuse qui m'a été accordée par le ciel, l'an dernier, tout soudain et au milieu d'une période fort troublée. Il faut que je m'en sorte maintenant en travaillant, car je ne connais et ne trouverai pas d'autre ersatz. Tout de suite après Marie Stuart, je vais probablement me lancer dans un travail personnel.

Soyez sûre, chère Mademoiselle Altmann, que je pense toujours chaleureusement à vous. Je n'oublierai jamais que nous avons accompagné ensemble la pauvre reine sur l'échafaud – bien peu de larmes furent alors versées, le temps filait, lumineux et bienfaisant. Le livre ne paraîtra qu'à l'automne – au fond, c'est terriblement long, on aime si peu attendre, mais j'espère qu'ensuite je pourrai au moins assister à son lancement à Londres, car je n'ose pas vraiment espérer pour ce printemps. Très cordialement, votre bien sincère
Stefan Zweig

Toutes mes salutations à votre famille !

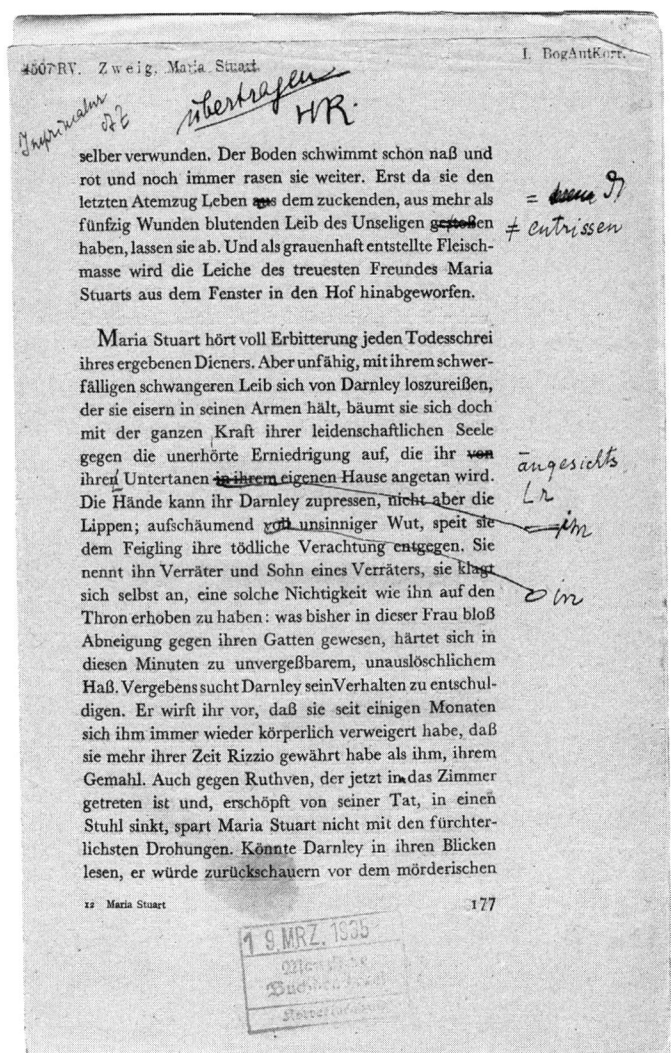

selber verwunden. Der Boden schwimmt schon naß und rot und noch immer rasen sie weiter. Erst da sie den letzten Atemzug Leben aus dem zuckenden, aus mehr als fünfzig Wunden blutenden Leib des Unseligen gestoßen haben, lassen sie ab. Und als grauenhaft entstellte Fleischmasse wird die Leiche des treuesten Freundes Maria Stuarts aus dem Fenster in den Hof hinabgeworfen.

Maria Stuart hört voll Erbitterung jeden Todesschrei ihres ergebenen Dieners. Aber unfähig, mit ihrem schwerfälligen schwangeren Leib sich von Darnley loszureißen, der sie eisern in seinen Armen hält, bäumt sie sich doch mit der ganzen Kraft ihrer leidenschaftlichen Seele gegen die unerhörte Erniedrigung auf, die ihr von ihren Untertanen in ihrem eigenen Hause angetan wird. Die Hände kann ihr Darnley zupressen, nicht aber die Lippen; aufschäumend voll unsinniger Wut, speit sie dem Feigling ihre tödliche Verachtung entgegen. Sie nennt ihn Verräter und Sohn eines Verräters, sie klagt sich selbst an, eine solche Nichtigkeit wie ihn auf den Thron erhoben zu haben: was bisher in dieser Frau bloß Abneigung gegen ihren Gatten gewesen, härtet sich in diesen Minuten zu unvergeßbarem, unauslöschlichem Haß. Vergebens sucht Darnley sein Verhalten zu entschuldigen. Er wirft ihr vor, daß sie seit einigen Monaten sich ihm immer wieder körperlich verweigert habe, daß sie mehr ihrer Zeit Rizzio gewährt habe als ihm, ihrem Gemahl. Auch gegen Ruthven, der jetzt in das Zimmer getreten ist und, erschöpft von seiner Tat, in einen Stuhl sinkt, spart Maria Stuart nicht mit den fürchterlichsten Drohungen. Könnte Darnley in ihren Blicken lesen, er würde zurückschauern vor dem mörderischen

13 Maria Stuart   177

Page d'épreuve de l'ultime version de Marie Stuart, *avec la mention manuscrite en haut à gauche :* «Imprimatur, SZ.» *En bas, le tampon de l'éditeur indique* «18 mars 1935».

Trois bonnes semaines plus tard, Zweig avait changé ses plans et encore accéléré son rythme de travail. Même s'il ne précise pas exactement, dans sa lettre suivante à Lotte Altmann, pourquoi *Marie Stuart* doit désormais être publié dès le printemps et non pas seulement à l'automne, la situation de ses livres avait continué à se détériorer dans le Reich allemand, pendant les derniers mois. Au printemps 1935, la maison Insel cessa toute publicité pour ses ouvrages, et ce fut peut-être l'une des raisons qui incita Zweig à procéder le plus vite possible (selon sa propre expression, inspirée par son héroïne décapitée) à « l'exécution » du livre et à sa mise en vente chez son nouvel éditeur viennois.

Dans le même temps il s'intéressait à un projet, qui n'aboutit pas, d'une revue juive mensuelle pour laquelle il avait mené des pourparlers en Amérique ; il devait aussi se mettre d'accord avec Richard Strauss au sujet de la création, prévue pour l'été, de l'opéra *La Femme silencieuse*.

[27]   Stefan Zweig à Lotte Altmann, de Vienne,
         le 23 mars 1935 [cachet de la poste], enveloppe
         adressée à Londres, Woodstock Road

Chère Mademoiselle Altmann,
Qu'allez-vous penser de moi, qui n'ai pas écrit depuis si long-temps ? Mais il s'est produit la chose suivante : pour des raisons diverses, j'ai dû me décider à faire paraître maintenant Marie Stuart, *et tout se précipite, corrections sur corrections, les publi-cités, la reliure, je travaille toute la journée et jusque tard dans la nuit, à quoi s'ajoute un grand nombre de gens, le soir je me retrouve épuisé et je m'écroule dans mon lit comme un plomb. La*

pile des lettres sans réponse grossit, je rêve de vous comme d'une salvatrice. J'avais une assistante, la sœur de Rieger, mais depuis une semaine elle est clouée au lit par la grippe (comme tout le monde ici), en plus je dois aussi aller voir ma mère etc. Jamais je n'ai été harcelé comme ça. Mais dans deux semaines l'exécution définitive sera accomplie, et dans quatre semaines un exemplaire voguera vers chez vous.

Je veux encore simplement vous dire que je n'ai pas du tout le sentiment de vivre comme je devrais, en ce moment je ne suis que travail, et à l'intérieur de ce travail il me manque de temps en temps une bonne récréation réconfortante. Je ne suis pas tout à fait moi-même, il me manque une part de mon être avec toute sa gaieté et sa lumière, les organes vitaux en quelque sorte, seuls les muscles du cerveau fonctionnent à présent. Ensuite j'ai l'intention de décrocher pour quelques jours, en filant probablement vers Budapest, et après, je ne sais pas encore. J'ai quelques nouvelles en tête et je ne sais pas encore où je vais les écrire, mon souhait le plus spontané serait Londres bien sûr, mais je ne sais pas si je vais pouvoir le réaliser, il y a là certaines difficultés internes, il me faudrait les surmonter par un gros coup de force, malheureusement la violence répugne à ma nature, je sais seulement imposer les choses peu à peu et d'une façon discrète. Vraisemblablement j'irai en France. Mais tout est incertain, en tout cas je conserve la même adresse ici à peu près jusqu'au 5 avril, peut-être plus longtemps ; je vous écrirai bientôt. Par ailleurs les difficultés ne manquent pas non plus en Allemagne, les divers éléments (Strauss, Insel etc.) sont en suspens, et il y a encore le projet de cette revue qui m'occupe.

Je vous quitte à présent, je m'accorde aujourd'hui une promenade avec Bruno Walter et dois aller le rejoindre. Ah, si j'étais à Londres, je trouverais tout plus lumineux. Portez-vous bien

surtout, comme vous le méritez, et pardonnez la hâte de cette
lettre à votre vraiment fidèle et dévoué
  Stefan Zweig

Que le comédien Alexander Moïssi mourût, le 23 mars, de cette grippe qui sévissait alors à Vienne, c'était tragique à plus d'un titre pour Stefan Zweig, car il ne perdait pas seulement en lui un ami de longue date. Moïssi était en effet à Vienne pour les répétitions de la pièce de Pirandello *Non si sa come*, que Zweig venait de traduire pour Moïssi, et à sa demande expresse, sous le titre *Man weiss nicht wie*. Zweig fut saisi d'effroi en voyant se poursuivre ainsi une série de morts brutales qui avaient frappé, de nombreuses années auparavant, des comédiens ou des metteurs en scène jadis associés avec lui à des projets de théâtre. En 1910, le célèbre Josef Kainz était mort soudain, lui aussi, juste avant la création d'une pièce écrite par Zweig[1].

Il pensa un peu à autre chose en rencontrant son confrère l'écrivain Franz Werfel et en assistant à la représentation du *Messie*, l'oratorio de Georg Friedrich Haendel, par l'orchestre symphonique de Vienne que Bruno Walter dirigea le 20 mars dans la salle du Musikverein. Lotte Altmann, à Londres, avait nettement moins de distractions, mais elle put tout de même rencontrer Rose Walter, que Zweig connaissait aussi et dont il déclara, du coup, qu'elle avait plus de chance que lui.

---

1. C'était *Le Comédien métamorphosé*, «Un divertissement du rococo allemand», traduit par nous (B. Vergne Cain et G. Rudent), cf. Stefan Zweig, *Romans, nouvelles et théâtre*, La Pochothèque, Paris, 1995, p. 393-436 (NdT).

[28]   Stefan Zweig à Lotte Altmann, de Vienne, le 2 avril 1935
[cachet de la poste], enveloppe adressée à Londres,
Woodstock Road

Chère Mademoiselle Altmann,
Pardonnez-moi de vous écrire tellement à la hâte, beaucoup de
contrariétés s'accumulent ces jours-ci, et Londres avec son brouil-
lard me semble d'une clarté radieuse, en comparaison. J'en ai encore
pour trois jours à faire des corrections, et c'est un énorme travail,
en plus il y a les visites, je vais chaque jour chez ma mère qui ne se
sent pas vraiment bien, et aussi plein de gens, et ces derniers jours
la mort de Moïssi. Il était venu exprès à Vienne pour la générale de
la pièce de Pirandello que je viens juste de lui traduire ; le jour de
son arrivée, la grippe lui est tombée dessus, et vous pouvez imagi-
ner combien l'incertitude concernant l'état de ce bon vieil ami très
proche m'a tourmenté. Une fois que sera passée l'heure éprouvante
de son enterrement et que j'aurai fini mon gros travail actuel, ce sera
le tour du dentiste, hé oui, j'ai vraiment commencé par manger tout
mon pain blanc, en accumulant le pire pour la suite. Après, il fau-
dra que je parte pour quelques jours à Budapest et après – je ne sais
pas encore où, mais ça ne sera pas tout de suite l'Angleterre, même
si j'ai une telle nostalgie de Londres, il me semble que depuis, j'ai
un peu perdu le contrôle. Il me faut, et je le veux, me lancer dans
un travail en me retirant de tout, pour retrouver un élan qui parte
de l'intérieur ; les seuls bons moments ici furent avec Bruno Walter
après son superbe Messie, *et avec Werfel. Tous mes projets sont*
au point mort, je suis bien peu satisfait de moi-même dans cette
phase de transition, et comme j'aurais besoin de votre bon soutien !
Oui, c'est trop désolant que je doive me passer de votre précieuse
bonne volonté et que vous non plus ne trouviez pas de quoi vous

Ida Zweig avec ses deux fils, Stefan et Alfred.

réjouir, cette gentille Rose Walter a plus de chance que moi, en ce moment.

Encore ceci, en hâte. J'ai l'impression de vivre dans un central téléphonique et une salle d'imprimerie. Ah, un peu de calme et

de paix, le mieux ce serait Londres où j'ai été vraiment heureux.
Très chaleureusement vôtre
St. Z.

Bientôt davantage.
Encore une prière : pourriez-vous acquitter pour moi une
petite dette, à savoir
envoyer de ma part 2 Sh. à l'adresse ci-dessous ?
2 (deux) shillings à M. H. Pimm, Sutton [up]on Derwent,
Yorks[hire]

Fin mars, après avoir corrigé plusieurs jeux d'épreuves, Zweig donna son bon à tirer pour *Marie Stuart*. Bien qu'ayant terminé ce travail chronophage, il ne voulait pas encore quitter Vienne. Il devenait de plus en plus probable que les soins à donner à sa mère Ida, mal-portante depuis longtemps, risquaient de devenir très bientôt un problème.

[29]   Stefan Zweig à Lotte Altmann, de Vienne [début avril 1935]

Bien chère Mademoiselle,
Je vous remercie beaucoup pour votre gentille lettre. La bonne
Marie Stuart est au-delà de l'échafaud et se trouve à présent, pour
changer, sous les presses de l'imprimeur ; j'ai moi-même quelques
petits travaux urgents à terminer pendant ce temps, mais le plus
gros est derrière moi et le livre, joliment habillé, viendra se pré-
senter à vous dans un proche avenir, j'espère que dans environ dix

jours il partira vers vous. Pour Pâques, je vais partir à Budapest,
et je n'y vois pas encore clair pour la suite, cependant Londres
n'est guère probable, j'en suis bien triste, mais il n'est pas encore
certain que je puisse m'éloigner autant. La maladie de ma mère
n'est pas vraiment dangereuse, il s'agit plutôt d'une faiblesse
croissante due à une alimentation insuffisante, mais comme elle
est d'un tempérament très vigoureux, il n'est pas impossible
qu'elle retrouve des forces avec le printemps. En tout cas il n'est
pas facile pour moi de partir vraiment loin, étant donné que mon
frère, de son côté, doit se déplacer beaucoup. Mais Vienne en ce
moment, comme le reste du monde, n'est pas vraiment réjouis-
sante, beaucoup de découragement, beaucoup de jalousies; c'est
seulement avec Bruno Walter et Franz Werfel qu'il m'arrive de
passer de bons moments, mais où sont les heures bienfaisantes
de Londres qui me dilataient le cœur, les voilà devenues loin-
taines et j'en ai une immense nostalgie. Le plus important main-
tenant, c'est que je me prépare intérieurement tout entier à un
travail nouveau, et c'est pareil pour vous, comme votre lettre me
le montre, on expédie chaque journée avec mille petites choses
au lieu d'en jouir vraiment, et les jours deviennent des semaines,
et bientôt des mois. J'espère que j'y verrai bientôt clair et je vous
l'écrirai aussitôt, vous savez bien, n'est-ce pas, combien je pense
chaleureusement à vous et comme votre charmant soutien me
manque, de plus en plus. Très sincèrement vôtre
    St. Z.

À l'époque où le livre *Marie Stuart* fut expédié de Vienne
vers Londres, avec la dédicace «À <u>Mademoiselle Lotte
Altmann</u> / avec ma très chaleureuse gratitude pour son aide

incomparable / Stefan Zweig/1935 », Lotte Altmann était sans travail depuis des semaines. Les lettres dilatoires de Stefan Zweig lui signifiaient clairement qu'il ne fallait pas compter sur lui en Angleterre dans un avenir proche. Pour sa part, il allait tout d'abord être mobilisé non par le projet d'un nouveau livre, mais par une intervention dentaire compliquée et par les soucis que lui causait sa mère.

[30]   Stefan Zweig à Lotte Altmann, de Vienne, le 10 avril 1935 [cachet de la poste], enveloppe portant l'adresse de Londres, Woodstock Road

Chère Mademoiselle Altmann,
   Ce n'est pas bien joli de ma part, je ne peux rien vous racon-ter de réjouissant. Mais je suis tout à fait down. *On s'est lancé dans la grande plomberie dentaire, avec la construction de tout un bridge, et dès le premier pilier j'ai répondu par une vio-lente inflammation des gencives, j'en suis encore tout abruti et groggy, tant j'ai avalé de potions, pas mangé, pas dormi, je suis un méchant paquet de nerfs, incapable d'aucune activité raison-nable. Ce superbe chantier va continuer jusqu'à Pâques – si je le supporte. En tout cas je resterai à Vienne jusqu'aux 26-28 avril environ, et même ensuite tout est incertain. Ma mère ne va pas bien, cela prend l'allure d'un dépérissement lent et douloureux, l'estomac ne fonctionne presque plus et c'est seulement sa forte constitution qui la maintient encore. Vous imaginez que cela ne me rend pas bien gai, d'autant plus que cela bloque tous mes projets concernant Londres – et je n'ai pas besoin de vous expli-quer, à vous surtout, combien cela m'atteint. Marie S[tuart].*

s'en ira cette semaine vers chez vous, mais je n'ai encore rien commencé de nouveau, ma cervelle n'est bonne à rien, je passe mon temps à somnoler ou à des balivernes. Même écrire une lettre est un défi pour ma tête tout enflée – moi qui voulais juste vous dire combien je pense chaleureusement à vous. Bien sûr, cela finira par s'arranger. En réalité, je pressentais déjà, à Londres, que je devrai payer pour le bon temps passé. Très cordialement vôtre
Stefan Zweig

La lettre suivante à Lotte Altmann, qui était partie à Margate faire un autre séjour au bord de la mer, fut écrite par Stefan Zweig à Linz et postée le lendemain, à Vienne. Il rencontra une seconde fois Anton Kippenberg pour discuter de ses affaires éditoriales et négocier la reprise de ses ouvrages antérieurs par la maison Reichner. Bien que tout espoir de voir ses livres diffusés encore longtemps dans le Reich allemand ait disparu et que dans ce contexte un retour aux éditions Insel Verlag soit totalement exclu, Zweig persistait à parler d'une « interruption momentanée » de leur collaboration.

Lotte Altmann, à Londres, fut en contact avec Rose Walter et avec Henri Temianka, le violoniste virtuose que Zweig espérait rencontrer pendant le festival de Salzbourg. Deux musiciens qu'il revit de temps en temps pendant des années, entre Londres et Salzbourg.

[31]   Stefan Zweig à Lotte Altmann, de Vienne [14 avril 1935],
enveloppe adressée à Londres, Woodstock Road, modifiée
par une autre main

Fräulein Lotte Altmann,
Margate
Queens Court Hotel

Bien chère Mademoiselle Altmann,
Je vous écris depuis un des lieux les plus singuliers d'Autriche,
de Linz[1], où j'avais à faire pendant une journée avec un ami pour
des questions éditoriales. Mais cela m'a fait du bien, malgré tout,
d'avoir deux jours de relâche dans ces tourments dentaires qui me
transforment en un homme extrêmement nerveux et sous pres-
sion ; je devrais en avoir fini de cette torture après Pâques, mais
il me restera de très grands soucis concernant ma mère : nous
sommes en train de fermer son appartement et souhaitons qu'elle
reste à demeure dans une maison de santé. En plus, les transi-
tions et les transferts entre éditeurs battent leur plein. Pas plus
tard qu'hier, j'ai rencontré ici mon ami et éditeur de longue date,
et nous souffrons autant l'un que l'autre de cette interruption
momentanée. C'est toujours un malheur d'être aussi profondé-
ment liés et de se voir ensuite contraint de rompre provisoirement
un tel lien à cause de circonstances extérieures aussi délirantes.
Étant une femme, il se peut que vous ne le compreniez pas tout
à fait, mais moi, qui en matière d'amitié m'engage entièrement
sur une base de confiance et de constance, cette interruption m'at-
teint très profondément. Que peut-on faire néanmoins, face à une

---

1. La ville natale d'Adolf Hitler (NdT).

situation qui s'impose avec une telle violence ? Par bonheur, je suis surchargé de tant d'occupations que j'ai à peine le temps de réfléchir. En repartant maintenant pour Vienne après ces négociations difficiles, je suis attendu par Lavinia Mazzucchetti pour un autre projet, qui l'a fait venir tout spécialement à Vienne, puis le soir, je verrai Bruno Walter, et le lendemain j'aurai deux dents de moins. Je comprends seulement à présent le proverbe qui dit : il faut construire des ponts d'or à ses ennemis (mais ne pas s'en faire construire pour soi). Si je suis à peu près en forme, j'irai passer deux jours à Budapest pour Pâques, mais il me faut être d'humeur plus gaie que je ne le suis en ce moment. Je suis parfois content que vous ne me voyiez pas dans cet état down*, d'un autre côté votre présence bienfaisante aurait peut-être quelque influence sur moi. L'idée que vous partiez au bord de la mer pour Pâques me fait très plaisir pour vous et cela me réconforterait de penser que vous allez bien et que vous arrivez à mettre un peu d'ordre dans votre vie – pas complètement, c'est inaccessible dans ce monde déboussolé, il n'y a que de belles récréations, comme celle de Londres qui m'a rendu si heureux.*

Marie Stuart a dû arriver chez vous, je lui dois tant de bons souvenirs.

Encore tous mes bons vœux, votre
Stefan Zweig

Je verrai sans doute Temianka et Rose Walter cet été en coup de vent, à Salzbourg.

À Vienne, Zweig projetait d'organiser avec Lavinia Mazzucchetti, depuis longtemps sa traductrice pour l'italien, un hommage à Alexander Moïssi, leur ami commun. Mais cette manifestation n'allait avoir lieu qu'en juin à Milan, car Lavinia Mazzucchetti se rendit entre-temps à Londres, où Zweig lui organisa une rencontre avec Lotte Altmann.

[32]   Stefan Zweig à Lotte Altmann [de Vienne, mi-avril 1935]

Chère Mademoiselle Altmann,
Avec nettement moins de dents, mais dans une humeur tout aussi cordiale qu'auparavant, juste un bref message. Ma chère amie Lavinia Mazzucchetti sera à Londres à partir de demain, et logera à Crosby-Hall (une sorte d'université pour les femmes*). Elle a tous les talents, sauf celui de parler l'anglais et peut-être auriez-vous la gentillesse de sortir une fois avec elle, si vous n'êtes pas encore partie pour Pâques, ou bien de l'emmener au théâtre (à mes frais) ou de l'inviter quelque part. Vous savez bien quelle personne formidable elle est, n'est-ce pas ? Très cordialement vôtre
St. Z.

* Vous la trouverez dans le bottin [téléphonique]

Zweig passa, comme annoncé, les journées de Pâques à Budapest. On ignore les raisons de ce voyage, mais on peut exclure qu'elles aient été seulement touristiques, même si Zweig ne s'était pas rendu souvent dans cette ville, peu éloignée de Vienne pourtant. Ce fut plus probablement pour des entretiens préparatoires en vue d'un manifeste international, envisagé dès

1933, visant à défendre la dignité des Juifs en Allemagne[1] et pour lequel il avait pris contact avec de nombreux confrères et avec des rabbins à l'étranger.

[33] Stefan Zweig à Lotte Altmann, de Budapest [dimanche de Pâques] 22 avril 1935 [cachet de la poste], carte postale : Budapest Palais Royal, adressée à Londres, Woodstock Road

Chère Mademoiselle Altmann,
Après cette longue plomberie dentaire, enfin une petite excursion. Je resterai à Vienne encore jusqu'à fin avril, ensuite ce sera probablement Florence. Toutes mes salutations, votre
Stefan Zweig

À présent Stefan Zweig devait aussi faire face aux problèmes qui se posaient à Salzbourg. Friderike vint également à Vienne pour s'occuper quelque temps de sa belle-mère Ida. Il y eut, c'était inévitable, des discussions entre les époux au sujet des relations de Zweig avec Lotte Altmann, de son intention de vendre la maison et d'adopter Londres comme domicile permanent – une idée pour laquelle Zweig s'attendait à rencontrer «des résistances quasi hystériques», comme il le confia à Lotte.

Le transfert envisagé de sa mère dans une maison de santé ne se fit jamais. Ida Zweig habita jusqu'à sa mort dans son

---

1. Cf. «Quelques idées de base pour un Manifeste à élaborer collectivement», p. 237-245, et «Projet pour un Manifeste juif», p. 267-273, in *Stefan Zweig. Pas de défaite pour l'esprit libre. Essais politiques*, Albin Michel, 2020 (textes traduits et présentés par nous, B. Cain-Hérudent) (NdT).

appartement au n° 10 de la Garnisongasse, et dans les années suivantes ce fut principalement Alfred, le frère de Stefan Zweig, qui s'occupa d'organiser l'assistance dont elle avait besoin.

Lotte Altmann continuait à être sans travail et donc à la charge de sa famille, surtout de son frère Manfred. Un engagement comme secrétaire à Londres auprès de Paul Frischauer, un confrère de Zweig, qui s'était entremis, ne semblait pas devoir aboutir.

[34]   Stefan Zweig à Lotte Altmann, de Vienne, le 29 avril
        1935 [cachet de la poste], enveloppe adressée
        à Londres, Woodstock Road

Chère Mademoiselle Altmann,

Je vous remercie de tout cœur pour votre bonne lettre – si seulement je pouvais vous y répondre de la même façon. Mais tout va de travers. Certes ma plomberie dentaire va enfin se terminer (demain) après trois semaines, mais mes nerfs ont accusé le coup. Pour ma mère, les choses ne vont toujours pas bien, nous allons sans doute devoir la transférer dans une maison de santé pour qu'elle y soit convenablement soignée, mais c'est une question délicate et qui prend du temps, et sa maladie principale, ce sont ses quatre-vingt-un ans. Cela m'empêche bien sûr de m'organiser, car je ne puis en aucune façon m'en aller trop loin, pouvant être rappelé à tout instant. Pour le reste aussi il y a des contrariétés de toutes sortes, et concernant Londres, ce Londres qui m'est si cher, je dois m'attendre à des résistances quasi hystériques, beaucoup de choses vont mal à cet égard, ce qui pèse très fort sur mon humeur, elle qui a toujours trouvé là-bas la tranquillité nécessaire et les plus belles possibilités pour travailler. Ne croyez surtout pas que je renonce par paresse à réaliser ce désir auquel je tiens tant, mais avec la maladie de ma mère, ce moment-ci serait le plus défavorable. Et il faut me croire : pour moi, qui suis tellement envié, ce n'est pas facile du tout ; précisément ce qui est le meilleur et le plus important est, du moins pour quelque temps, hors d'atteinte.

J'espère que vous allez trouver prochainement une occupation qui vous plaise ! Cela ne va pas marcher avec Frischauer, d'après ce qu'on m'a dit, il a préféré un jeune Anglais.

Mon adresse viennoise n'est valable que jusqu'au 6. Je vous écrirai pour la suite.

Très cordialement, en grande hâte, votre

St. Z.

Pour échapper à la désagréable situation de Vienne, Stefan Zweig se réfugia finalement à Zurich. Peu à peu, le projet d'un nouveau livre prit forme, portant sur l'humaniste Sébastien Castellion et sa confrontation avec le réformateur Jean Calvin, ce qui exigeait que Zweig fît des recherches en Suisse. Avant de quitter l'Autriche, il écrivit encore une lettre à l'agence immobilière salzbourgeoise Silber en désignant sa femme pour négocier en son nom la vente de la maison.

Lotte Altmann pendant ce temps voyait capoter définitivement sa possible embauche par Paul Frischauer, bien que Stefan Zweig eût écrit à son confrère en février, avant même de quitter Londres : «C'est seulement à vous que je prêterais ma secrétaire Mademoiselle Lotte Altmann, 50 Woodstock Lane, London NW 11. Pour un écrivain, elle est une vraie bénédiction. Avec elle, vous travailleriez deux fois plus, et moi, elle me manque comme si j'avais perdu ma main droite. »

[35]   Stefan Zweig à Lotte Altmann, de Zurich, le 9 mai 1935 [cachet de la poste], enveloppe adressée à Londres, Woodstock Road

Chère Mademoiselle Altmann,

une nouvelle adresse
Hotel Bellerive, Utoquai Zurich

J'espère qu'elle vaudra pour quinze jours et peut-être encore davantage. J'ai préféré me retirer seul pour être au calme et travailler, en attendant de voir la suite des événements. En fait j'aurais mille fois préféré partir pour Londres, mais l'état de santé de ma mère, qui va un peu mieux, est tel que je n'ai pu me décider encore à partir aussi loin : de Zurich, je peux être revenu en trois heures par avion, ou en une nuit, or cette éventualité n'est pas encore à exclure. Si les choses s'améliorent, il reste envisageable que je réalise mon souhait le plus sincère, de venir à Londres, il n'y a pas d'autre endroit où j'irais plus volontiers. Où donc me suis-je senti aussi bien que là ? Vienne a été une période pénible, pas seulement pour le dentiste, mais pour beaucoup de questions compliquées et contrariantes ; les derniers jours là-bas, je n'en pouvais plus nerveusement et je commence seulement à me remettre un peu ici, bien que je n'y sois que depuis quelques heures – et la première chose que je fais, c'est de vous l'écrire, car cela me pèse beaucoup de vous savoir dans les soucis. Nous sommes dans le même état, tous les deux ; depuis que je

113

suis parti, tout ce qui me concerne m'apparaît du côté sombre, alors qu'auparavant, tout était clair et bon. Mais j'espère que cela finira par se retourner, il le faut; je n'arrive pas à comprendre, par ex., pourquoi les Frischauer ne se sont pas adressés à vous, maintenant que leur enfant est là, et de toute façon une solution provisoire aurait pu être imaginée. Si seulement de mon côté tout n'avait pas basculé dans l'incertitude à cause de ce problème avec ma mère – mon frère est obligé de partir en voyage le mois prochain et je devrai peut-être rentrer (parce que ma mère refuse obstinément d'aller dans une maison de santé et que nous ne disposons d'aucune personne de confiance), je ne peux donc rien dire, – mon unique projet est de me rendre, l'hiver prochain, au Brésil et en Argentine. Mais à un moment ou à un autre, je viendrai auparavant à L[ondres]., et très bientôt, j'espère. Avec toutes mes salutations, votre
    Stefan Z.

À Zurich, Stefan Zweig s'installa pour un séjour prolongé en louant un appartement dans le tout nouvel hôtel «Bellerive au Lac» et engagea une secrétaire provisoire. Vu qu'il avait officiellement lancé la mise en vente de la maison et restait dans des termes tendus avec sa femme, on peut se demander si seul l'état de santé de sa mère le retenait de partir pour Londres.

[36] Stefan Zweig à Lotte Altmann, de Zurich, le 19 mai 1935 [cachet de la poste], enveloppe adressée à Londres, Woodstock Road, modifiée par une autre main

Miss Lotte Altmann
Sunbay,
Elmsteadt Road,
Canford Cliffs,
Bournemouth

Hôtel Bellerive (Utoquai) Zurich

Chère mademoiselle Altmann,
Je suis maintenant à peu près correctement installé ici, et si je ne reçois pas de mauvaises nouvelles de Vienne, j'espère y rester encore quelque temps au calme, et aussi reprendre un peu de mes forces. Je dispose d'un petit flat, *bien plus minuscule que celui de Londres, mais installé d'une façon nettement plus confortable – certes, il manque la secrétaire, je ne dispose que d'un ersatz très insuffisant, juste pour me débarrasser de quelques lettres en les dictant. Mais l'essentiel manque, la bonne confiance, la belle collaboration – et mon désir de retrouver Londres est toujours aussi intense. Je serais si content de pouvoir au moins y faire un saut, mais je n'ose pas encore m'éloigner autant de chez moi, j'espère que les choses vont s'arranger là-bas, au moins pour quelque temps – en juin, mon frère s'en ira, et il faudra que quelqu'un soit alors à proximité.*
Quelle tristesse, que vous n'ayez que de sombres nouvelles à me donner! Et comme je m'en veux de ne rien pouvoir vous dire ou vous promettre qui soit fiable ; il ne serait pas honnête de ma

part de vous dire que vous pouvez compter sur moi maintenant.
Les circonstances me rendent tout à fait incapable de prendre
des dispositions même huit jours à l'avance, et encore moins au-
delà. La seule chose certaine, c'est que je vais éviter Salzbourg
cet été (à part pour un ou deux jours au maximum), à présent
je ne me sens bien qu'à l'écart, et à Londres aussi c'était exacte-
ment comme je l'avais souhaité. Tout le reste est peu réjouissant
et demande beaucoup d'énergie – or, j'ai vraiment envie de me
remettre sérieusement au travail, et pour l'instant je ne fais que
musarder mollement.

Il se pourrait que Joseph Roth soit de passage ces jours-ci, enfin
un ami – bien sûr, les fréquentations possibles ne manquent pas,
mais en ce moment je ne peux plus que m'attacher fortement,
ou pas du tout. Ma curiosité a considérablement diminué, et je
deviens même un mauvais lecteur de journaux, tant l'imbécillité
du monde [me] dégoûte.

Si vous voyez Rose Walter ou Temianka, saluez-les cordia-
lement, sinon le souvenir de la plupart des gens commence à
s'estomper, seul le meilleur se maintient, voilà tout. Très cordia-
lement vôtre
St. Z.

Fin mai, les choses continuèrent à se préciser en vue de la création de *La Femme silencieuse*, à Dresde. Zweig parlait désormais
du «scandale de l'opéra de Strauss», car le compositeur s'obsti-
nait à vouloir que le nom de Zweig figurât dans les annonces et
sur les affiches comme l'auteur du texte. Zweig en revanche ne
souhaitait pas du tout apparaître officiellement, afin de ne pas
donner matière à d'autres mesures antisémites en Allemagne.

Une rencontre prévue pour le dimanche suivant dans la ville autrichienne de Bregenz, au bord du lac de Constance, ne put avoir lieu, Strauss ayant contracté d'autres obligations.

[37] Stefan Zweig à Lotte Altmann, de Zurich, le 31 mai 1935 [cachet de la poste], papier à lettres et enveloppe Carlton Elite Hôtel, Zurich, en-tête corrigée à la main en Hôtel Bellerive [au Lac, Zurich], enveloppe adressée à Londres, Woodstock Road

Chère Mademoiselle,
Je vous écris en hâte, car la semaine prochaine je n'aurai le temps de rien. Je dois m'absenter dimanche pour une journée, ensuite me rendre à Milan pour prendre la parole là-bas (en italien), ainsi que Pirandello, lors d'une cérémonie en mémoire de Moïssi, puis j'irai probablement à Paris rencontrer mon ami Huebsch. Je ne sais pas bien encore ce qui s'enchaînera alors, ce que je préférerais, ce serait d'aller à la mi-juin passer quinze jours sur la côte française (Boulogne), mais cela ne serait une belle idée que si j'avais là-bas votre assistance. Il existe aussi une mince possibilité que je puisse me laisser glisser vers Londres, mais cela ne serait que pour quelques très brèves journées, et il faudrait d'abord que je me mette à mon travail. Vrai, Boulogne serait merveilleux pour ce travail.
Hier, Margarete Wallmann était ici avec son mari, revenant d'un voyage à Hollywood. Elle a téléphoné sans succès à Rose Walter, à Londres. Ce fut bien sympathique de la voir.
Et vous? Je suis content que vous vous soyez activée, j'espère qu'avec l'air de la mer votre santé est excellente, et j'aurais

beaucoup à vous raconter – peu de choses réjouissantes, car je suis accablé par la situation politique désespérante et je vois combien il eût été intelligent de s'établir tout de suite en Angleterre, on ne sait vraiment plus où porter ses pas. Ici, c'est un espace réduit et agréable, mais le climat, avec le föhn qui souffle, est bien plus mauvais que le climat anglais, et il y a quelque chose de provincial qui imprègne les gens. Mais on verra bien ce qu'on pourra devenir. La seule chose qui me contrarie, c'est que je n'ai rien entamé d'un peu grand, or c'est seulement alors que je me sens bien. Mais dans cette existence de nomade, on n'en trouve pas vraiment le courage – et à la fin du mois, il va aussi y avoir le scandale de l'opéra de Strauss, que bien sûr je n'irai pas écouter. Donnez-moi, s'il vous plaît, de vos nouvelles, ne mesurez pas ma cordialité au nombre de lignes, mon courrier est une vraie calamité. En tout cas, je serai à Z[urich]. jusqu'au 8 ou au 10. Très cordialement vôtre

St. Z.

Début juin, Zweig se rendit à Milan pour l'hommage à Alexander Moïssi. En homme dont la mère était née en Italie, il tint à prononcer lui-même en italien son discours, que lui avait traduit Lavinia Mazzucchetti.

Ayant progressé dans le travail sur son nouveau livre, Zweig put alors, et pour la première fois depuis son retour d'Amérique, envisager la possibilité d'une rencontre avec Lotte Altmann. Les semaines à venir lui laissaient le loisir de travailler, vu que seule une brève visite à Salzbourg était prévue dans son agenda pour assister à l'une des deux nouvelles mises en scène du festival : *Falstaff*, l'opéra de Verdi, dirigé par Arturo Toscanini.

*Lavinia Mazzucchetti et Stefan Zweig pendant leurs allocutions
en hommage au comédien Alexander Moïssi, à Milan.*

Si Zweig interroge Lotte Altmann pour savoir si elle ne s'est toujours pas fait enregistrer comme Allemande expatriée, en déclarant avoir adopté Londres comme domicile officiel, c'est principalement parce qu'il a des projets de voyage pour l'avenir, car ce serait alors l'ambassade d'Allemagne à Londres qui lui délivrerait les papiers nécessaires, et non plus les autorités de Francfort-sur-le-Main.

[38]   Stefan Zweig à Lotte Altmann, de Zurich, le 6 juin 1935 [cachet de la poste], enveloppe adressée à Londres, Woodstock Road

Bien chère Mademoiselle,
Je reviens tout juste de Milan où j'ai prononcé un petit discours en l'honneur de Moïssi, en italien, et sans devoir rougir devant la bonne Lavinia Mazzucchetti, puis dans le Tessin j'ai rencontré Emil Ludwig et Remarque; me voici revenu maintenant, et il va falloir peu à peu que je commence à me demander où aller. Je veux absolument partir quelque part où je puisse vivre et travailler tout à fait à l'écart, mais une secrétaire m'est indispensable – et bien entendu j'ai placé en vous mes espérances les plus vives. Londres m'inspire tout de même la crainte d'être obligé d'y rencontrer trop de gens et d'y être trop distrait, c'est pourquoi j'ai pensé à un endroit au bord de la mer. Toscanini m'invite avec insistance à venir dans sa villa au bord du lac Majeur, mais il y répétera Falstaff *avec ses chanteurs, si bien que je les écouterais toute la journée et ne m'occuperais pas de mon travail. Je crois que cela me remettrait très vite en forme, et ç'aurait été*

formidable, si vous, qui êtes mon meilleur soutien, pouviez venir m'assister là-bas, peut-être que cela pourrait encore être organisé. Car Londres en juin-juillet, ce n'est plus vraiment ce qu'il faut, d'ailleurs mon ami Huebsch doit encore fixer le lieu et le moment où je pourrai le rencontrer, probablement à Paris. Personne n'aurait rien à objecter si vous veniez un peu travailler avec votre vieux et exigeant patron, et je suis repris d'une envie de travailler comme je n'en ai pas eu depuis longtemps, en réalité je ne fais ici que préparer le travail, et combien il en reste à faire – je suis tellement fatigué du courrier et des affaires à régler, et j'aimerais pouvoir un peu revenir à moi-même. J'ai d'ailleurs du mal à imaginer que vous restiez durant l'été à Londres, j'ai vraiment une telle soif d'air frais, car ici le foehn est aussi oppressant qu'à S[alzbourg]. Je m'y rendrai un peu plus tard, pour deux jours à la fin juillet, juste pour la première de Falstaff, *et j'irai peut-être ensuite à Gastein. N'êtes-vous toujours pas enregistrée comme Allemande expatriée ? Car aucun retour au pays n'est plus envisageable, tout devient de pire en pire là-bas, d'une façon générale je ne vois guère le monde en rose, et c'est justement pour cela que je voudrais tellement plonger la tête la première dans le travail.*
Mille salutations de votre
Stefan Zweig

Hôtel Bellerive

Au cours des cinq jours suivants, pas moins de cinq lettres se succédèrent pour prévoir la suite de leur collaboration – et leurs retrouvailles –, avec des projets qui se voyaient aussitôt abandonnés et remplacés par leur contraire. Zweig rédigea même une lettre de recommandation en vue de l'obtention d'un visa dont Lotte Altmann aurait eu besoin pour venir à Paris. Il n'oubliait pas de signaler aux fonctionnaires compétents que le même document avait été établi sans difficulté, lors du dernier voyage de Lotte Altmann en France, par le secrétaire d'ambassade à Londres Roland Jacquin de Margerie. Pourtant la double nécessité d'organiser une rencontre avec Benjamin Huebsch, son éditeur américain, et surtout, de tenir compte de l'état de santé fluctuant de sa mère fit que Zweig décida que l'on ne se retrouverait ni à Paris, ni à Londres, ni à Boulogne, mais qu'il resterait à Zurich, en priant Lotte Altmann de venir.

[39]   Stefan Zweig à Lotte Altmann, de Zurich, le 12 juin
        1935 [cachet de la poste], papier à lettres et
        enveloppe avec l'en-tête Appartment House Zurich,
        Hôtel Bellerive au Lac, enveloppe adressée à Londres,
        Woodstock Road

Chère Mademoiselle Altmann,
Je ne vous enverrai que demain une lettre par avion – j'attends encore des nouvelles concernant le lieu et le moment de ma rencontre avec mon éditeur américain. J'espère pourtant <u>*vivement*</u> *vous voir bientôt, le travail presse. Reposez-vous bien pour l'instant, il y aura beaucoup à faire. Très cordialement et tout rempli d'espoir, votre*
Stefan Zweig

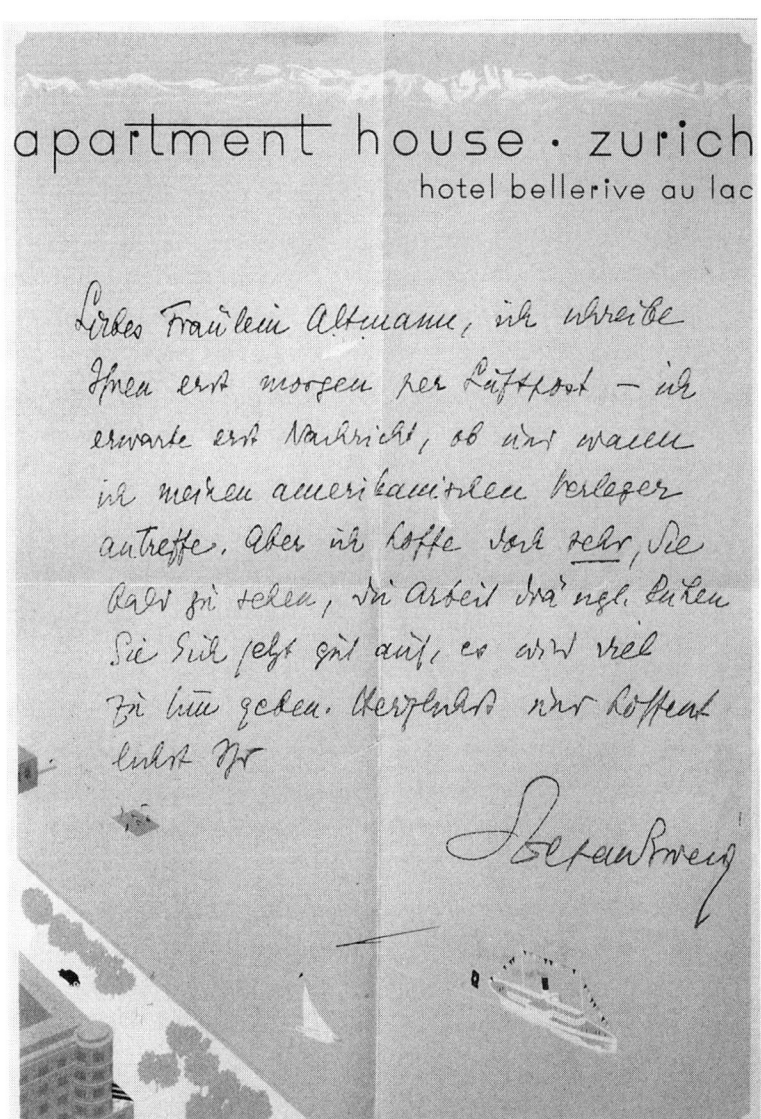

apartment house · zurich
hotel bellerive au lac

Lettre du 12 juin 1935 de Stefan Zweig à Lotte Altmann.

[40]   Stefan Zweig à Lotte Altmann, de Zurich, le 13 juin 1935
[cachet de la poste], enveloppe marquée Hôtel Bellerive
Zurich, adressée à Londres, Woodstock Road

Jeudi

Chère Mademoiselle Altmann,
Imaginez un peu, je ne peux encore rien vous écrire aujourd'hui
de tout à fait certain, il ne s'agit que de probabilités très vraisem-
blables. Tout était arrangé, et voilà que je reçois aujourd'hui une
lettre de mon frère, disant qu'à Vienne ma mère va de nouveau
plus mal. Il reste donc toujours possible que je doive tout annuler
à la dernière minute.
Cependant mon intention est de partir d'ici le 17 ou le 18, de
rester à Paris le 19 ou le 20, ensuite j'aimerais aller dans un endroit
tranquille, par exemple Boulogne. Je pourrais peut-être aussi venir
à Londres, ce qui n'est pas compliqué à partir de B[oulogne]., je
voudrais seulement rester à proximité d'une grande ligne, avec une
bonne liaison, pour pouvoir le cas échéant rentrer rapidement. Une
troisième possibilité serait que je reste à Zurich et que vous veniez
ici pour quatre semaines, ce serait la chose la plus simple, car finale-
ment c'est aussi très beau ici, même si j'aurais bien envie de la mer
pour me revigorer un peu en même temps, en revanche ici j'ai les
bibliothèques. Si c'était la France, vous n'auriez qu'à remettre au
consulat la lettre ci-jointe, je pense que cela suffira.
J'attends pour demain [un] appel téléphonique de Vienne pour
savoir ce qu'il en est, et je vous écrirai alors aussitôt. Excusez, si
tout s'enchevêtre ainsi. Je pourrais donc vous retrouver a) à Paris,
b) à Boulogne, c) ici ou à Londres. Mais alors il faudra que je m'en-
fonce très profondément dans mon travail. Bien cordialement vôtre
St. Z.

[41]   Lettre jointe[1]

Au consulat de France à <u>Londres</u>

Monsieur, l'année passée en novembre je m'adressais à Mr de Margery, pour faciliter que ma secrétaire à Londres, Mlle <u>Altmann</u>, obtienne un visa pour deux mois pour m'accompagner à Nice. Elle est dûment rentrée avant l'expiration ; maintenant, retourné de l'Amérique, je veux me fixer pour un travail de six semaines à la bibliothèque à Paris et je vous prie d'accorder de nouveau à Mlle Altmann un visa pour qu'elle puisse me seconder dans mon travail : je ne crois pas qu'il soit nécessaire, que je m'adresse de nouveau à l'amabilité de Mr de Margery, qui a si gracieusement donné suite à ma demande l'année passée et ma garantie vous suffira, qu'elle ne prolongera pas son séjour.

Recevez, monsieur, l'assurance de mes sentiments les plus distingués
Stefan Zweig

Zurich (Suisse)
allant à Paris
14. VI. 1935

---

1. Rédigée en français, et laissée ici telle quelle (NdT).

[42]   Stefan Zweig à Lotte Altmann, de Zurich, le 14 juin
         1935 [cachet de la poste], enveloppe adressée à
         Londres, Woodstock Road

Hôtel Bellerive, Zurich
Vendredi

Bien chère Mademoiselle Altmann,
   *Hélas! l'incertitude persiste, et par prudence je vais rester
encore un peu ici à Zurich, au lieu de m'en aller. Si vous pouviez
venir ici, cela serait bien sûr une très bonne chose pour moi, et
le plus tôt serait le mieux; évidemment je ne peux pas promettre
que je ne serai pas obligé de partir soudain, mais en tout cas je
suis prêt à vous engager pour un mois, que je reste ici ou non.
Si donc vous voulez venir, faites-le dès que possible, s'il vous
plaît, et pour le voyage jusqu'ici vous n'aurez même pas besoin
du visa français, même s'il vaut mieux que vous l'ayez. C'est terrible, cette incapacité à prendre des dispositions <u>certaines</u>, mais
de quelles certitudes disposons-nous en cette époque? Écrivez ou
télégraphiez-moi bientôt!*
   Très cordialement vôtre
   Stefan Zweig

<u>*Deuxième lettre*</u>

Chère Mademoiselle A.,
   Je crains hélas! de devoir vous envoyer un contreordre[1], *en
tout cas je ne peux rien dire de certain : je viens de recevoir par*

---

1. [*Sic*] en français dans le texte (NdT).

téléphone la nouvelle que mon voyage à Vienne va probablement être nécessaire tout de même. Je vous écrirai ou télégraphierai bientôt. Pardonnez ce méli-mélo, ce n'est pas ma faute ! Votre
St. Z.

[43] Stefan Zweig à Lotte Altmann, de Zurich, le 16 juin 1935 [cachet de la poste], enveloppe adressée à Londres, Woodstock Road

Dimanche

Chère Mademoiselle Altmann,
Je reçois aujourd'hui des nouvelles <u>un peu</u> meilleures et vais donc rester à Zurich. Ce serait <u>très</u> bien que vous puissiez venir bientôt, pour un mois, pour lequel je m'engage formellement auprès de vous, même dans le cas où je serais contraint de partir à l'improviste. Il y aura beaucoup à faire, je vais vous demander de gros efforts, mais vous êtes sans doute bien reposée. Je ne peux pas venir maintenant à Londres, vu cet état de santé fluctuant, et je préfère rester ici, où j'ai une bonne liaison téléphonique et peux toujours prendre un train pour Vienne. Mais il faut tout de même que le travail se fasse. Écrivez ou télégraphiez-moi pour dire si vous pouvez et voulez venir et, si oui, alors le plus vite sera le mieux, pour que nous commencions. Avec toutes mes salutations aux vôtres, bien à vous
Stefan Zweig

Le 24 juin 1935, huit jours après cette lettre, eut lieu la première de l'opéra de Richard Strauss *La Femme silencieuse* au

Staatsoper de Saxe, à Dresde. Strauss n'avait pas changé de point de vue, il avait maintenu le nom de son librettiste juif contre la volonté expresse de ce dernier, ce qui valut à Zweig d'entendre un certain nombre de réfugiés lui reprocher d'avoir collaboré. Après seulement trois autres représentations, l'opéra disparut des programmes. Un peu plus tard, Richard Strauss annonça que pour des raisons de santé il renonçait à son poste de président de la chambre de la Musique du Reich – en réalité, il fut contraint de démissionner, la Gestapo ayant intercepté une lettre adressée à Stefan Zweig, dans laquelle Strauss se félicitait ouvertement du prétendu bon coup qu'il avait joué à la politique culturelle nationale-socialiste. Cela ne fit qu'augmenter le « scandale de l'opéra de Strauss » que Stefan Zweig avait de toute façon redouté.

Lotte Altmann arriva peu après à Zurich. Zweig poursuivait avec ardeur le travail pour son livre *Castellion contre Calvin*, en allant étudier des manuscrits dans plusieurs bibliothèques de Suisse. Après avoir rencontré Thomas Mann et son ami d'enfance Benno Geiger, Zweig expédia dès le 21 juillet vers l'Autriche la plus grande partie de ses bagages, car avant de quitter la Suisse il voulait faire avec Lotte Altmann une excursion dans les Alpes. Erich Ebermeyer et Walter Bauer, deux jeunes écrivains allemands que Zweig avait encouragés depuis des années, furent de la partie. Ebermeyer eut manifestement l'impression que Lotte Altmann et Stefan Zweig formaient un couple. Il raconte que Zweig lui déclara, pendant la journée, qu'il ne retournerait pas à Salzbourg et mettrait un terme à son mariage avec Friderike. Dans son livre, Ebermeyer désigne d'abord Lotte Altmann comme la secrétaire de Zweig, et un peu plus loin comme l'amie de Zweig, « une personne intelligente, avec

Stefan Zweig et Lotte Altmann en excursion avec Erich Ebermeyer et des amis, en juillet 1935, non loin de Pontresina.

un regard mélancolique[1] ». Un ami d'Ebermeyer, qui les accompagnait aussi, fit quelques photos sur la route entre Pontresina et Saint-Moritz. Ce sont les premiers clichés qui montrent ensemble Stefan Zweig et Lotte Altmann.

De Saint-Moritz, Zweig continua en direction de Vienne, en passant une seule nuit à Salzbourg selon son habitude désormais, après avoir assisté à la représentation de *Falstaff*. Lotte Altmann repartit de Suisse directement pour Londres. Dans un premier temps, elle ne fut pas associée à la suite du travail sur le nouveau livre de Zweig. Pour la première version dactylographiée, il recourut cette fois à sa secrétaire salzbourgeoise Anna Meingast, qui partit avec Friderike et lui au début d'août pour Marienbad, en Tchécoslovaquie.

[44]   Stefan Zweig à Lotte Altmann, de Vienne, le 30 juillet 1935, enveloppe adressée à Londres, Woodstock Road

Vienne, 30 juillet 35

Chère Mademoiselle Altmann, j'espère que vous êtes bien rentrée et je voudrais encore vous remercier très cordialement pour toute votre peine ; comme j'aurais aimé que vous puissiez assister au Falstaff *de Toscanini, une représentation inouïe et comme on n'en verra jamais plus, l'une de ces soirées qui restent à jamais gravées. J'ai eu ensuite à déjeuner et pendant tout l'après-midi les deux* Maestri, *Toscanini et Walter, et après ce merveilleux interlude j'ai aussitôt repris le train.*

---

1. Ebermeyer, *Eh' ich's vergesse*, 2005, p. 277 et suiv., cf. Bibliographie, p. 392.

J'ai entrevu Rose Walter, pas du tout Temianka, et d'une façon générale je me suis délibérément caché. Mais ce fut formidable, et en y ajoutant les journées vraiment insurpassables passées dans l'atmosphère anglaise, je dois être tout à fait prêt, maintenant, à accepter patiemment quelques bourrades du destin, en me souvenant de tous ces moments vraiment plus que bons.

J'espère que vous avez, vous aussi, conservé un souvenir sympathique de notre travail et de ce temps passé ensemble, j'ai déjà eu des nouvelles de Walter Bauer, qui est rentré chez lui tout à fait ravi.

Il s'agit maintenant d'aller jeûner et travailler à Marienbad : vous n'y seriez pas encore à votre place, pour l'instant. Toutes mes salutations cordiales, très sincèrement
Stefan Zweig

Saluez bien les vôtres ! Je vous enverrai en tout cas mon adresse à Marienbad : la cure me fait un peu peur. Beaucoup de promenades, pas de beefsteak, se lever tôt et boire de l'eau chaude – rien que des choses que je déteste.

Un séjour de cure, l'été, à Marienbad, était déjà une tradition familiale pendant l'enfance de Stefan Zweig. À l'époque, les Zweig s'y rendaient avec une armada de domestiques et s'établissaient dans un des meilleurs hôtels de la place. Cette fois, Stefan Zweig s'installa avec sa femme et Anna Meingast dans la pension « Villa Souvenir », où il avait l'intention de travailler sur son texte et sur sa silhouette.

[45]   Stefan Zweig à Lotte Altmann, de Marienbad, le 4 août
1935 [cachet de la poste], enveloppe adressée à Londres,
Woodstock Road

Villa Souvenir, Waldquellzeile[1], Marienbad

*Chère Mademoiselle Altmann, je vous donne ma nouvelle
adresse sans attendre – j'habite tout à fait en dehors de la ville,
dans la forêt, c'est beau et un peu rustique. Mais ici seules les
forêts sont belles à faire rêver, pas les gens, on dirait que Tel-Aviv
s'est transporté dans les montagnes de Bohême. Et on me fait
bien souffrir pour me débarrasser de mon répugnant embonpoint,
promenades, bains de boue, marches, et un régime alimentaire vraiment cruel, une cure d'amaigrissement déguisée, avec
des légumes, sans bon pain blanc, sans beefsteak, sans rien de
sucré, ah, c'est effroyable, mais je vais tenir le coup comme dans
la Bible, les sept années maigres qui succèdent aux sept années
grasses. Je ne mets pas les pieds sur la* Promenade, *je me suis tenu
bien caché jusqu'à maintenant et je n'ai vu personne, d'ailleurs je
vais entièrement m'absorber dans mon travail, vu que tout plaisir
manque et que je ne m'occupe que d'attaquer ma graisse.*

*Walter Bauer est rentré bien content du lac de Côme et m'a déjà
écrit. Son dernier livre est sensible et humain, comme il l'est lui-
même. Ah, quelles heures formidables j'ai passées avec Toscanini !*

*J'espère que vous êtes bien rentrée et que je vous verrai en très
bonne forme à Londres, en octobre.* Plaignez votre martyre [*sic*]
de son embonpoint[2].

St. Z.

---

1. Littéralement : «chemin de la source en forêt» (NdT).
2. Cette dernière phrase est en français dans le texte (NdT).

Bien que Zweig, dans ses lettres de Marienbad, mette l'accent sur les épreuves physiques de sa cure d'amaigrissement, sa relation de plus en plus problématique avec Friderike le tourmentait aussi. Face aux démarches qu'il poursuivait pour vendre la propriété de Salzbourg, sa femme ne restait pas inactive et elle sollicita le soutien d'une de ses amies ; dès le mois de mai, la baronne Madeleine Baillou s'était adressée au président du Land de Salzbourg, Franz Rehrl, pour attirer son attention sur la perte que représenterait pour Salzbourg le départ définitif de Stefan Zweig : par l'intermédiaire du chef d'orchestre Bernhard Paumgartner, Rehrl écrivit pendant l'été à Zweig en lui demandant de bien vouloir encore reconsidérer sa décision. L'échange de lettres se poursuivit entre Zweig et Rehrl pendant les mois d'août et septembre, mais il fut très clair d'emblée que Zweig, malgré toute sa politesse, ne reviendrait pas sur sa décision. Et qu'à aucun de ses passages en Autriche il n'ait pu accepter l'invitation lancée par Rehrl, les agendas étant toujours très remplis des deux côtés, Zweig n'en fut sans doute guère désolé, vu le sujet de conversation trop prévisible.

[46]   Stefan Zweig à Lotte Altmann, de Marienbad, le 9 août 1935 [cachet de la poste], enveloppe adressée à Londres, Woodstock Road

Villa Souvenir

Chère Mademoiselle Altmann, je vous remercie beaucoup pour votre bonne lettre. J'ai été aujourd'hui revoir le médecin, au bout de la première semaine. Il s'est montré positivement effrayé de constater combien j'ai suivi la cure avec acharnement

et combien j'ai maigri – de 84,10 à 79,10 kg –, c'est-à-dire de cinq kilos en huit jours, un vrai record. Je vais pouvoir bientôt prendre la pose d'un artiste du jeûne, d'un grand matinal, d'un maître-nageur et d'un coureur de fond. À présent je vais bien sûr ralentir le rythme et m'occuper à me considérer avec satisfaction dans le miroir ; quand j'irai à Londres, ce sera probablement avec un gabarit tout à fait anglais, si je peux y arriver à la fin septembre (guère plus tôt). Je vois très peu de gens ; dans le parc zoologique de Königswart je fais la course avec les chevreuils et je ne vais pas tarder à être à peu près réconcilié avec ma ligne ; mon travail en revanche a beaucoup souffert du programme de la cure. J'espère que le désagréable voyage vous sera épargné et que tout se réglera paisiblement. Il faudrait bien que vous puissiez vous aussi avoir un peu de calme et de joie. Car la Suisse, ce fut beaucoup de travail et je me reprochais par moments de ne pouvoir vous laisser que si peu de loisir.

Walter Bauer ne m'a fait signe qu'avec une carte postale et un texte ancien que je vous enverrai prochainement. Je vous salue bien, votre

St. Z.

Je resterai en tout cas ici jusqu'au 25 août environ.

Étant donné qu'après leur commune excursion en Suisse, Walter Bauer n'avait donné que de brèves nouvelles, mais sans envoyer à Lotte Altmann, comme promis, ses ouvrages récemment parus, *La Horde Moris* et *La Foire de l'âme*, Zweig avait l'intention de lui réclamer le petit paquet. S'il lui avait effectivement écrit à ce sujet, il n'aurait sans aucun doute fait qu'aggraver la situation de Bauer. En effet, tandis que leur compagnon de voyage Erich Ebermayer savait s'arranger avec les nazis malgré l'interdiction de ses livres, Walter Bauer, écrivain comme lui, avait des problèmes nettement plus sérieux. Officiellement, Bauer était sorti d'Allemagne quelques semaines plus tôt pour se rendre dans une exposition en Suisse, où il avait alors rencontré Stefan Zweig. Même si Zweig avait reçu de ses nouvelles, de Vienne, où il se disait « rentré, tout à fait ravi », Bauer eut peu après à subir en Allemagne un interrogatoire de la Gestapo, suite à la dénonciation d'un ancien collègue qui l'avait aperçu à Zurich avec Stefan Zweig.

Ce genre de témoignage, s'ajoutant à tous ceux qui arrivaient à Zweig de divers côtés, le persuadait de l'importance croissante du manifeste qu'il envisageait d'écrire pour défendre la dignité de ses concitoyens juifs. C'est pourquoi il incluait déjà dans ses projets de voyage une rencontre avec Chaim Weizmann, le président de l'Organisation sioniste mondiale.

D'un autre côté, de telles nouvelles suscitaient chez Zweig une méfiance de plus en plus grande envers ceux qui l'entouraient. Ayant appris que Rose Walter, avec qui Lotte Altmann était aussi en relation, s'était liée d'amitié avec sa propre femme pendant le dernier festival de Salzbourg, il glissa de discrètes mises en garde à Lotte dans ses missives suivantes.

Lotte Altmann pendant ce temps était une fois de plus confrontée à des problèmes familiaux et envisageait un voyage à Kattowitz, sa ville natale, où après la mort de son père, des désaccords avaient surgi dans l'entreprise familiale à propos de la succession.

[47]   Stefan Zweig à Lotte Altmann, de Marienbad, le 20 août
1935 [cachet de la poste], enveloppe adressée à Londres,
Woodstock Road

Chère Mademoiselle Altmann,
Merci beaucoup pour votre bonne lettre, qui me dit que vous
avez devant vous un travail plaisant, mais qu'ensuite, à la fin
septembre ou au début octobre, vous serez prête à m'assister de
votre bienfaisante fidélité. D'ici là, le livre que vous savez sera
terminé, même encore brut de décoffrage ; j'y travaille ici, bien
que la cure me dévore beaucoup de temps. Le matin – mirabile
dictu[1] –, *je me lève à six heures, je cours une heure et demie en*
direction de Königswart où m'attend un petit déjeuner frugal,
un café avec un œuf et une biscotte de régime, puis je reviens
dans la voiture postale ; alors un masseur se jette sur moi, me
pétrit, me triture les jambes et m'oblige – horribile dictu[2] – *à*
faire de la gymnastique ; ensuite, à onze heures, un bain de boue
après lequel je transpire comme un âne et dois rester une heure
étendu dans mon lit pour recevoir ensuite une misérable pitance
végétarienne. L'après-midi, tout exténué que je suis, je peux
m'accorder un peu de travail. Le résultat jusqu'ici : six kilos de
graisse perdue, une ligne améliorée, des articulations assouplies,
le corps a perdu sa raideur. Je vais encore m'échiner comme ça
pendant une semaine, j'arriverai peut-être à me débarrasser
d'un kilo encore, et je me déclarerai satisfait, ce n'est tout de
même pas rien, d'avoir éliminé un dixième de sa masse corpo-
relle (idée singulière : c'est à peu près ce que doit ressentir une

---

1. Latin : «incroyable à dire».
2. Latin : «horrible à dire».

136

femme quand elle se relève de ses couches). En gros, je me porte bien, il n'y a que la gymnastique qui soit dure, et le sucré qui me manque beaucoup (or les pâtisseries d'ici sont remplies à craquer de choses splendides).

Les projets. Fin août, une journée à Prague, puis Vienne. Fin septembre, deux, trois jours à Paris, puis quatre à six semaines, je l'espère, à Londres. Ensuite, grand point d'interrogation! Mais peut-être me faudra-t-il encore en août rencontrer Waitzmann [sic] en Suisse pour une consultation importante. Je crois pourtant compter sûrement sur Londres, vous ne pouvez pas imaginer combien je me languis de cette ville!! D'ailleurs on n'a plus du tout le courage de se réjouir à l'avance de quoi que ce soit, dans ce monde tellement incertain.

Peu de nouvelles de Salzbourg, Temianka ne m'a pas écrit, Rose W[alter]. non plus (qui est devenue une amie intime de ma femme), les musiciens font probablement tous très bien leurs affaires là-bas. Il faut que je rappelle à Walter Bauer de vous envoyer son livre, tous les amis sont consternés de ce qui se passe en Allemagne. Et maintenant, portez-vous bien, et ne prévoyez pas de disparaître en direction de Kattowitz au moment précis où j'arriverai à Londres. Très cordialement vôtre
Stefan Zweig

Jusqu'au 25 août ici, adresse ensuite Herbert Reichner Verlag, Wien VI, Millergasse 39

Malgré la mobilisation très active de Zweig pour le manifeste qu'il avait suscité, le texte n'alla pas au-delà de sa première version, à cause de divergences de vue entre les potentiels signataires. Il y eut encore des pourparlers en août pour réunir les membres d'un comité préparatoire, mais ce projet auquel Zweig prévoyait d'associer aussi Thomas Mann et Albert Einstein capota peu de temps après.

Cette fois, les retrouvailles avec Lotte Altmann n'allaient pas se faire attendre aussi longtemps qu'au printemps précédent. Zweig avait l'intention de redevenir dans quelques semaines un «Portländer», en retrouvant son adresse londonienne de Portland Place.

[48] Stefan Zweig à Lotte Altmann, de Marienbad, le 25 août 1935 [cachet de la poste], enveloppe adressée à Londres, Woodstock Road

*Chère Mademoiselle Altmann, encore quelques lignes. Je partirai d'ici le 28 ou le 29, allégé de sept kilos et avec une silhouette, disons, acceptable. Malheureusement le manuscrit n'a pas autant grossi que l'*embonpoint[1] *a diminué. La cure vous prend les 3/4 de la journée et une bonne partie de vos nerfs. Mais pour Londres il faut une silhouette à peu près anglaise.*

Je pars pour Vienne (adresse Reichner), mais avant, je vais sans doute devoir aller en Suisse pour deux, trois jours. Je dois diriger et participer (en collaborant avec Waitzmann et d'autres) à la rédaction d'un grand manifeste international qui est en préparation et sera nécessairement d'une extrême importance, puisque les initiatives individuelles n'ont aucun sens, comme je

---

1. En français dans le texte (NdT).

l'ai toujours pensé[1]. *Nous n'en sommes pour l'instant qu'aux lin茅aments, la chose est strictement confidentielle, n'en parlez à personne, Huebsch excepté, à qui vous pouvez en toucher un mot parce que je verrai là-bas de toute façon des amis à lui. Cela me fait perdre énormément de temps et d'énergie, mais il faut savoir distinguer entre les choses décisives et les futilités.*

À part ça, peu de nouveau. Rose W[alter]. vous parlera de Salzbourg, mais du côté des relations personnelles, il faut rester plus prudent avec elle que je ne pensais. Je n'ai pas du tout apprécié la façon dont elle se campe soudain en intime, et veut ainsi se faire aimer. Je connais ses bonnes qualités, mais les hystériques, il faut toujours les manier avec prudence. Je ne l'ai pas vue personnellement à S[alzbourg]., sinon une minute dans le palais du festival. Je n'ai pas la moindre nouvelle de Temianka.

Ici, c'était superbe! Temps magnifique, et malgré toute cette cure et mon travail, le temps a passé trop vite. Si seulement on était déjà dans le mois où je redeviendrai un Portländer. *J'aimerais sentir ce calme bienfaisant que donne seulement Londres, la ville que j'aime comme aucune autre ville. J'espère que rien ne viendra s'interposer! Toujours bien cordialement vôtre*
Stefan Zweig

Reichner, Wien VI, Strohmeyergasse 6

Comme une rencontre d'abord envisagée en Suisse en vue du manifeste fut tout d'abord remise, puis finalement abandonnée, Zweig une fois revenu de Marienbad put retravailler

---

1. Voir aussi la lettre à Rolland, le 12 août 1935, in *Stefan Zweig-Romain Rolland, Correspondance 1928-1940*, Albin Michel, 2016, p. 452-453 (NdT).

une deuxième fois le texte de son nouveau livre à Vienne, avec sa secrétaire salzbourgeoise. Pendant ce temps, Lotte Altmann continuait à se demander s'il était vraiment nécessaire pour elle, étant donné les dissentiments familiaux, d'aller rencontrer en Pologne ses frères Hans et Richard.

[49]   Stefan Zweig à Lotte Altmann, de Vienne,
le 4 septembre 1935 [cachet de la poste], enveloppe
adressée à Londres, Woodstock Road

4 sept. 1935

Chère Mademoiselle Altmann,
Je suis tout à fait désolé que vous soyez tellement préoccupée par ces affaires familiales et que ce pénible fardeau ne vous soit pas épargné, en outre on peut redouter qu'au cas où des opérations militaires bouleverseraient le monde, ces chers frères en prendraient prétexte pour continuer leurs atermoiements. Un voyage de votre part ne sera guère utile, je le crains, à moins que vous ne puissiez soudain vous montrer aussi résolue qu'il le faudrait. Comme ce genre de choses rend la vie détestable !
J'avais prévu de partir aujourd'hui pour la Suisse à cause de l'affaire en question, mais je remets à plus tard, et je n'ai rédigé qu'une première version. Peut-être cela s'organisera-t-il au cours de mon voyage vers Paris et vers Londres ; ce qui m'importe maintenant le plus, c'est Londres, où je retrouve toujours ma plus grande tranquillité intérieure et où je me sens bien. Le travail fait ici va permettre (je l'espère !) de terminer la deuxième version, ensuite il y aura la troisième et définitive, et je serai

disponible pour mon véritable travail. Ma mère s'est étonnamment bien remise, de sorte que j'espère ne plus devoir m'inquiéter pour quelque temps. Je compte déjà les jours qui restent jusqu'à Londres, le mieux serait bien sûr que je vous aie déjà à mes côtés pour m'aider pendant les quatre ou cinq jours à Paris – ici, je suis assisté par ma secrétaire de Salzbourg, mais ignorante comme elle l'est des langues étrangères, elle ne me servirait à rien là-bas. Et il y aura beaucoup à faire, parce que nous préparons la grande manifestation *en l'honneur de Rolland. Bien des choses cordiales, de votre sincèrement dévoué*
Stefan Zweig

Chez Herbert Reichner Verlag, Wien VI, Strohmeyergasse

Bien que tourmentée par les problèmes familiaux, Lotte Altmann ne tarda pas à rejeter l'idée de se rendre elle-même à Kattowitz pour résoudre les démêlés de sa fratrie. Du coup, Zweig lui proposa de le retrouver à Paris où il prévoyait de s'arrêter avant d'aller à Londres.

Quant à la « très déplaisante histoire » concernant la sœur du violoniste virtuose Henri Temianka, dont Zweig avait entendu parler à Salzbourg, il a été impossible d'en préciser les détails.

[50]   Stefan Zweig à Lotte Altmann, de Vienne, le 8 septembre
1935 [cachet de la poste], enveloppe adressée à Londres,
Woodstock Road

Adresse : Verlag Reichner, Wien VI

*Chère Mademoiselle Altmann, vous imaginez sans doute com-
bien je suis désolé que vous vous sentiez si accablée – car je vous
connais assez pour savoir que vous n'aimez pas vous lamenter et que
ce doit être vraiment contrariant. Mais j'espère tout de même que
les choses vont s'arranger et qu'il y aura au moins quelques rayons
de soleil au milieu des nuages. Peut-être allez-vous pouvoir faire
en sorte de venir à Paris pour 6 ou 7 jours, avant que notre activité
ne reprenne à Londres, il est vrai qu'à Paris je ne travaillerai pas
beaucoup, mais il y aura là de nouveau le courrier, le téléphone, des
courses, et j'ai désormais du mal à y faire face tout seul ; je m'en
rends compte ici, bien que les gens ne sachent pas encore vraiment
que je suis là. Ce n'est pas évident pour moi de vous demander cela
et de vous entraîner dans une ville bruyante, pour vous y installer
devant le téléphone et vous faire courir ici et là ; mais d'un autre
côté, je connais votre bonté si serviable. Le principal travail sera
fait en huit jours, ensuite il faudra réviser et passer à la troisième
version, mais avant cela, j'ai l'intention de commencer un autre
travail, personnel. Recevez les cordiales salutations de votre*
    Stefan Zweig

*Je n'ai plus reçu la moindre nouvelle de Temianka lui-même,
il y a eu à Salzbourg, avec sa sœur, une histoire très déplaisante,
dont je ne sais encore rien de plus précis.*

La réponse positive de Lotte Altmann, disposée à venir en France, arriva peu après à Vienne. Comme Zweig participait à la préparation des festivités prévues en janvier 1936 pour le 70e anniversaire de Romain Rolland, son ami et compagnon de route depuis longtemps, il prévoyait d'ores et déjà durant ce bref séjour une foule de tâches pour les organiser.

Si Zweig dans sa lettre passe sous silence le nom du (resté mystérieux) «monsieur qui m'accompagne», c'est peut-être par prudence, après avoir appris ce qui était arrivé à Walter Bauer.

[51]   Stefan Zweig à Lotte Altmann, de Vienne, le 12 septembre 1935 [cachet de la poste], enveloppe adressée à Londres, Woodstock Road

Chère Mademoiselle Altmann,
Grand merci pour votre bonne lettre. Je pense partir le 17 ou le 18, passer une journée à Salzbourg le 19, une journée à Zurich le 20, un ou deux jours à Montreux[1] où je voudrais m'entretenir avec Rolland, et à Genève. Je pourrais être à Paris sûrement le 23, peut-être déjà le 22. Et là-bas, il y aura énormément de lettres à écrire pour les préparatifs concernant Rolland.

Rien ne m'autorise, bien sûr, à vous demander de faire ce voyage compliqué pour une simple semaine, mais j'espère que vous allez tout de même pouvoir, car étant donné que nous

---

1. La station de train est à Montreux, mais la lettre de Zweig à Romain Rolland, le 14 septembre 1935, est plus précise : « [...] je pourrai venir *vendredi* ou *samedi* pour quelques heures à Villeneuve », in *Stefan Zweig-Romain Rolland, Correspondance, op. cit.*, p. 454 (NdT).

voulons adresser, au nom du Comité, des invitations dans tous les pays, il nous faut quelqu'un qui maîtrise vraiment les langues et qui puisse travailler de façon autonome, et je n'ai pas besoin de vous faire ici des compliments alambiqués, n'est-ce pas ! Si donc il vous était possible d'être le 22 à Paris, nous en serions tous très contents. Il se peut que je n'arrive que le 23. Dans ce cas – pas de problème ! – vous iriez vous promener une journée dans Paris. Je vous suggérerais de descendre à l'hôtel Louvois où je m'installerai aussi, avec le monsieur qui m'accompagne. Je vous enverrai là-bas un télégramme pour mon arrivée et d'éventuels préparatifs. Vous pourriez être de retour à Londres vers le 1ᵉʳ ou le 2.

Si vous recevez cette lettre dès samedi, écrivez-moi, s'il vous plaît, ici chez Reichner. Ou bien sinon, de sorte que je la trouve au plus tard, jeudi,

Gare de Zurich, poste restante

afin que je sache si nous pouvons compter sur vous. Excusez-moi d'être aussi insistant !

La deuxième version du livre a été bouclée hier. À Londres ensuite, la troisième et définitive !

Votre cordialement dévoué
Stefan Zweig

Saluez Huebsch s'il est encore là. J'ai vu Rose Walter (pas très agréable, elle a une sorte de mauvaise conscience vis-à-vis de moi).

Une fois de plus, Lotte Altmann allait faire l'expérience des revirements de Stefan Zweig, lorsque deux jours plus tard il modifia de nouveau ses projets et la pria de ne pas venir.

[52]   Stefan Zweig à Lotte Altmann, de Vienne, le 14 septembre 1935 [cachet de la poste], enveloppe adressée à Londres, Woodstock Road

Chère Mademoiselle Altmann,
Je vous ai hélas! sollicitée en vain. Mais dans l'affaire Rolland des difficultés ont surgi soudain, l'un des messieurs les plus déterminants ne pourra arriver à Paris que le 25 ou le 26, si bien que pour trois jours cela n'aurait pas de sens de vous demander de venir – j'espère que vous n'allez pas m'en vouloir de vous avoir ennuyée, j'en suis moi-même désolé, car du coup, tout le temps passé à Paris va être une course effrénée. Je vous prie de me pardonner!
Une chose encore! La fête pour Rolland doit être une surprise pour lui, je ne vais en parler qu'avec sa femme. Ne dites donc rien à personne sur ce projet, à Rose Walter non plus, sinon ça sortira dans les journaux et j'en serais très contrarié, il ne faut pas qu'on le sache à l'avance, et lui moins que quiconque; j'ai toujours de particulières réserves dans ces cas-là envers les femmes, mais je sais que je peux me fier à vous.
Quel dommage! Mais pour trois ou quatre jours il aurait été absurde de vous faire venir pour travailler. Je me réjouis beaucoup de vous revoir à Londres, ainsi que les vôtres. Très cordialement à vous
Stefan Zweig

Je vous écrirai de Paris pour vous dire quand j'arriverai, et je vous demanderai de réserver pour moi, à Portland Place. En grande hâte! J'espère être à Londres dès avant le 1ᵉʳ octobre.

Depuis Zurich, et avant de partir pour Londres, Zweig se rendit encore à Genève afin d'y préciser quelques ultimes détails à la bibliothèque, pour son livre *Castellion contre Calvin*. Il rendit auparavant visite à Rolland, à Villeneuve. Cette rencontre causa une grande déception à Zweig. Ce fut surtout la sympathie toujours plus évidente de Rolland envers Staline qui éloigna Zweig de son ami, et finit même par le déterminer à ne pas participer activement aux festivités de l'année suivante.

[53]   Stefan Zweig à Lotte Altmann, de Zurich, le
       19 septembre 1935 [cachet de la poste], enveloppe
       adressée à Londres, Woodstock Road

Chère Mademoiselle Altmann,
    Je fais étape ici à Zurich, après le repas je repars vers Montreux pour aller voir Rolland, je passerai une journée à Genève, ensuite Paris, j'espère être à Londres le 26 ou le 27, et je vous serais très reconnaissant de bien vouloir passer à Portland Place afin de réserver, si possible, un appartement pour cette date et de m'en informer à Paris, Hôtel Louvois, pour que je sois fixé.
    Pardon de vous importuner avec tout cela. Bien des salutations, votre
    Stefan Zweig

Hôtel Louvois, Paris

Cette dernière date d'arrivée annoncée par Zweig fut, elle aussi, encore décalée d'une journée. C'est seulement le

27 septembre qu'il quitta Paris, tôt le matin, pour arriver dans la soirée à Londres, où il se réinstalla dans un appartement à Portland Place.

[54]   Stefan Zweig à Lotte Altmann, de Paris, le
       23 septembre 1935 [cachet de la poste], carte postale
       adressée à Londres, Woodstock Road

*Chère M*ᶥᶩᵉ *Altmann,*
Sauf contrordre par télégramme, j'arriverai jeudi 26 à 15 h 21 (trois heures 21) à Victoria Station (par Douvres, Calais). En cas de changement je vous télégraphierai. Bien à vous
Stefan Zweig

Entre Paris et Londres, Stefan Zweig écrivit dans son journal intime un long texte d'un seul jet, qui se lit plutôt comme un article sur la façon de voyager en traversant un continent truffé de contrôles éprouvants et pointilleux aux frontières, dictés par la méfiance. «En tout cas, voyager n'est plus pour moi une chose étrangère, mais presque naturelle. On s'est plus fortement détaché de ses liens et de ses habitudes, maisons et propriétés – tous devenus problématiques, et qui ne vous manquent quasiment plus», note-t-il[1]. Cette pensée était à la fois une description de sa situation présente et une anticipation de l'avenir proche.

---

1. Zweig, *Journaux 1912-1940*, «Feuillet du 27 septembre 1935», *op. cit.*, p. 253-257, traduction modifiée par nous (NdT).

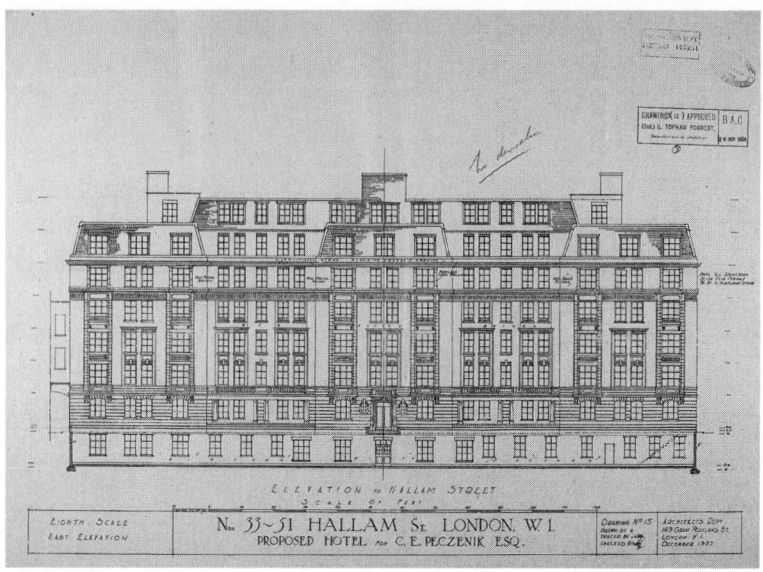

La façade de l'immeuble du 49, Hallam Street, prévu d'abord pour être un hôtel.

Arrivé en Angleterre, Stefan Zweig envisagea une démarche décisive pour se séparer de Friderike, de sa maison, de Salzbourg et de l'Autriche. Son pied-à-terre de Londres ne serait plus dorénavant une simple étape pour ses voyages à travers le continent, mais deviendrait le lieu où il allait s'établir durablement. En octobre, il découvrit un logement correspondant à ses souhaits, non loin de l'appartement qu'il occupait jusque-là. Dans une rue tranquille, Hallam Street, dans un immeuble encore en construction et d'abord destiné à être un hôtel, on mettait en location des appartements vides, avec gardien et personnel d'entretien. Comparé à la résidence de Salzbourg, cet appartement de quatre pièces, avec kitchenette et salle de bains, était sans doute petit, mais il correspondait parfaitement à l'idée de Zweig, qui voulait se réduire à l'essentiel.

Sa décision fut bientôt prise. Friderike arriva exprès de Salzbourg pour le visiter et descendit au Langham Hotel, à proximité. Il ressortit de leurs négociations, et son mari le lui confirma par écrit, que ce serait principalement son appartement à lui, mais que s'il s'absentait ou s'en déclarait explicitement d'accord, elle pourrait également y habiter avec lui. Quant à Alix et Suse, les filles de Friderike, elles n'auraient le droit d'y séjourner qu'en l'absence de Zweig – ce qui révèle clairement les tensions familiales qui s'étaient accumulées au cours des dernières années. Il était également précisé que Friderike n'avait pas encore à considérer, pour l'instant, qu'elle avait perdu Salzbourg. Une formulation alambiquée qui montre combien la vente de la maison allait être compliquée. Étant donné qu'au début des négociations aucun prix n'avait été annoncé, les deux époux se rendaient alors mutuellement responsables, chacun à son tour, du fait que le montant à négocier était tantôt trop élevé et tantôt trop bas. Mais Friderike apercevait à présent une possibilité de ne pas perdre la maison, ni sans doute non plus son mari.

Selon la nouvelle règle de Stefan Zweig, il ne fallait transporter dans l'appartement de Londres qu'un minimum de meubles et une petite partie de sa bibliothèque salzbourgeoise, forte d'environ dix mille volumes. À une date encore à fixer, Friderike entendait s'occuper du déménagement et de la décoration de l'appartement. Avant qu'elle reparte pour Salzbourg, munie de ce document écrit par son mari, les époux prirent encore le temps de se faire photographier ensemble dans le studio de la célèbre Mme Yevonde.

*Portrait du couple
Zweig par
Mme Yevonde,
Londres, 1935.*

Début décembre – Zweig s'apprêtait déjà à repartir pour un voyage à Vienne –, le travail sur *Castellion contre Calvin* dut s'arrêter, Lotte Altmann étant tombée malade. Même s'il était prévu que le manuscrit soit terminé le plus vite possible, Zweig ne put expédier à Salzbourg qu'une petite partie des pages déjà corrigées, pour qu'elles soient dactylographiées par Anna Meingast. Il lui présenta cela comme un « très malencontreux contretemps », mais n'eut pour Lotte Altmann que des paroles rassurantes. Et il annonçait son intention de rendre à la malade alitée une courte visite chez son frère, en allant à un rendez-vous dans la famille des banquiers Rothschild ; il lui envoya le lendemain une carte postale pour la saluer, après une réception à Cambridge.

La bibliothèque de Zweig, dans sa maison de Salzbourg. Au mur, derrière la lampe se trouve le tableau de Frans Masereel représentant le port de Boulogne, que Zweig emporta par la suite à Londres [cf. p. 48].

[55]   Stefan Zweig à Lotte Altmann, de Londres,
le 2 décembre 1935 [cachet de la poste], enveloppe
adressée à Londres, Woodstock Road

Chère Mademoiselle Altmann,
Ne vous faites pas de souci, s'il vous plaît, mais guérissez-vous,
les lettres peuvent attendre et le travail se poursuit. Demain mardi
je pourrai éventuellement venir vous voir, mais le soir je dois aller
pour huit heures chez les Rothschild. Et, mais seulement si vous
êtes tout à fait bien, je viendrai vers 6 heures.
Très cordialement vôtre
Stefan Zweig

[56]   Stefan Zweig à Lotte Altmann, de Cambridge, le
4 décembre 1935 [cachet de la poste], carte postale de
Cambridge, Bridge of Sighs and Kings College Chapel,
à l'adresse de Londres, Woodstock Road

Chère Mademoiselle Altmann,
Maintenant il ne faut pas que vous soyez malade plus
longtemps ; si vous ingurgitiez autant d'alcool que nous ici à
Cambridge, tout serait all right. *Avec mes bons vœux,*
Stefan Zweig

Pour passer moins de temps à traverser l'Europe, lors de
sa visite prochaine en Autriche, Stefan Zweig décida de faire

une partie du trajet en avion. Il espérait pouvoir rencontrer son ami Joseph Roth à Paris, d'où il devait repartir en train, mais le brouillard fit échouer ce projet.

[57]   Stefan Zweig à Lotte Altmann, de Douvres, le 15 décembre 1935 [cachet de la poste], enveloppe adressée à Londres, Woodstock Road

Chère Mademoiselle Altmann,
L'avion a considéré ma vie comme étant trop précieuse pour décoller dans le brouillard, ce sera donc le train, et cela me fait rater Roth. Mais vous, guérissez vite, maintenant, et grossissez!
Très cordialement vôtre
St. Z.

Allez chercher les livres de temps en temps chez le Porter. You may open and read them.

Même alors, Stefan Zweig ne pouvait envisager de passer longtemps à Salzbourg. Quelques jours lui suffirent pour sélectionner dans sa maison les livres dont il avait besoin à Londres, et il continua vers Vienne, où il descendit de nouveau à l'Hôtel Regina. Lorsqu'il avait été question pour la première fois de vendre la maison, il avait promis à sa secrétaire salzbourgeoise Anna Meingast de continuer aussi souvent que possible à l'employer. Pour accélérer le travail, il lui demanda de venir alors à Vienne, même pendant les fêtes. Il lui fallait négocier dans un temps record des affaires éditoriales, organiser la vente d'une partie de sa collection d'autographes et rendre visite à des amis et des parents. Zweig voulait repartir dès le jour de l'an pour Nice, où Lotte Altmann devait arriver une semaine plus tard. C'est pourquoi les nouveautés dont lui parla le musicologue Alfred Einstein, concernant l'attribution de visas pour la France, avaient une réelle importance, Lotte Altmann voyageant encore avec son passeport allemand.

[58]   Stefan Zweig à Lotte Altmann, de Vienne, le 21 décembre 1935, enveloppe adressée à Londres, Woodstock Road

Vienne, le 21 décembre 1935

Chère Mademoiselle Altmann,
Mon ami Einstein m'a raconté hier une étrange histoire, à savoir que les mesures ont été renforcées pour les Allemands, même pour les visas de transit par la France, et toute demande doit, paraît-il, être d'abord adressée à Paris. Il vaudrait donc mieux que vous alliez voir sans tarder, et que vous en fassiez établir un dès maintenant pour janvier, en avançant la date. S'il y avait des difficultés, télégraphiez-le-moi tout simplement et j'écrirai de nouveau à ce monsieur du consulat, mais j'espère qu'il n'y en aura pas, vu que vous en avez déjà obtenu un sans problème, à deux reprises.
J'espère que vous allez bien, pour moi je ne suis pas encore plongé dans le travail et dois sans cesse me défendre contre de nombreuses visites.
Avec mes meilleures salutations à vous tous, votre
Stefan Zweig

Les livres sont déjà emballés, et tout est prêt pour le déménagement – un travail détestable, à la place du mien propre !

En repartant de Vienne vers l'ouest, Zweig fit à nouveau brièvement étape à Salzbourg où il avait encore des dossiers à trier. Mais cette fois, il ne passa pas la nuit dans sa propre maison, et prit une chambre à l'Hôtel Bristol. Contrairement à Friderike, il s'était depuis longtemps détaché de sa demeure du Kapuzinerberg.

Le «manuscrit Manon» mentionné ci-dessous est la version ancienne d'un scénario inspiré par *Manon Lescaut*, le roman de l'Abbé Prévost, que Zweig avait rédigé avec son confrère Robert Neumann, mais le film envisagé par l'agence théâtrale londonienne de Christopher Mann ne fut jamais tourné.

[59]   Stefan Zweig à Lotte Altmann, de Vienne, le 23 décembre 1935 [cachet de la poste], enveloppe adressée à Londres, Woodstock Road

Chère Mademoiselle Altmann,

On en reste donc aux dispositions prises, et je vous attends à Nice le 6 ou le 7 ; renseignez-vous pour une chambre à l'Hôtel Westminster ou aussi à l'Hôtel de la Poste centrale, deux précautions valent mieux qu'une.

Une demande maintenant : allez Portland Place, et comme je ne peux pas leur indiquer d'adresse, collectez là-bas, disons tous les deux jours, les lettres qui seront arrivées d'ici à votre départ, selon vos possibilités. Je viens de prévenir Mr. Child, le Headporter. *Faites-moi suivre des choses importantes, s'il y a lieu, à*
Salzbourg, le 1ᵉʳ et le 2, Hôtel Bristol
Zurich le 3 et le 4, Hôtel Royal Habis,

vous apporterez le reste avec vous, et dans l'intervalle j'informerai Mr. Child par télégramme de l'adresse définitive à Nice, après mon arrivée. Effrayant, ce courrier !

Vous avez bien envoyé le manuscrit Manon à Christopher Mann, n'est-ce pas, parce qu'il fait comme s'il ne l'avait pas reçu, vous pourriez lui téléphoner ce qu'il en est, en tout cas je lui en envoie un deuxième aujourd'hui même.

Si vous pouviez passer un jour par Hallam Street, pour que je sache où cela en est.

Toutes mes salutations
Stefan Zweig

À Noël, Zweig envoya encore à Lotte Altmann d'ultimes instructions concernant l'organisation de son voyage, et entre-temps elle lui avait expédié quelques feuillets dactylographiés de son manuscrit. Son rapide séjour à Vienne avait été marqué par quelques nouvelles effrayantes. Le jour même où Zweig écrivit sa lettre, le compositeur Alban Berg, avec qui il venait de prendre rendez-vous, mourut très brutalement d'un empoisonnement du sang. Et le 19 décembre, Zweig avait appris que son confrère Eduard Heinrich Jacob venait d'être arrêté dans le cadre d'une procédure pour fraude sur des actions. Zweig s'associa peu après au versement d'une caution qui permit de faire finalement libérer Jacob.

La perspective d'un assez long séjour de travail à Nice lui apparut certainement comme paradisiaque, dans ce contexte. Il faut signaler que Zweig s'y rendait avec Friderike, qui avait l'intention de passer une semaine à Nice et qui, comme il l'écrit, se réjouissait beaucoup d'avance d'y séjourner en compagnie de Lotte Altmann.

[60]   Stefan Zweig à Lotte Altmann, de Vienne, le 24 décembre 1935 [cachet de la poste], enveloppe à l'en-tête Hôtel Regina Vienne adressée à Londres, Woodstock Road

Soir de Noël, Hôtel Regina

Chère Mademoiselle Altmann,
Vous avez été <u>terriblement</u> active et je vous remercie de tout cœur pour votre dévouement qui est d'autant plus estimable que vous avez été sollicitée quand vous veniez tout juste d'être malade.
Ici, dérangé par beaucoup de gens, je continue vaillamment mon travail – mais il y a eu hélas ! deux graves événements qui m'ont beaucoup ému, la mort d'Alban Berg et l'arrestation d'Eduard Heinrich Jacob – inscrits tous deux sur la liste des quelques personnes que je désirais voir.
Les projets maintenant : les 1ᵉʳ et 2 janvier Salzbourg, les 3 et 4 Zurich, le 7 Nice, où ma femme passera environ huit jours avec moi, ensuite elle partira déjà pour Londres, tandis que j'espère rester là encore à peu près un mois, et au minimum trois semaines. Si vous pouviez donc venir nous rejoindre à Nice aux alentours du 7, j'en serais très content, et cela ne vous ferait sans doute pas de mal non plus. Je ne supporte pas la haute montagne au-delà de huit jours, je n'ai pas envie d'être importuné dans des halls d'hôtel par des gens ennuyeux.
Je vous demande donc ceci. Quand vous aurez votre visa, télégraphiez-le-moi. J'écrirai alors à Mr. Child, Portland Place,

*pour qu'il cesse de me faire suivre le courrier, et vous irez le cher-
cher avant de partir. Le mieux sera que vous preniez un wagon-lit
depuis Paris et que vous alliez demander à l'Hôtel Westminster
si nous y sommes. Si nous logions ailleurs, vous y trouveriez une
lettre vous donnant notre adresse. J'espère que tout ira bien.*

   Les adresses pour télégr. ou écrire sont
   le 1ᵉʳ et le 2 Salzbourg
   le 3 et le 4 au matin Zurich, Hôtel Habis
   le 7 (j'y serai sans doute dès le 6), Nice, poste restante
   *Tout ceci dans la plus grande hâte. Vous savez combien vous
m'êtes devenue indispensable pour mon travail, et ma femme elle
aussi se réjouit beaucoup à l'idée de Nice et de votre compagnie.
Saluez tous les vôtres ! Avec encore toute ma gratitude, votre*
   St. Z.

   *Vous ne vous attarderez sans doute pas à Paris, moi j'y ferai
étape au retour. Et vous prenez bien sûr la machine avec vous !*

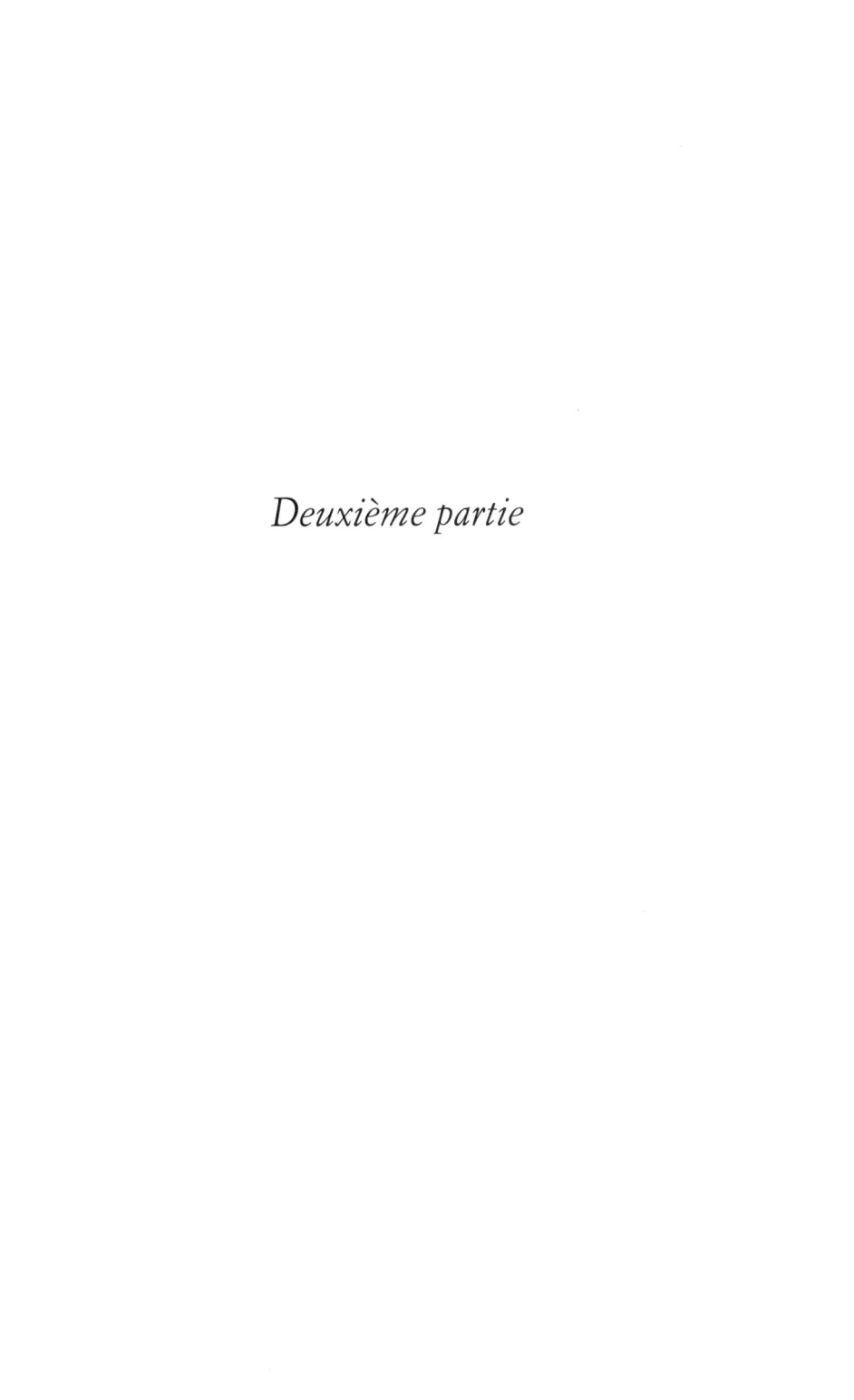

Deuxième partie

1936

Lorsque les époux Zweig arrivèrent à Nice au début de 1936 et que – presque exactement comme un an plus tôt – Lotte Altmann vint les y retrouver, Stefan Zweig avait déjà pris quelques résolutions déterminantes pour son avenir, sans que sa femme en fût entièrement informée ni même qu'elle s'en doutât à maints égards. Pendant son dernier passage à Vienne, il avait confié au marchand de livres anciens Heinrich Hinterberger une partie considérable de sa collection d'autographes pour qu'il la mette en vente, et elle ne tarda pas à être presque entièrement acquise par le collectionneur Martin Bodmer, de Zurich. Zweig ne conserva par-devers lui qu'une sélection des meilleures pièces parmi les plus anciennes ainsi que la plupart des textes de ses contemporains, et au cours des années suivantes, il y adjoignit encore de précieux manuscrits d'écrivains et de musiciens. Tandis qu'il s'occupait de liquider sa demeure et son bureau à Salzbourg, il s'efforçait aussi de consolider sa situation à Londres. Après avoir décidé de louer un appartement sur Hallam Street, Zweig s'adressa très officiellement à l'organisme de secours Jewish Temporary Shelter, dans le but d'obtenir pour Lotte Altmann un permis de travail prolongé. Le président du Shelter, Otto M. Schiff, intervint personnellement en écrivant au ministère du Travail, compétent en la matière, que Zweig s'inquiétait de perdre éventuellement sa secrétaire et qu'il était disposé à lui verser désormais 5 livres par semaine en l'engageant pour un poste fixe. L'autorisation fut accordée rapidement, d'abord pour six mois, qui furent ensuite prolongés sans difficulté. Anna Meingast, la collègue salzbourgeoise de Lotte Altmann, fut alors informée par Zweig qu'un bureau complet allait remplacer à Londres la solution plutôt provisoire qui avait persisté jusqu'alors.

Dès le milieu du mois, Friderike Zweig repartait de Nice et, en passant par Avignon, prenait la direction de Londres où elle allait installer dans le nouvel appartement les meubles, les livres et les œuvres d'art arrivés entre-temps de Salzbourg. Le 28 janvier, et non sans se souvenir des splendides funérailles d'antan dans la maison impériale d'Autriche, elle regarda, du bord de la chaussée, passer la procession funèbre du roi George V, qui venait de mourir.

Pendant ce temps-là, Stefan Zweig continuait à travailler avec Lotte Altmann dans le Midi et rendait quelques visites à des amis aux environs de Nice. Quand il rentra en Angleterre à la mi-février, il trouva le nouvel appartement déjà suffisamment aménagé pour qu'il puisse s'y installer au début du mois suivant. Sa femme, en se conformant selon son idée à la convention qu'ils avaient conclue l'année précédente, y fit aussi installer quelques meubles et objets personnels, pour bien marquer son intention que ce soit un logis commun. Ce point précis donna lieu, fin avril, à un affrontement acharné entre les deux époux, dont témoignent plusieurs textes écrits. Par la suite, Stefan Zweig conserva avec d'autres documents les billets alors rédigés par

Stefan Zweig sur la Côte d'Azur.

lui ou soigneusement recopiés, dans un classeur consacré à ces questions et intitulé « Prétentions de ma femme ».

Ces messages révèlent nettement, noir sur blanc, combien la situation était de plus en plus tendue, malgré, ou peut-être à cause de la séparation géographique des époux. Les sujets de désaccord déjà existants ne changeaient pas, la plupart s'aggravaient même : il s'agissait toujours des filles de Friderike et de leur attitude revendicative, que Stefan Zweig désapprouvait. Qu'Alix von Winternitz ait trouvé depuis peu à Salzbourg un emploi d'assistante dans un bureau et que sa sœur Suse, après avoir suivi des cours de puériculture, se formât maintenant à Vienne pour devenir photoreporter, il refusait de penser que c'était des métiers d'avenir pour les deux jeunes femmes, alors âgées tout de même de 26 et 29 ans, qui avaient quitté l'école à 14 ans et qui, selon Stefan Zweig, auraient dû être mariées depuis longtemps. Quant aux tentatives de Friderike pour travailler de son côté en proposant des scénarios de film ou en écrivant une biographie du grand savant Louis Pasteur, tout en poursuivant sa propre carrière littéraire, Zweig dans sa fureur les mettait sur le même plan que les occupations de ses filles. La perquisition de sa maison à Salzbourg restait l'une des expériences les plus blessantes qu'il ait jamais connues, à ses yeux c'était irréparable. Il vécut comme un outrage supplémentaire que Friderike ait demandé aussi bien à Rehrl, le gouverneur du Land, qu'à Victor Ingomar, le président de la police de Salzbourg, de prendre officiellement position. Quant à l'argument invoqué par Friderike, que la perquisition ne l'avait pas visé lui, le pacifiste bien connu, mais en réalité son domestique Johann qui, de notoriété publique, fréquentait les milieux sociaux-démocrates, il le récusa comme une trahison. Et Zweig mettait aussi au passif de Friderike qu'elle cherchât en plus à obtenir le soutien d'Arturo Toscanini pour réparer leur relation. Mais en réalité il s'agissait depuis longtemps de savoir de quelle manière on allait se séparer.

[61]   Stefan Zweig à Friderike Zweig, à Londres,
       le 30 avril 1936

Je ne veux plus désormais de toutes ces allées et venues, mais un arrangement définitif, parce que j'ai besoin de tranquillité, pour mon travail.

Avec Hitler depuis trois ans, les temps sont extrêmement difficiles – il faut chaque semaine trancher et prendre ses responsabilités. Une vie familiale n'est alors possible que si la famille, dans la confiance et le respect, se soumet à celui

1) qui la fait vivre

2) dont le «métier» est le seul qui importe et qui rapporte, comparé à des amusements de dilettantes

3) qui a le plus d'expérience et qui sait le plus anticiper sur beaucoup de choses.

Ceci n'a pas été le cas. Toutes les initiatives que j'ai prises ou que j'ai voulu prendre ont été contrecarrées ou m'ont été rendues difficiles. Lorsque j'ai voulu renoncer à S[alzbourg]., Alix est venue s'y installer contre ma volonté (et même contre la nôtre, cette fois), et toi, tu as mobilisé contre moi la terre entière, Toscanini inclus. Malgré mon ordre, tu as été trouver Ingomar. Tu as fait de l'opposition par tous les moyens et à propos de tout. Malheureusement, mes nerfs ne supportent pas cette obstruction

165

permanente à des décisions responsables. Ici, par exemple, tu ne m'as pas demandé <u>combien</u> de temps tu pouvais rester, ni non plus si, dans ce tout petit appartement, je ne me sentais pas à la longue perturbé dans mon travail – <u>le seul</u> qui importe dans cette famille. Bref, vous ne me soutenez pas de manière inconditionnelle et conciliante, vous êtes contre moi. Et j'en ai assez. Je n'ai pas envie de vivre avec des personnalités originales, je ne souhaite pas qu'on joue à l'écrivain ou au reporter chez moi – si <u>vous</u> ne considérez pas mon travail comme l'élément central et le seul qui importe, <u>moi</u> oui. Et je vous dis adieu.

Ma proposition, conforme à <u>ton</u> désir, d'éviter un divorce légal et de te donner, <u>en échange d'une simple et paisible vie côte à côte</u>, toutes mes propriétés en Autriche, la maison (qui a soudain cessé d'être magnifique) avec tout ce qu'elle contient, une forte somme à réaliser en obligations autrichiennes, simplement <u>en échange de cette vie côte à côte et en paix</u> (et non d'un divorce), avec en outre une rente qui te placera au-dessus de <u>tous</u> tes amis et parents sans aucune exception, – cette proposition a été rejetée comme déloyale. Bon. N'en parlons plus.

Tu décides souverainement de rester encore huit jours ici. C'est donc <u>moi</u> qui pars en voyage pendant ce temps, même si ce n'est pas du tout ce qui me convient en ce moment. J'ai besoin à présent de tranquillité pour travailler, et je te prie d'ailleurs de me laisser trois heures (entières) de solitude dans l'appartement, signalées à l'avance, l'après-midi ou le soir. Avec les allées et venues, les portes qui restent ouvertes et les téléphonages permanents, dans cette situation où tu m'as mis avec ton « autonomie », je ne peux pas faire le travail essentiel que j'ai à réaliser.

Je reprends, afin que tout soit clair pour toi. Il est vrai que dans les circonstances actuelles j'ai réclamé d'être entièrement libre de

mes décisions. Que je ne négocie pas, mais que je fais une propo-
sition «à prendre ou à laisser[1]». J'ai besoin de toute ma tête pour
d'autres choses, et surtout, je ne me laisserai pas intimider par des
menaces. J'ai toujours été conciliant, en tout point : mais quand
il s'agit du principal, de mon travail (ou de mon honneur, comme
dans le cas de Salzb[ourg]. où c'est prétendument «chez Johann»
qu'on venait inspecter), aucune conciliation n'est possible. Seul
mon travail est important, et pas la dactylographie de tes filles, ni
leur puériculture, ni leur photographie, ni non plus ton Pasteur
ou tes films – le monde entier le sait, seules Madame Zweig et ses
filles ne s'en sont pas encore aperçues. Il est donc justifié :
que je n'agirai pas, et ne négocierai pas au moment qui te
conviendra,
que ce n'est pas toi, mais moi qui déterminerai le moment
et le mode de nos négociations
et que je ne supporterai pas plus longtemps que vous me fassiez
chier.

Londres, le 30 avril 1936

manu propria[2]

Oralement, ou sur un billet de réponse qui a disparu, Friderike Zweig menaça de porter plainte devant la justice, puisque l'adoption permanente de deux domiciles séparés constituait, à ses yeux, une rupture de la communauté conjugale.

---

1. En français dans le texte (NdT).
2. Latin : «de ma propre main».

Ceci suscita une nouvelle explosion furieuse de Stefan Zweig, dans une lettre sur laquelle sa femme inscrivit son propre commentaire et se déclara disposée à organiser une médiation avec des amis, comme le célèbre historien viennois de la littérature Wilhelm Friedmann, Frans Masereel ou Romain Rolland, ce que manifestement Stefan Zweig avait lui-même suggéré peu auparavant.

[62]   Stefan Zweig à Friderike Zweig [à Londres, le 30 avril ou début mai 1936]

Je t'en prie, prends le risque d'une plainte pour trouble à la vie conjugale : cela impliquerait pour commencer que l'on vérifie si un mariage effectif existe, mis à part tout le reste. Mais comme tu prends plaisir à menacer et qu'apparemment c'est devenu un besoin chez toi, je t'en prie, continue les menaces sans te gêner.

Par chance, nous avons négocié par écrit, cette fois. Il en ressort clairement que, pour vous soulager de ce sentiment de «dépendance», qui bizarrement vous fait tant souffrir et auquel vous prétendez sans cesse échapper par des métiers de dilettantes, je t'avais proposé un arrangement <u>pacifique</u> sans <u>divorce</u>, et assorti des conditions les plus généreuses, vu qu'il ne s'agissait pas d'un <u>divorce</u> et que, tout en renonçant à une partie notable de mes biens, je conservais <u>encore des liens concrets,</u> par ex. je ne pouvais envisager de me marier. Ceci a été rejeté et raillé d'une façon <u>insultante,</u> on a soudain invoqué une disposition juridique selon laquelle les demoiselles von Winternitz ont la possibilité de posséder des capitaux non seulement dans le pays, mais aussi à l'étranger, à condition d'aller s'y installer, alors que tous leurs *proches, y compris leur père, seront tenus de rester ici, quelles que soient les circonstances. J'ai proposé la forme <u>la plus bienveillante possible</u> – liberté mutuelle avec maintien des apparences –, il est écrit dans la lettre en question que tu peux venir ici après m'en avoir averti et <u>avoir reçu mon accord</u> – de même que je ne vais pas voir ma propre mère sans lui demander son avis. Mais tu veux la guerre – bene. Lance les manœuvres que tu voudras, mais fais bien attention à ne pas te brûler les doigts.*

Recopié (mais c'est la dernière fois, je garderai désormais une copie au calque des prochaines lettres, mon temps m'est trop précieux, et tu as rejeté la proposition de négocier par avocats interposés).

[Ajout de Friderike Zweig]

Tu as proposé des amis communs ou des personnes de confiance. Je t'en prie, allons ensemble à Paris. Là-bas, je ferais confiance à Friedmann, et toi à Masereel ou à Rolland, si tu veux.

Je me suis adressée à Ingomar parce qu'il fallait que je montre à un homme qui avait eu d'autres informations que nous n'avions pas peur et que tu avais des soutiens à l'étranger.

Que l'on ait visé Johann, la Heimwehr ayant prétendument trouvé son nom dans une liste de membres du Schutzbund, cela me vient de lui et d'un gradé de la Heimwehr. Quant à Rehrl, il a essayé de réparer les choses. Alors, ne me fais pas de reproches.

Dans ces circonstances, Stefan Zweig abandonna sa proposition précédente, à savoir, recourir à des amis comme médiateurs dans leur conflit. S'il précise qu'avant de négocier avec

169

Friderike, il a besoin de faire un séjour en Autriche, c'est qu'il avait encore des questions financières et juridiques à discuter avec ses avocats à Vienne, avant que la situation puisse être définitivement clarifiée.

Dans l'atmosphère insupportable où il devenait même impossible de se concerter dans le quotidien sans se disputer, Friderike repartit de Londres plus tôt que prévu.

[63] Stefan Zweig à Friderike Zweig [à Londres, début mai 1936 A]

Je refuse de négocier maintenant. Je suis en effet surexcité, ou plutôt, j'ai été beaucoup trop irrité par toi. Je ne négocierai pas ici, ni non plus à Paris. De toute façon, je dois me rendre prochainement en Autriche pour régler d'autres questions désagréables.

Si tu ne disposes pas, prétendument, de l'ensemble de ma proposition, c'est la faute de cet instinct de contradiction bien connu. Étant donné que je ne veux pas recopier chaque document à la main, j'ai proposé qu'un exemplaire soit écrit par toi, sans remarques annexes, et un autre par moi. Si tu ne l'as pas fait, tu vois qu'une fois de plus, même pour la chose la plus simple et la plus évidente, c'est ce sens de l'indépendance, maladif chez toi, qui te pousse instinctivement à résister.

Je ne pourrai négocier qu'après avoir été à Vienne, et je te fais la même proposition (bien évidemment refusée !).

Par ailleurs, je te prie de me faire savoir à quel moment je pourrai aujourd'hui disposer de mon appartement, seul, pour travailler pendant trois heures. J'ai à faire en ville à l'heure du déjeuner, je propose donc de 5 à 8 heures entièrement pour moi.

[Ajout de Friderike Zweig]
Mais à l'époque (même pour une question aussi importante, tu n'avais jamais le temps !) je n'ai reçu aucun texte clair ayant été dicté, mais seulement des modifications dictées, et même pas dans le calme. Je te demande la paix, avant mon départ. Il faut que je sois ici à 7 h 45.

[64]   Stefan Zweig à Friderike Zweig [à Londres, début mai
        1936 B]

Même si j'avais le temps, je ne suis _pas_ allé manger avec toi parce que je t'avais priée de me laisser les trois heures de la journée dont j'ai besoin pour vraiment travailler – j'avais demandé de 5 à 8. Cela ne fut bien évidemment _pas_ le cas, et je ne _peux_ pas travailler quand je ne suis pas seul ; j'avais également demandé à Mademoiselle A[ltmann]. de partir. Je considère mon travail comme plus important que tous les rendez-vous en société, et comme je ne pouvais pas m'organiser autrement, à cause des horaires de visite à l'hôpital et des lettres qui devaient être bouclées avant 1 h, cette demande _minime_ aurait pu être respectée. Mais maintenant j'ai l'habitude qu'on fasse tout passer _derrière_ [= _devant_] mon travail.

[Ajout de Friderike Zweig]
Sois quand même bon pour le dernier jour. J'avais des courses à faire ce matin, parce que l'après-m[idi] _tout est fermé_ et que

171

j'avais retenu la maid, *et je ne peux pas passer 3 h[eures]. dans la rue pendant ces 2 derniers jours. Dis-toi donc qu'il reste très peu d'heures, que je suis très désespérée, et toi, il n'y a pas de cœur dans ta poitrine.*

C'est sans s'être réconciliés que Friderike et Stefan Zweig se séparèrent au début mai. Même si parmi les points litigieux énumérés dans les documents officiels il n'y a nulle mention, ni alors ni par la suite, du rôle joué par «Mademoiselle Altmann» dans la vie de Stefan Zweig, cette question centrale était tout à fait déterminante dans leurs débats. Peu de jours avant que le conflit n'explose, Friderike avait par hasard aperçu son mari dans un restaurant avec Lotte Altmann, une «désagréable rencontre», lui écrivit-elle plus tard, «tu étais assis avec la A[ltmann]., comme si je n'existais déjà plus[1]». Les évocations de ce genre, même dans les lettres échangées par les époux, sont pourtant assez rares. Le plus souvent, Friderike parlait de sa «confidente» – désignation qu'elle avait sans doute empruntée à Stefan Zweig, puisqu'elle met toujours le mot entre guillemets. Parmi les amis de Friderike, on avait trouvé dans l'intervalle un autre nom pour désigner Lotte Altmann : la vipère.

Après ce conflit, Friderike Zweig repartit pour Salzbourg, son mari restant à Londres. Durant sa visite de juin en Autriche, Salzbourg ne comptait quasiment plus pour lui. Il n'y passa qu'une nuit, dans un hôtel, et poursuivit son voyage avec Friderike vers Vienne. Il avait à nouveau de très importantes

---

1. Friderike Zweig à Stefan Zweig [de Salzbourg, le 27 mars 1937], LON, cf. Sources et sigles, p. 388.

questions éditoriales à discuter, car entre-temps la commercialisation de tous ses livres avait été interdite dans le Reich allemand. Du coup, tous ses ouvrages avaient été transférés aux éditions Herbert Reichner avec qui certaines tensions avaient surgi concernant la manière de procéder désormais. Stefan Zweig était fort éprouvé par les soucis familiaux et par l'avenir incertain de son œuvre, qui perdait, avec le marché allemand, la plus grande partie de ses lecteurs. Dans sa lettre à Lotte Altmann, écrite au demeurant sur un ton professionnel et dans laquelle il prévoyait la suite de son voyage, il évoquait très franchement «de grosses crises de cafard». Et il voulait même éviter pour l'instant la Suisse, car autour de son nouveau livre *Castellion contre Calvin ou Une conscience contre la violence* s'annonçaient certains problèmes auxquels, dans son état d'esprit du moment, il ne se sentait manifestement pas de taille à faire face.

[65]   Stefan Zweig à Lotte Altmann, de Vienne,
       le 20 juin 1936 [cachet de la poste],
       papier à lettres et enveloppe Hôtel Regina Vienne,
       adressée à Londres, Woodstock Road

Chère Mademoiselle Altmann,
Je voudrais juste vous demander de vous enquérir si vous pouvez obtenir un visa pour la Belgique et de me répondre par courrier aérien ou par télégramme (au Reichner Verlag, pour Zweig), pour que j'aie la réponse autour de jeudi. Je voudrais repartir d'ici au plus tard samedi, puis être dimanche à Salzbourg, lundi à Zurich, mardi à Bruxelles, mercredi sans doute à Ostende ou à proximité, et vous viendriez me rejoindre dès que je saurai où

je me stabilise. Tout ceci bien sûr est encore en suspens, mais j'espère que cela marchera et qu'au début du mois nous reprendrons le travail. J'espère aussi qu'alors mes grosses crises de cafard se dissiperont peu à peu. L'Autriche et Vienne pèsent sur moi comme un cauchemar, et la Suisse aussi, où normalement je me serais rendu très volontiers. Bien des salutations, votre
Stefan Zweig

L'attestation mentionnée par Zweig dans la lettre qui suit est probablement un certificat de travail pour Lotte Altmann, qui fut remis à l'ambassade de Belgique. Elle n'était pas jointe à la lettre, mais fut envoyée dans une seconde enveloppe, elle aussi conservée et dont le cachet de la poste porte la même date.

[66]   Stefan Zweig à Lotte Altmann, de Vienne,
       le 21 juin 1936 [cachet de la poste],
       enveloppe adressée à Londres, Woodstock Road

Chère Mademoiselle Altmann,
Je n'ai pas de secrétaire (hélas !). Donc simplement merci et ci-joint le certificat. Vous pouvez, le cas échéant, écrire aux gens que je suis en voyage, et qu'ils ne s'attendent pas à une réponse de ma part, malgré ma ponctualité habituelle.
Mes contrariétés personnelles pourraient largement suffire pour trois familles.
Cordialement vôtre
St. Z.

Pour compenser la perte de ses livres antérieurs parus chez Insel Verlag, Zweig prévoyait de publier chez Herbert Reichner une édition de l'ensemble de ses récits et nouvelles. Il avait l'intention de travailler dans les semaines suivantes à ce vaste projet avec son ami et conseiller éditorial Emil Fuchs, mais ne pouvait envisager de le faire à Vienne. Le choix de Zweig se porta finalement sur la station balnéaire belge d'Ostende, où il savait que Joseph Roth et d'autres confrères et amis seraient à proximité.

[67]   Stefan Zweig à Lotte Altmann, de Vienne, le 22 juin 1936

Vienne, le 22 juin 1936.

Chère Mademoiselle Altmann,
Merci beaucoup pour tout. Je n'ai toujours pas une vision très claire de mes projets. La Belgique me semblerait le plus sympathique, avec pour seule difficulté la question de votre visa, mais j'espère que sur place on ne vous le refusera pas, si vous en avez un pour la France. L'avantage pour moi là-bas serait de pouvoir vivre dans un parfait incognito, de ne pas entendre parler de ces détestables affaires, et en même temps de ne pas être loin de Londres. En outre, Joseph Roth serait à proximité. Mon ami Fuchs viendrait sans doute pour quelque temps avec moi et nous y mènerions une vie toute simple. Pas besoin donc de grandes valises. Si tout marche comme je l'imagine, je serai peut-être dès le 1ᵉʳ ou le 2 juillet à Ostende ou dans une localité des environs et je prendrai alors contact avec vous par lettre ou par télégramme pour que vous arriviez 1 ou 2 jours plus tard, avec la machine. Mais, comme je

vous l'ai dit, je n'ose pas me faire de trop grands espoirs, car tout
est très incertain, embrouillé et peu réjouissant.
  Avec mes plus cordiales salutations
  Votre
  Stefan Zweig

  Sinon, la France

Dans la crise que connaissait sa vie privée, Zweig ne perdait pas entièrement de vue les problèmes de l'époque. Avant même de partir pour la Belgique, il demanda à Lotte Altmann de faire suivre à Josef Leftwich, à Londres, un livre du musicologue Viktor Zuckerkandl, pour qu'il envisage de le traduire. Il s'agissait de *Die Weltgemeinschaft der Juden*[1], qui venait de paraître à Zurich.

[68] Stefan Zweig à Lotte Altmann, de Vienne, le 24 juin 1936 [cachet de la poste], enveloppe adressée à Londres, Woodstock Road

Chère Mademoiselle Altmann,
Merci pour vos nouvelles ! Ce sera donc sans doute la Belgique,
restons-en là. Je pense chercher un hébergement à Ostende, non
pas sur le front de mer au milieu de toute l'agitation, mais un
peu à l'écart, parce qu'il y a vraiment <u>beaucoup</u> de travail à faire.
Monsieur Fuchs sera sans doute là aussi pendant les premiers

---

1. *La Communauté mondiale des Juifs*, inédit en français (NdT).

jours pour préparer avec moi l'impression des nouvelles. Je pense que vous pourriez venir vers le 3, le 4 ou au plus tard le 5, dès que j'aurai trouvé l'endroit et le logement, mais je vous télégraphierai ou téléphonerai de toute façon.

Pour <u>le courrier</u>, n'envoyez <u>que</u> des copies (aucun original), autour du 1er, à Ostende Poste centrale, à moins que vous ne receviez un contrordre par télégramme.

Un livre de Viktor Zuckerkandl, qui a été expédié à Londres, est à envoyer à Josef Leftwich.

Ne vous effrayez pas si des télégrammes arrivent. Je ne sais pas encore exactement quand je partirai (vendredi ou dimanche, d'ici) et si j'ai des nouvelles de Roth, je passerai peut-être une journée à Bruxelles. Mais j'espère très vivement vous retrouver.
Très cordialement, dans une grosse chaleur, votre
St. Z.

Si j'avais besoin d'argent, vous m'apporteriez un chèque ou un carnet de chèques de la Nation[al]. Pro[vincial]. [Bank], à prendre dans le coffre, mais <u>seulement</u> si je vous télégraphie « Apportez le livre », <u>pas sinon</u>.

Le 29 juin, Zweig prit à Vienne un train qui, via Salzbourg, était à destination de Zurich. La veille, on venait d'y célébrer dans la cathédrale le quatre centième anniversaire de la première parution de l'*Institution de la religion chrétienne*, de Jean Calvin. En Suisse, et comme il l'avait redouté, Zweig se trouva en butte à des remarques acerbes, vu que son livre sur Sébastien

Castellion, l'adversaire de Calvin, venait tout juste d'être mis en vente.

[69]　　Stefan Zweig à Lotte Altmann
　　　　[Zurich, le 29 juin 1936]

Chère Mademoiselle Altmann,
Parfait, le voyage, et aussitôt beaucoup de contrariétés ! Le livre a été reçu ici comme venant perturber la célébration de la Réforme – quelle absurdité, mais quelle déveine aussi qu'il soit paru juste à ce moment-là ! On ne peut jamais être tranquille et vivre en paix, on a sans cesse de nouvelles difficultés à affronter. Mais n'y pensez pas, il faut espérer que tout cela s'arrangera.
Très cordialement, votre
St. Z.

Enfin arrivé à Ostende, Zweig tenta en vain de joindre Lotte Altmann par téléphone pour lui donner des précisions concernant son arrivée, et le fit donc par lettre. Le groupe des exilés qui s'étaient retrouvés sur la côte belge autour de Hermann Kesten et de Joseph Roth était constitué à peu près de ceux qu'ils avaient rencontrés ensemble auparavant à Nice.

Stefan Zweig à Lotte Altmann [d'Ostende, autour du
3 juillet 1936]

46, promenade Albert Ier
Maison Floréal

Chère Mademoiselle Altmann,
Je vous ai téléphoné aujourd'hui pour vous dire

1) Que je vous attends ici
2) Que vous laissiez à Hallam Street un peu d'argent (une livre
pour affranchir le courrier et me téléphoner)
3) Que vous emportiez, le cas échéant (mais pas forcément)
l'appareil photo
4) La machine, bien sûr
5) Que vous pouvez atterrir ici en 1 heure et quart

Parlons de l'appartement. Il est très simple, mais présente pour
moi le grand avantage d'avoir une loggia spacieuse où je pourrai
travailler dehors par tous les temps – un vieux rêve, pour moi.
Inconvénients : pas d'ascenseur, je suis au troisième étage, vous au
quatrième, chambres sur la mer, c'est donc bien cruel pour vous.
Mais je ne voulais pas aller dans un hôtel, cette fois. L'intérieur
en revanche est très confortable. Il faut bien accepter cet unique
inconvénient – je n'ai jamais logé plus au calme, car si on a des
escaliers à monter.
Je viens de retrouver Hermann Kesten dans un café, Roth
viendra sans doute aussi, ce sera donc à nouveau comme à Nice.

Je suis curieux de savoir s'il y a des nouvelles d'Amérique du Sud. Bien des salutations et à bientôt. Votre
St. Z.

Saluez les vôtres.
Le volume des nouvelles est chez l'imprimeur, il <u>faudra</u> donc que nous ayons terminé les remaniements avant le mois d'août.
Je n'ai pas besoin d'argent, peut-être simplement d'un chèque de la Westm[inster]. B[an]k., mais pas nécessaire en fait, car tout est <u>fantastiquement</u> bon marché ici.

Je suis tout près du port, je peux donc venir vous chercher, mais vous n'aurez pas de mal non plus à trouver le chemin.

Après un mois à Ostende, Stefan Zweig retourna pour une petite semaine seulement à Londres et y prépara ses bagages pour son voyage outre-Atlantique. En août commençait un voyage vers l'Amérique du Sud, prévu depuis longtemps. En Argentine, il devait participer à Buenos Aires au congrès du PEN-Club, où il représentait l'Autriche, et auparavant, à l'invitation du gouvernement brésilien, il allait parcourir ce pays où ses livres se vendaient extrêmement bien.

Pour préparer cette expédition et étudier des textes historiques, Zweig apprenait depuis déjà quelque temps l'espagnol, en compagnie de Lotte. La veille de son départ, elle partit avec lui jusqu'à Southampton et lui dit au revoir à l'embarcadère. À peine en haute mer, Zweig lui écrivit un premier message. L'enveloppe étant déjà fermée, il ajouta au verso qu'elle veuille bien répondre à la comédienne et metteuse en scène Nancy Price. Il s'agissait probablement d'une représentation prévue en Angleterre de *Jérémie*, son drame de 1917 contre la guerre, mais il semble que cela n'eut pas de suite.

[71]   Stefan Zweig à Lotte Altmann, R.M.S. Alcantara,
       Posted on the high Seas, le 8 août 1936
       [cachet de la poste], papier à en-tête Royal Mail Lines
       Limited, enveloppe adressée à Londres, Woodstock
       Road

En tout premier lieu, un grand merci de m'avoir bien accompagné. Le navire avance gentiment. Les passagers qui me plaisent le mieux sont ceux de la deuxième classe – toute une fournée d'émigrants juifs de Pologne (d'où la visite du rabbin monté à bord), d'une pauvreté incroyable, mais les jeunes filles avec du vernis rouge sur les ongles, et les petits gars, des communistes bien formés. Tout le reste me paraît plat et je vais bien travailler mon espagnol, mais sans ma bonne condisciple, hélas !
Bien des choses, de votre fidèle
Stefan Zweig

[Au verso de l'enveloppe, ajouté à la main :]
N'oubliez pas de répondre à Nancy Price

Tandis que Lotte Altmann préparait à Londres le voyage qu'elle allait faire en Autriche durant l'été, sans doute en compagnie de sa mère Therese, Stefan Zweig goûtait fort la vie tranquille sur le bateau. Selon ses observations, la mer réagissait comme une casserole de lait que l'on surveille des yeux pour qu'elle ne déborde pas, et le confort du transatlantique le dédommagea un peu du fait que le repos nocturne ne soit manifestement pas tout à fait aussi plaisant que la veille de son départ, au Polygon Hotel de Southampton.

Pendant l'escale dans le port espagnol de Vigo, Zweig passa quelques heures sur la terre ferme. Cette visite était à ses risques et périls, car depuis quelques semaines la guerre civile sévissait en Espagne. De nombreux hommes en armes sillonnaient les rues. Zweig vit pendant quelques heures un autre pays qui évoluait vers le fascisme. Il observa, fit même quelques photos, aujourd'hui disparues, et nota dans son journal de voyage : «Dans une librairie j'aperçois (à côté de l'inévitable *Marie Stuart*) les écrits de Hitler[1].»

[72]   Stefan Zweig à Lotte Altmann, R.M.S. Alcantara, Posted on the high Seas, le 10 août 1936 [cachet de la poste], papier à en-tête Royal Mail Lines Limited, enveloppe adressée à Londres, Woodstock Road

J'enverrai encore une fois des nouvelles depuis la terre ferme, nous accosterons demain en Espagne pour emmener avec nous des réfugiés jusqu'à Lisbonne. Le temps est splendide, la mer ressemble à une casserole de lait, comme on dit, mais on ne dort pas aussi bien qu'au Polygon, c'est le seul inconvénient. Les gens sont terriblement dull[2], *une compagnie peu sympathique – je suis le seul à parler avec les émigrants juifs de troisième classe, des*

---

1. Stefan Zweig, *Journaux 1912-1940*, 10 août 1936, *op. cit.*, p. 261.
2. Anglais : «morne, ennuyeux».

individus vraiment intéressants. La nourriture est très appropriée à mes possibilités d'amaigrissement, rien qui puisse engager à rester plus de dix minutes à table, un détestable programme au cinéma. En revanche, je lis beaucoup et je me promène. Maintenant vous n'aurez pas d'autres nouvelles de moi avant Rio, profitez de cette pause – la prochaine lettre ne vous trouvera plus à Londres, de toute façon. Mes vœux très chaleureux, pour un bon voyage, et encore mieux, à se revoir. Votre
St. Z.

La traversée de presque deux semaines se termina le 21 août à Rio de Janeiro. Zweig ne participa à aucun des ineptes divertissements proposés à bord et travailla quasiment sans être reconnu par les autres passagers. La nouvelle dont l'idée lui vint pendant le voyage pourrait bien être le sujet qu'il développa plus tard dans le roman *Ungeduld des Herzens*[1].

[73]   Stefan Zweig à Lotte Altmann, Districto Federal,
       le 21 août 1936 [cachet de la poste], enveloppe adressée
       à Londres, Woodstock Road

Chère Mademoiselle Altmann,
Je peux déjà vous annoncer mon arrivée, conforme au programme prévu, le bateau accostera demain matin, et ce sera probablement la fin de cette merveilleuse période sans courrier. La

---

1. *La Pitié dangereuse,* dans la première traduction d'Alzir Hella (Grasset, Paris, 1939); *Impatience du cœur,* dans la retraduction par Nicole Taubes, Gallimard, «Bibliothèque de la Pléiade», 2013 (NdT).

traversée a été <u>très</u> agréable, du soleil tout le temps, mais jamais réellement accablant, mon incognito s'est maintenu nettement au-delà des îles Canaries, et ce furent bien sûr les émigrants de troisième classe, venant de Pologne, qui m'identifièrent. On pratiquait à bord un peu trop de danses et de fancy balls *et de* games, *mais par bonheur la nourriture n'était pas trop à-la-mode-du-jour, et j'ai vraiment un peu maigri. En somme, le voyage dure seulement quelques jours de trop, car l'œil finit par se fatiguer de la lumière et du bleu rayonnant auquel on ne peut échapper.*

J'ai plutôt bien travaillé, j'ai ébauché une nouvelle sur environ 80 pages, sans savoir encore quelle longueur elle atteindra. Mais j'aurai encore les 17 jours du retour. L'idée de Rio me réjouit, celle de Buenos Aires me fait horreur.

Je suppose que ceci viendra vous rejoindre en Autriche, j'ai lu hier que c'était la canicule à Londres, et j'espère que vous y avez déjà échappé. Je me dépêche, car la lettre doit partir tout de suite, en emportant toutes mes salutations pour vous, votre
Stefan Z.

Étant l'invité du gouvernement, Zweig vécut au Brésil dans un luxe digne d'un chef d'État en visite. Pour les manifestations officielles lors desquelles il prononça sa conférence sur «L'Unité spirituelle du monde», les billets furent vendus en un temps record et il compara lui-même l'affluence à celle que connaissait Londres avec les festivités du couronnement, alors imminentes.

[74]   Stefan Zweig à Lotte Altmann, de Rio de Janeiro [autour du 26 août 1936] timbre et cachet de la poste déchirés, enveloppe adressée à Londres, Woodstock Road

Rio

Chère Mademoiselle Altmann,
Je ne sais pas où je dois vous écrire. Rio est la ville la plus splendide du monde, mais ce qui m'arrive rappelle les jours du couronnement à Londres. Le ministère est littéralement pris d'assaut par ceux qui veulent des invitations pour ma conférence (celle-là même que vous avez oublié de me donner et qu'il m'a fallu écrire ici à nouveau) – je pourrais remplir quatre fois l'Albert Hall. J'ai un appartement avec quatre pièce[s] superflues, ma propre voiture, un Attaché[1]*, mais pas une seule seconde de calme, on me prend en photo du matin au soir, j'ai été invité chez le président de la République, le ministre des Affaires étrangères a donné pour moi un immense* dîner[1]*, la marine de guerre met un bateau à ma disposition pour faire des excursions, c'est fou. La ville est d'une beauté* <u>indescriptible</u>*, je reviendrai, c'est certain, la beauté des femmes est fascinante, le café est le plus extraordinaire, les cigares insurpassables, un vrai paradis. Et le plus beau, c'est qu'il n'y a pas* <u>l'ombre</u> *d'une question raciale, tous les Juifs louent le Seigneur, tous les émigrés sont heureux.*
J'ai reçu vos lettres et je les ai même lues, ce qui n'est pas peu dire – j'en reçois ici chaque jour des flopées, et je dois signer des livres du matin au soir. Mais c'est tellement magnifique d'être là, que je ne suis pas fatigué.
Portez-vous bien,
Stefan Zweig

---

1. En français dans le texte (NdT).

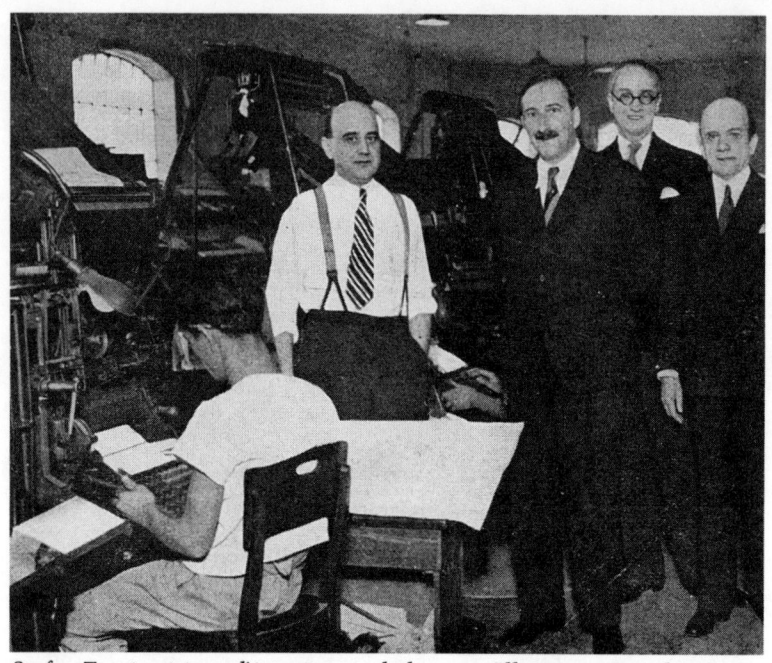

Stefan Zweig visitant l'imprimerie de la revue Illustração Brasileira

Le séjour au Brésil fut rempli à craquer de rendez-vous qui ne laissèrent guère de temps à Zweig pour envoyer en Europe de longs récits de voyage. Pourtant, il y avait une infinité de choses à raconter : par exemple que dans une prison de São Paolo un orchestre de criminels avait joué en l'honneur du visiteur de marque autrichien la mélodie de Joseph Haydn[1] *Gott erhalte Franz den Kaiser*, même si après la fin de la Première Guerre mondiale elle avait été remplacée par un nouvel hymne national.

---

1. « Que Dieu conserve Franz notre empereur ». La mélodie est dans le 2ᵉ mouvement du quatuor de Joseph Haydn op. 76, n° 3, dit « Kaiserquartett » (1797) (NdT).

Pour se faciliter la tâche, Zweig écrivait à Lotte Altmann des lettres dont certains passages étaient presque, au mot près, les mêmes qu'il envoyait à sa femme à Salzbourg.

En prévision de sa visite prochaine en Argentine, Zweig cherchait un assistant qui puisse le soutenir. Il s'adressa au politologue Franz Neumann, un ami de jeunesse de Manfred Altmann, à Kattowitz, et qui avait lui aussi fui l'Allemagne ; il accompagna Zweig durant une partie du voyage.

[75]   Stefan Zweig à Lotte Altmann, de São Paolo [sans doute le 3 septembre 1936] timbre et cachet de la poste déchirés, enveloppe et papier à en-tête Esplanada São Paolo, à l'adresse de Londres, Woodstock Road

Chère M[ademoiselle]. A[ltmann]. Vous êtes sans doute de retour. Je ne peux pas vous écrire ce que je vis ici, c'est trop invraisemblable. Splendide, le pays, des choses d'un intérêt faramineux, mais la façon dont je suis célébré ici a pour moi quelque chose de grotesque. Une secrétaire aurait à faire toute la journée ici pour éconduire les gens au téléphone etc., je dois signer chaque jour entre 300 et 400 livres (les tirages publiés sont énormes). Je vais laisser ici les quatre cinquièmes des cadeaux qu'on me fait, j'ai par ex. reçu aujourd'hui, de l'Instituto di Café, une immense machine et cinq kilos du plus excellent café, et il y en a d'innombrables autres. Le plus grotesque fut aujourd'hui la visite dans un centre de détention mondialement connu, l'établissement le plus humain qui existe. En mon honneur, l'orchestre des détenus (14 assassins, 4 délinquants sexuels, pour le reste, des voleurs) s'est disposé en bon ordre et a joué pour la première fois l'hymne du peuple autrichien (!!). Ensuite (pour la quarantième fois de la journée), je fus pris en photo par le photographe de la prison (trois assassinats à son actif). Tout cela confine vraiment au grotesque. Hier je me suis rendu, avec le ministre des Affaires étrangères, dans une plantation de café dont je suis revenu avec l'archevêque, ma voiture avec chauffeur est toujours à ma disposition, ici je loge dans trois pièces seulement – tout cela est un superbe carnaval, mais je suis déjà absolument lassé par toutes ces visites, ces séances de photos, ces réceptions, ces visites (la ferme d'élevage de serpents est d'un intérêt fantastique). J'ai dépêché à Buenos Aires votre ami Neumann, pour qu'il me trouve un jeune homme sur place, car je n'arrive tout simplement plus à faire face au téléphone et aux gens. J'espère que là-bas ce sera mieux, certainement même, car Emil Ludwig et Romains et Duhamel seront là pour les distraire. J'ai vu et appris un nombre incalculable de choses. Mais je me réjouis d'avance à l'idée du calme et particulièrement de Londres. Le pays est superbe et je suis heureux d'avoir fait le voyage. J'espère que le vôtre aussi a été réussi. Votre

S

Alors que la période passée au Brésil laissa une impression profonde et durable à Zweig, son séjour à Buenos Aires ensuite, pour le congrès du PEN Club, fut comme un retour brutal à la réalité. Le programme comportait de longs débats sur la situation des exilés. Zweig fut reconnaissant à certains de ses confrères, comme Emil Ludwig, d'occuper sa place à l'estrade, et se contenta de présenter pour ainsi dire en marge son nouvel ouvrage, la légende intitulée *Le Chandelier enterré*.

Par la pensée, Zweig, bien qu'en Argentine, était déjà rentré chez lui et à sa table, en train de travailler. Il annonça à Lotte Altmann des articles sur le Brésil, encore à écrire, et lui demanda si le couple de traducteurs Eden et Cedar Paul, ainsi que Lavinia Mazzucchetti et aussi Ben Huebsch avaient déjà reçu les textes corrigés de la Légende pour qu'on puisse se mettre dès que possible aux traductions en langues étrangères.

Friderike Zweig avait demandé à son mari, avant même qu'il parte pour l'Amérique du Sud, si elle pouvait venir passer une semaine à Londres pour le voir après son retour. Zweig avait souligné l'aspect fort coûteux d'un tel voyage vers l'Angleterre depuis Salzbourg pour si peu de temps, mais, bien qu'un peu à contrecœur, il avait donné son accord de principe.

Il est possible que Lotte Altmann ait fait un rapide séjour dans sa famille à Kattowitz, avant d'aller en Autriche. C'est ce que suggèrent les mots de Zweig évoquant un « contact personnel » et une « lettre écrite de K. », reçue par lui en Argentine.

[76]   Stefan Zweig à Lotte Altmann, de Buenos Aires
       [sans doute le 12 septembre 1936], timbre et cachet
       de la poste déchirés, enveloppe adressée à Londres,
       Woodstock Road

Ch[ère]. M[ademoiselle]. A[ltmann].

Je vous écris pendant la séance du Pen Club, affreusement ennuyeuse, mais utile cependant comme exercice de langue, vu que chacune des tristes motions est traduite successivement en anglais, en espagnol et en français, si bien que dix minutes en représentent quarante, à chaque fois. Mais dans l'ensemble, le congrès ne présente aucune difficulté pour moi, parce que les autres sont si ardents que je n'ai moi-même rien à produire – j'ai décliné tous les discours (je ferai seulement une lecture d'extraits de la Légende devant un public restreint), puisqu'Emil Ludwig s'en charge entièrement, avec un zèle que j'apprécie beaucoup. J'ai pas mal de temps pour aller me promener et je refuse toutes les invitations : les gens vont finir par s'en offusquer un peu, mais ce fut si magnifique au Brésil que tout m'est indifférent. J'ai vu votre ami Neumann, il a de fortes aversions contre ce pays-ci ; il semble être incapable de comprendre le côté latin, la belle nonchalance qui préside ici à tout. J'ai bien reçu votre lettre de K[attowitz ?]., on dirait qu'au moins tout a été vite, et j'espère que grâce à ce contact personnel vous êtes à présent un peu tranquillisée. En réalité, j'aimerais déjà repartir aujourd'hui, mais il faut que je tienne le coup encore 9 jours, et j'espère être le 6 à South[ampton]. Je ne sais pas si ma femme viendra, cela va sans doute se décider bientôt. J'aurais pu vous prédire que vous alliez rencontrer Rose W[alter]., on ne peut pas passer cinq minutes à S[alzbourg]. en août, sans tomber sur des connaissances. À propos du Brésil, je pense que je vous dicterai sans attendre 4 ou 5 articles afin que vous appreniez ainsi l'essentiel, ensuite je vous raconterai les détails amusants. J'ai fait aussi des ébauches pour une nouvelle, et j'ai l'intention de les poursuivre pendant la traversée du retour. Je me réjouis bien à l'idée de Londres, surtout si je peux disposer d'un Londres aussi calme et sans perturbation que je le voudrais ; je suis fatigué de toute cette foule, et je finis par ne plus savoir dans quelle langue je balbutie, tout se mélange dans la plus grande confusion. Avez-vous envoyé des exemplaires de la Légende à Huebsch, à Mazzucchetti ? Je n'ai pas de nouvelles d'Édith H. – Réglez, je vous en prie, un

maximum de choses définitivement pour moi, afin qu'ensuite je
n'aie plus besoin de passer trop de temps à tout cela. Bien des
bonnes choses de votre
    Stefan Zweig

J'espère aussi qu'un exemplaire corrigé du Chandelier *a été
envoyé à Eden & C[edar]. Paul.*

Dès la fin du congrès, Stefan Zweig embarqua sur l'*Al-
manzora* pour regagner l'Angleterre au terme d'un voyage de
plusieurs semaines, pendant lesquelles il continua de travailler à son nouveau texte et étudia un livre sur le navigateur
portugais Ferdinand Magellan. Il avait reçu des nouvelles de
sa femme qui voulait venir à Londres avant qu'il n'arrivât,
et il informa Lotte Altmann des dates de ce voyage. Il expédia cette lettre depuis Santos, escale de l'aéropostale, pour
que l'annonce de cette visite puisse encore arriver à temps à
Londres.

La mention de l'année 1939 distinctement lisible sur l'enveloppe a forcément été apposée par erreur au-dessus du
cachet de la poste. Toute confusion avec une lettre datant d'un
voyage ultérieur en Amérique du Sud est à exclure, étant donné
qu'entre le 17 et le 20 septembre 1939 Stefan Zweig se trouvait
de façon avérée dans la ville anglaise de Bath.

[77]   Stefan Zweig à Lotte Altmann, au large de Santos,
le 17 septembre [1936], le 20 septembre 1939 [=1936]
(cachet de la poste), papier à lettres Royal Mail Lines
Limited, enveloppe à en-tête de Londres, 49 Hallam
Street, adressée à Londres, Woodstock Road

17 septembre
(au large de Santos, d'où décolle l'avion)

*Chère Mademoiselle Altmann, je suis donc déjà sur l'*Alman-
sora *qui, à l'opposé des autres navires, est presque entièrement
vide, nous sommes 30 passagers pour 300 places et je vais pouvoir me reposer vraiment, ce qui après les journées de Buenos
A[ires]. est une nécessité urgente – même si je suis resté très
en retrait, n'ai prononcé ici aucun discours, et me suis tenu à
l'arrière-plan durant le congrès, on m'a fait souffrir mille morts et
je vais maintenant me rattraper pour le sommeil et pour le calme.
M. Neumann m'a accompagné sur le bateau et il vous envoie ses
salutations à tous. Il a fort belle allure, se sent en parfaite santé,
et il va, je crois, beaucoup mieux ici qu'il ne le déclare.*

*J'ai reçu des nouvelles de ma femme disant qu'elle sera à
Londres le 20 septembre (environ) et restera jusqu'au 12 octobre.
J'arriverai le 6 octobre à Southampton d'où je repartirai aussitôt ;
réglez, s'il vous plaît, le plus possible de choses en indiquant que
la date de mon retour est indéterminée. J'espère alors vous revoir
le 7, devant un bureau le plus dégagé possible. Remettez, je vous
prie, à ma femme le chéquier de la* Westm[inster]. B[an]k.*, vous
avez sans doute bien rangé les relevés d'opérations et ils peuvent
rester là où ils sont, pour l'instant. Je rapporterai sûrement du
travail, j'ai l'intention de redevenir productif et j'espère que l'on*

ne me dérangera pas. J'ai expédié des livres directement et j'ai laissé là-bas environ une centaine de livres argentins et brésiliens dédicacés. Je me réjouis déjà de passer une journée à Rio, une autre à Bahia et Pernambuco, une à Madère et une à Lisbonne, de sorte que j'aurai encore vu une bonne portion du monde – cependant je crois que les congrès ne me verront plus guère. Vers la fin, de sérieuses jalousies sont apparues, et malgré soi (sans avoir rien demandé, sans être monté à la tribune et en ayant refusé de présider la moindre séance) on s'y retrouve impliqué, les vanités humaines et la politique empoisonnent tout, aujourd'hui.

Je n'ai reçu aucune lettre importante de vous, en tout cas aucune qui annonce votre retour à Londres. Vous pourrez me joindre commodément par télégramme sur le bateau, ce n'est pas cher du tout, six pence par mot, je crois. Vous allez être surprise, je ne parle plus aucune langue parce que j'en ai parlé cinq à la fois chaque jour, d'ailleurs quelle plaie, ces 10 jours de Buenos Aires après le paradis, au Brésil ! très cordialement vôtre
Stefan Zweig

J'ai également laissé ici un sac de café que l'on m'avait offert, avec une superbe machine à café, et tous les autres cadeaux !

Quand Stefan Zweig débarqua, le 6 octobre, à Southampton, sa femme l'attendait sur le quai où il avait dit au revoir à Lotte Altmann, presque deux mois auparavant. Friderike était à Londres depuis quinze jours et n'avait pas ménagé ses efforts, comme elle le raconte dans ses Mémoires : « Je lui fis la surprise d'un fichier pour sa bibliothèque, qu'il retrouva de nouveau un peu étoffée. J'avais associé Lotte à cette opération, ce qui parut lui faire plaisir[1]. » Mais son séjour se termina au bout de la semaine suivante. Elle ne devait pas retourner par la suite dans cet appartement de Hallam Street qu'elle persistait à vouloir considérer comme un domicile commun.

Dans les mois qui suivirent, la question de la séparation de leur couple se posa encore plus nettement. Il allait y avoir au cours de l'année 1937 des négociations compliquées, avec moult péripéties. Même si l'on dispose de nombreux documents, quelques points importants restent impossibles à préciser. Il est certain qu'on voulut tout d'abord éviter un divorce en bonne et due forme, et que l'on visa une séparation de gré à gré. L'une des raisons sans cesse mise en avant était qu'il fallait ménager Ida, la mère de Stefan Zweig, qui était censée en apprendre le moins possible sur les difficultés du couple de son fils cadet. Mais il était fallacieux d'espérer que les commérages de la bonne société viennoise ne parviendraient pas à la vieille dame.

Avant même la fin de l'année, Stefan Zweig repartit pour un voyage en Autriche. Après un rapide séjour à Paris, il arriva à Vienne pour régler comme d'habitude ses affaires éditoriales et rendre quelques visites. Il s'appliqua à mettre ses finances en ordre et, par mesure de précaution, transféra une partie de sa fortune aux États-Unis. Ensuite, via la Suisse, il repartit vers l'Italie pour y travailler à un livre sur Magellan qu'il avait commencé à écrire après son retour d'Amérique du Sud. Il avait l'intention de retrouver Lotte Altmann vers le début de l'année à Zurich et d'aller prendre avec elle à Gênes un paquebot, le *Rex*, en direction de Naples. Ils partirent effectivement tous deux vers le sud, mais comme son programme resta longtemps

---

1. F. Zweig, *op. cit.*, p. 382 (cf. Bibliographie, p. 393).

incertain, ce fut en train et via Milan, une alternative que Zweig avait également envisagée.

Les «changements de l'horaire d'été» qui lui causèrent tant de tracas lors de son voyage à Vienne désignent probablement la modification des horaires de train, car étant donné les dates et les étapes mentionnées, cette lettre ne peut avoir été écrite qu'en décembre 1936, époque où dans les pays en question il n'y avait pas de changement d'heure.

Stefan Zweig à son bureau, à Londres.

[78]   Stefan Zweig à Lotte Altmann, de Vienne
        [le 20 décembre 1936], papier à lettres de l'Hôtel
        Regina, Vienne

Chère Mademoiselle Altmann,
Je suis arrivé ici après un voyage affreusement pénible ; à Paris je n'ai pas pu prendre le bon train, à cause des changements de l'horaire d'été, le train suivant est resté à l'arrêt deux heures en rase campagne, de sorte que j'ai dû continuer le voyage à partir de Salzbourg toute la nuit sans wagon-lit dans un tortillard. Je n'ai trouvé aucun courrier de vous à Paris, mais il m'attendait ici aujourd'hui, dimanche – réglez, je vous en prie, <u>un maximum</u> de choses toute seule, dites que je vous en ai chargée, parce que dans les trois prochaines semaines je ne serai quasiment pas joignable par courrier. L'idée de ces quinze jours perdus ici me révulse. Bien des choses et mes salutations à Robert N[eumann]., votre
St. Z.

En principe on en resterait au <u>samedi</u> 2 au matin, à Zurich. Mais peut-être réussirai-je à imposer que je préfère y arriver dès le <u>jeudi</u> 31, tant Vienne me révulse, je vous prie donc d'inclure aussi cette éventualité dans toutes vos dispositions. Si nécessaire, on renoncera au Rex et on descendra par le train via Milan.

Double page du passeport autrichien de Stefan Zweig pour les années 1936 et 1937, avec les tampons de ses arrivées et de ses départs.

1937

Dans le sud de l'Italie, Zweig continua à travailler à son livre sur le navigateur Magellan dont la publication était prévue dès l'automne suivant. En repartant vers le nord depuis Naples, il fit étape avec Lotte Altmann dans plusieurs villes italiennes. À Rome, on revit Lavinia Mazzucchetti et son confrère traducteur Enrico Rocca. Lavinia Mazzucchetti se rappela plus tard un dîner au restaurant « Alfredo », auquel Lotte Altmann participa et « où Stefan (dans le livre d'or qu'on lui avait apporté, à lui aussi) fut sur le point d'inscrire *"assassin¹"* comme profession, sous l'autographe de Goering, ce qui tout de même inquiéta quelque peu notre cher Rocca…». Les journées passées à Rome furent sans doute fort joyeuses, même si Lavinia Mazzucchetti dut recourir au pape pour retenir Zweig d'assister à un numéro de Benito Mussolini. Dans ses souvenirs, en faisant allusion au célèbre film de Chaplin et même si Mussolini y apparaît sous la figure de Benzino Napaloni, elle désigne le Duce comme « le grand dictateur ». Adolf Hitler n'étant pas en Italie en ce printemps 1937, ce n'est pas lui qu'elle peut désigner : « À vrai dire, je craignais vivement alors qu'il puisse céder à certaines demandes pressantes et avoir envie de voir le grand dictateur (il me demanda "la permission" de le regarder au moins depuis le trottoir, mais je le lui interdis strictement !) ; en revanche je lui procurai des invitations pour une *cerimonia* dans la chapelle Sixtine, mais le pape tomba malade et nous dûmes nous contenter du *spettacolo*, où il se montra beaucoup plus au fait des rites catholiques que moi et me taquina en me traitant de mécréante². »

Avec des amis comme Lavinia Mazzucchetti, Lotte Altmann accompagnait alors tout naturellement Stefan Zweig, même en dehors de leurs séances de travail. Parmi leurs proches, personne ne pouvait désormais ignorer les tensions existant avec Friderike et chacun s'interrogeait sans doute sur le statut de « Mademoiselle Altmann ». Mais dire comment Stefan Zweig et Lotte Altmann eux-mêmes vivaient la situation à cette époque,

---

1. En français dans le texte (NdT).
2. Lettre de Lavinia Mazzucchetti à Friderike Zweig, 19 juillet 1952, NLI, cf. Sources et sigles, p. 388.

Stefan Zweig avec Luigi Rusca, des Éditions Mondadori, pendant son voyage en Italie de 1937.

s'ils imaginaient un avenir commun (et sous quelle forme), serait pure spéculation, vu que ce sujet n'est abordé dans aucune lettre ni aucun autre document, ni alors ni plus tard. L'idée de poursuivre leur relation dans ces circonstances peut sembler surprenante, mais le style de vie général de Stefan Zweig offrait suffisamment d'occasions pour se fréquenter en toute liberté.

Le texte qui suit est l'un des nombreux écrits que les époux échangèrent, après la dernière visite de Friderike en Angleterre, avec le dessein d'élaborer une convention réglant les modalités de leur séparation. L'accord qui était visé tablait sur la vente prévue de la maison de Salzbourg, mais en même temps Stefan refusait de considérer l'appartement londonien comme un domicile commun, ce qui impliquait qu'il déniait à sa femme le droit à un domicile conjugal.

[79]   Stefan Zweig à Friderike Zweig [sans doute début 1937]

Nous sommes tombés d'accord ensemble aujourd'hui sur le fait que, comme je ne reconnais pas les «droits» que toi, tu déclares lésés, nous envisageons formellement un divorce à l'amiable, mais qui ne compromettra pas nos relations personnelles futures; et je suis disposé à assurer ta situation à tous égards et avec la plus grande largesse. En outre, et pour abréger cette période transitoire, pénible pour toi, je me déclare prêt à venir à Vienne <u>très bientôt</u>, voire tout de suite, pour convenir d'une solution officielle et de dispositions matérielles.

Je mets à ta disposition la maison du Kapuzinerberg avec tout ce qu'elle contient, en conservant comme m'appartenant la bibliothèque, la collection des catalogues et le bureau de Beethoven, sans toutefois les retirer, pour l'instant, de la maison.

Ainsi que toute ma fortune, en valeurs et argent comptant, domiciliée en Autriche : ceci, tout comme la maison, pouvant également, si tu le souhaites, faire l'objet d'un transfert à tes filles.

En outre, une rente en monnaie étrangère, d'un montant à déterminer, reposant sur un capital qui te sera alloué pour en disposer librement après mon décès, et qui peut également t'être accordé dès à présent d'une façon ou d'une autre. Je choisis cette disposition dans <u>ton</u> intérêt, parce qu'ainsi, même dans toutes sortes de contextes politiques, tu ne seras pas contrainte d'y renoncer. Bien entendu, ce capital t'est assuré d'une façon <u>absolue</u> et irrévocable, et je te demande d'ailleurs de me faire une entière confiance pour les questions matérielles. Je considère comme relevant de mon honneur d'assurer ta situation <u>avec la plus grande largesse</u>.

Les seules conditions que je pose, pour adopter cette solution cordiale et généreuse sur le plan matériel, à laquelle tu peux te *fier, c'est que tout cela se fasse <u>bientôt</u> et dans la paix et l'amitié, et si possible sans l'intervention de tierces personnes, et que ni toi ni tes enfants ne choisissiez pour domicile l'endroit précis où je séjourne en permanence, ce qui bien sûr n'exclut nullement l'éventualité de ta visite amicale, après concertation préalable. J'espère que ma franchise n'éveillera en toi aucune méfiance, et qu'une période de tension nerveuse réciproque pourra prendre fin, car moi aussi je suis à bout de nerfs.*

Dans les mois qui suivirent, le débat entre les époux ne fit que se compliquer. De nouveaux conflits enflammés et des désaccords surgis de part et d'autre rendirent les négociations beaucoup plus difficiles. Dès l'automne 1936, Friderike Zweig était partie s'installer à Vienne où elle logea avec ses filles pendant quelques mois chez une amie, et dans une pension, étant donné que selon les instructions de son mari, la maison du Kapuzinerberg devait rester fermée durant les mois d'hiver. Johann Thalhuber, qui était à leur service depuis longtemps, suivit Friderike dans la capitale, mais au bout de quelques semaines ils entrèrent en conflit et Johann fut congédié. Friderike, là-dessus, demanda même à Franz Schirl, le policier qui sous-louait une partie de la maison de Salzbourg, de reprendre toutes les clefs de la maison à Johann Thalhuber. Pour restaurer son honneur et s'inquiétant d'être payé de ce qu'on lui devait encore, Thalhuber adressa une lettre à Stefan Zweig.

[80]   Johann Thalhuber à Stefan Zweig [sans doute mars 1937]

Cher Herr Dr,

Aujourd'hui seulement je vous remmercie [sic] *beaucoup pour les certificats et pour toute la bonté que j'ai reçue de vous, Herr Dokter* [sic]*, pendant un si long temps. Je suis bien désolé que les choses ont tourné ainsi. Même si on me fait passer pour un menteur et si j'ai les pires reproches à supporter sur ce qui n'existe pas du tout, je ne peux rien dire d'autre que ce que Mme Meingast a raconté elle aussi. Madame a même envoyé une lettre par express à M[onsieur] Schirl, qui me l'a lue, où elle veut qu'il me fasse quitter immédiatement la maison et qu'il m'enlève aussi les clefs, disant que je n'ai plus rien à faire là-haut et qu'il faut me congédier tout de suite, et d'ailleurs Madame savait qu'elle peut me nuire en faisant ça, parce que j'aurais volontiers continué le service, vu que je n'aurais plus eu qu'une année. En réalité c'est inutile d'écrire davantage là-dessus parce que Madame conteste tout ce que je dis et que ça me fait apparaître sous un bien mauvais jour.*

Je suis maintenant à Engelhartszell chez des connaissances, où j'attends de voir pour la suite. J'avais seulement espéré que je toucherais au moins de Madame l'argent qui me revient pour mes congés de quatorze jours depuis le mois de mon entrée en mai 36 jusqu'en mars 37.

Encore bien des mercis pour tout

Votre très dévoué Johann Thallhuber

Engelhartszell an der Donau
p[er] a[dresse] Mittlböck

Stefan Zweig considéra le licenciement de son domestique comme une tentative de sa femme pour le couper de l'un des derniers contacts auxquels il tenait à Salzbourg. En outre, il apparut alors que pendant les dernières années, d'immenses dettes fiscales s'étaient accumulées sur le compte de Zweig en Autriche, étant donné que, même si en 1934 il avait déclaré qu'il n'y résidait plus, l'administration le considérait encore officiellement comme le chef d'une famille qui continuait à vivre à Salzbourg, de sorte que ses revenus étaient assujettis à l'impôt non seulement en Angleterre, mais aussi en Autriche.

Comme il l'avait déjà annoncé auparavant, Zweig écrivait désormais toutes les lettres importantes pour ses négociations avec Friderike en version dactylographiée, pour en conserver lui-même une copie. Cela signifiait du même coup qu'il en dictait le texte à Lotte Altmann, vu que lui-même n'utilisait jamais la machine à écrire. Même si sa secrétaire était de toute façon informée de vive voix sur l'état actuel de leurs débats, Friderike Zweig considérait ce procédé de son mari comme une notable rupture de confiance. Dans la lettre détaillée qu'elle lui écrivit ensuite, dactylographiée elle aussi cette fois par Friderike, et qu'elle fit remettre à Londres à son mari par leur ami commun Victor Fleischer, Stefan Zweig fixa dans la marge ses commentaires furibonds, non sans souligner de plusieurs traits certains passages.

Friderike Zweig à Stefan Zweig, de Salzbourg, le 21 mars 1937 [traits ondulés = soulignages de Stefan Zweig]

Salzbourg, le 21 mars 37

Cher Stefan,
Je saisis l'occasion de t'envoyer par l'intermédiaire de Victor une lettre fermée, car je préfère ne pas confier celle-ci à la poste – il y a des gens qui affirment qu'il y a quelquefois de la censure, et cela me bloque pour une importante explication qui est maintenant inévitable, même si j'ai tant essayé de l'éviter.
Mme Meingast me demande de te confirmer la réception d'une lettre recommandée. Elle me l'a malheureusement fait suivre au Semmering, d'où elle a été retournée à Salzbourg, et elle m'est arrivée hier soir, avec une seconde lettre. Si je l'avais reçue en temps utile, je n'aurais pas été aussi désespérée et sidérée par la lettre que tu as dictée, dont je n'arrive décidément pas à me consoler. Que devant ta «confidente», qui joue un si triste rôle dans ma vie, tu m'aies fait passer pour une malhonnête qui veut te priver de tes biens, je ne pourrai jamais m'en remettre. Cela montre jusqu'où tu en es arrivé et à quelles influences tu es soumis. [Remarque de Stefan Zweig dans la marge : «*Je t'avais envoyé alors une copie de la lettre – c'était celle où je réclamais la vente de la maison.*»] *J'ai honte pour toi, et vis-à-vis de tous ceux qui t'estiment et qui t'aiment, ce qui t'impose de grandes obligations, vu le respect dû à ces personnes éminentes. Tous les trésors de la terre ne sauraient justifier une telle métamorphose.*
Je t'ai prié de m'envoyer ta réponse à Vienne, et j'ai attendu en vain, de lundi à jeudi, après avoir passé pendant plusieurs jours des heures à chercher un appartement, et j'avais finalement cru

trouver quelque chose qui m'agréait. <u>Un télégramme m'assurant</u>
<u>le financement – non limité dans le temps – d'un domicile (ce</u>
<u>que je t'avais demandé, suite à ta menace</u>) aurait été le mieux
pour renforcer les raisons d'en finir rapidement ici (raisons que
je n'ai apprises qu'à la dernière minute par un coup de téléphone
d'Alfred). [Remarque de Stefan Zweig dans la marge : « *C'est par*
télégramme que je suis censé contracter une obligation. »] *Mais de*
cette façon, tout redevient incertain pour toi aussi, car il ne dépend
absolument pas de toi – même si tu es prêt à la brader – de trouver
ou non un acquéreur. Des personnes venues exprès de Vienne, il y
a quelques jours, ne sont même pas entrées dans le jardin, Josefine
et Schirl m'ont dit qu'une foule de gens sont venus visiter. Il est
donc parfaitement clair qu'en me reprochant de saboter la vente,
tu cherches quelque chose de précis, peut-être un prétendu droit
de brader la maison ou même d'en faire cadeau et de me mettre
dehors, de même qu'<u>en m'incriminant faussement</u> tu veux me
tenir éloignée de Londres, comme tu le dis joliment. [Remarque
de Stefan Zweig dans la marge : « *Information prise sur mon*
bureau. »] *Les voies que tu choisis ne sont ni droites ni cohérentes*
par rapport à tes objectifs et à tes sentiments. Mais rien que pour
cela, j'entends éviter toute erreur, ainsi que tout ce qui me mettrait
dans mon tort, devant Dieu et les hommes.

Ton accusation, selon laquelle Lix [Alix] et moi sommes res-
ponsables de la très regrettable décision fisc[ale]. – c'est tellement
injuste que même un enfant le verrait, et tout ce qui pourrait d'au-
cune façon la justifier est tiré par les cheveux –, <u>je la récuse</u>. La
cause, c'est que tu as commencé par déclarer ton domicile ailleurs,
alors que tu n'avais pas mis tes affaires en ordre, comme tout bon
citoyen et père de famille l'aurait fait. À l'époque, Alfred t'avait
même envoyé, de lui-même, un télégramme pour l'empêcher, trop

tard hélas. Tu savais aussi ce que je pensais de cette précipitation, mais ce fut inutile. En outre, tu as __toi-même__ écrit que c'était pour des études que tu partais. Les études ne sont pas sans fin, et dire que tu devais gérer les affaires de la maison d'édition américaine aurait été un bien meilleur motif. Je n'ai jamais compris pourquoi tu ne l'as pas fait. L'erreur suivante fut de me déclarer comme chef de famille et d'empêcher que je m'en dédise, comme j'ai eu plusieurs fois l'intention de le faire en temps utiles, avec la perspective d'élire un domicile commun à Londres. [Remarque de Stefan Zweig dans la marge : « *!! __Moi__, je n'ai jamais rien empêché.* »] *Dans cette lettre qui devait représenter une sorte de contrat, tu formulais en conclusion l'exigence que cela ne puisse pas se faire sans ton approbation. J'admets que je n'ai pas voulu __aussitôt__ mettre le contenu de la maison dans un* garde-meubles[1]*, simplement à cause d'une fausse manœuvre stupide, même si je comprenais parfaitement qu'une personne comme toi en ait été extrêmement contrariée. Je pouvais, et j'aurais pu, changer mon fusil d'épaule, et déclarer que si précisément tu subvenais aux besoins de la famille, comme tu le disais si souvent, tu aurais dû en tenir compte et savoir qu'on ne s'en va pas en courant, comme tu l'as fait alors. La remarque de l'ancien avocat me donne entièrement raison sur ce point, le problème qui a surgi maintenant ne prouve que trop les erreurs commises, et d'une manière fort regrettable, mais les choses n'en seraient jamais arrivées là si tu étais toi-même intervenu ou si tu m'avais laissée intervenir pour empêcher qu'on prenne mal ta décision. Comme on n'est pas content de perdre les revenus de la troisième fortune du Land, on est prêt à se battre avec des arguments fallacieux, et il est*

---

1. En français dans le texte (NdT).

vraiment naïf de nous en rendre responsables, Lix et moi, alors que c'est toi qui me renvoyais ici, chaque fois que ma présence à Londres ne te convenait pas. D'un autre côté, tu nous fais aussi le reproche d'être <u>trop peu</u> ici pour assurer l'entretien de la maison, ce qui nous aurait été impossible l'an dernier, puisque, selon tes instructions, elle a été fermée d'octobre à mai. On signale notre présence intermittente ici, mais toi, pour justifier que c'est encore ton domicile, tu devrais davantage t'appuyer sur l'argument que tu as encore officiellement ton secrétariat ici et que la plaque à ton nom est encore à la porte. Il n'est pas si simple de <u>nous</u> mettre tout cela sur le dos, d'autant que c'est seulement dans <u>les premiers</u> mois que <u>je</u> n'ai <u>pas</u> voulu la rupture.

Je suis vraiment fatiguée de me voir sans cesse lancer des injustices à la figure, tu cherches à apaiser ta conscience, parce que tu me fais souffrir, et tu crois pouvoir le faire plus facilement en me rendant coupable. Tu t'égares toi-même dans des idées fixes et dans de mauvais sentiments, indignes de toi. Comme je ne partage pas la joie de tes bons moments, je refuse d'être la victime de tes moments de méchanceté, qui est si grande qu'à chaque fois ils m'arrachent à la paix que j'ai conquise avec toute mon énergie intérieure. Quant à ta pitié, je dois dire qu'elle m'offense, car il n'y a, et il n'y a jamais eu personne au monde qui m'ait causé autant de peine et de chagrin que toi, depuis déjà longtemps. Il est urgent de commencer au moins à réparer un peu cela, pour que le bon Dieu ne t'en punisse pas encore plus fort. Je ne veux pas que tu sois puni à cause de moi, surtout que tu as tellement plus de mal que moi à supporter les injustices, que je suis, moi, toujours capable de pardonner. Mais moi aussi je ne suis qu'un être humain, et il est dangereux de pousser les êtres jusqu'au point où tout peut leur devenir tellement indifférent que des catastrophes arrivent, alors qu'une dose infime

de bonne volonté aurait suffi à les éviter. C'est ce que je te demande
maintenant pour la dernière fois. Il faut faire taire les reproches et
les injustices. Et il faut aussi que je te dise une chose. Si tu as entre-
tenu mes enfants et qu'aujourd'hui encore, l'essentiel, ou la plus
grande partie de leurs dépenses [Remarque de Stefan Zweig dans
la marge : «*toutes, moins les 100 schillings qu'Alix a touchés pen-*
dant six mois»] *soit payé sur la somme qui m'est allouée, c'était*
le fait de ta volonté, bonne et très généreuse, notamment vis-à-vis
de Félix, dont je détenais un engagement devant notaire, et qu'il
aurait dû remplir depuis plusieurs années, à partir du moment où
il était en état de le faire, ce qui était depuis longtemps le cas. C'est
toi qui t'es engagé à les entretenir, par écrit, comme on l'a toujours
rappelé de leur côté – et même dans une lettre, comme ils l'ont
eux-mêmes dit, ce qui a fait obstacle à l'entretien et à l'obligation
naturels de leur père. [Remarque de Stefan Zweig dans la marge :
«*Faux, on n'a pas à entretenir des enfants de 31 ans quand on est*
un homme de presque 60 ans.»] *À chaque fois que tu mention-*
nais cette «charge», dans les moments où tu étais mécontent des
enfants [Remarque de Stefan Zweig dans la marge : «*à cause de*
leur insolence»], *je te rappelais que l'on pouvait faire appel à leur*
père, et tu ne voulais pas en entendre parler. Comme cela aurait été
préférable! Certes, c'était beau de ta part, et j'ai essayé de mon côté
de me modérer et de t'aider autant que possible à gérer ta fortune
et à conserver tes biens – et finalement il y a eu aussi des périodes
idéales, où cela t'a apporté des satisfactions de faire du bien à des
enfants, pour compenser. Mais cela n'est une bonne chose que
s'il n'en résulte pas qu'on prenne les choses deux fois plus mal,
ni – même si l'heureuse éventualité d'un bon mariage est souhai-
table –, que l'on considère comme criminel le fait que des personnes
vivantes ne se perçoivent pas comme des marchandises dont on

veut assurer l'entretien, mais qu'elles espèrent trouver seules leur part de bonheur – même sans entretien garanti. C'est triste de dire une chose pareille à un être tel que toi. Manifestement, ton cœur ne sait rien de ce que fait ta colère.

Encore une fois, je te demande de ne pas rompre tous les ponts, et pas non plus concernant Londres, où ta sphère n'est pas menacée, à moins que tu ne présentes les choses là-bas autrement qu'elles ne sont, et que je puisse m'y opposer sans le savoir, comme ce fut le cas une fois avec Leftwich, qui croyait que c'était moi qui refusais de vivre à Londres. Je ne suis responsable d'aucune absence de lettre. Avec Roth, je n'ai rien dit que de gentil à propos de toi, il peut le confirmer ; avec Félix, cet automne, je n'ai parlé que d'idées générales qu'il avait mises sur le tapis et auxquelles je me suis opposée pour ma part avec force, et même à présent je n'ai pas encore répondu à sa lettre. Si certaines choses ne plaident pas en ta faveur, tu n'as qu'à t'en prendre à toi. Ainsi je ne sais pas pourquoi une amie de Lavinia a écrit à quelqu'un, dans une lettre, au sujet de ton séjour à Milan, qu'«il y aurait beaucoup à dire là-dessus». Un homme célèbre attire encore plus les critiques que les gens ordinaires qui sortent de la voie toute tracée, et moi aussi je n'arrive pas à me calmer à cet égard, c'est pourquoi il serait doublement souhaitable que je vienne à Londres, même pour peu de temps, et même si tu n'y étais pas pendant une partie du temps – sans que nécessairement les gens le sachent ~~et que ta «confidente» en parle~~. Si humiliant que tout cela soit pour moi, je suis disposée de mon côté à tout faire, aussi longtemps que possible, pour ne pas rompre les ponts. Je t'ai donc écrit sur un ton amical, prête à bien accueillir tout ce que tu souhaites, pourtant rien n'est venu de ta part, absolument rien. <u>Mais je continue à l'attendre</u>. Je dois aussi te prier de ne pas me reprocher à nouveau *de m'être réinstallée ici complètement. Je suis là maintenant pour m'occuper de la vente, mais je te signale en toute franchise que malgré l'affaire des imp[ôts]. je ne m'activerai pas quant à moi pour brader la maison.* [Remarque de Stefan Zweig dans la marge : «*sabotage depuis 3 ans*».] *Si tu veux le faire, tu devras t'en occuper seul, et me déloger effectivement. Si tu te contentes de 25 000 Sch[illings]. assortis d'une hypothèque (es-tu certain de pouvoir encore l'obtenir aujourd'hui ?), c'est une injustice de ne pas me laisser la maison à moi. La plupart des gens croient que tu m'en as fait don. Je trouverais facilement l'argent et dès cet été je ferais lever la plus grande partie des hypothèques. Mais ne la laisse pas partir à moins de 80 000, ou très peu en dessous. Je ferai tout mon possible pour y arriver. Je suis indignée que tu prennes un avocat ici derrière mon dos, sans m'avoir mise au courant d'une affaire qui me concerne aussi, tout de même, et je suis également surprise que ce soit Mme Meingast qui t'ait transmis les men-songes de Johann, que son respect pour toi retenait de t'écrire, et qu'elle ne m'ait pas demandé auparavant de quoi il retournait et se justifie en disant que tu l'as exigé de sa part. Elle se considère donc comme une sorte de comité de surveillance, qui n'est pas à quelques mensonges près.* [Remarque de Stefan Zweig dans la marge : «*Selon Johann, on cherche à dégoûter et à pousser dehors Mme Meingast, parce qu'elle m'est restée loyale.*»] *Elle a déjà honte à présent d'avoir ainsi empêché le retour de Johann.*

Cette longue mise au point de ma part était indispensable, et si tu ne peux pas faire un pas dans ma direction, tu devras accepter les conséquences qui en résulteront. J'ai sans cesse été celle qui t'a proposé des compromis. Si nous n'arrivons pas tout seuls à nous entendre, il faudra emprunter d'autres voies. Je ne redoute pas ta menace de me priver de mes droits. Si tu devais t'attaquer à la

légitimité, à la validité de notre mariage et te comporter en consé-
quence, c'en serait fait à jamais de ton honneur et tu perdrais
tes lecteurs dans le monde entier, tant tu te couvrirais de honte,
et avec toi le respectable nom de ton père. Si nous n'essayons
pas de rester bons amis, les malheurs s'enchaîneront. Dieu, ou
le destin, si tu préfères, nous a réunis, cela tient plus solidement
que tu crois, même si le diable, sous une forme ou sous une autre,
cherche à nous séparer. Et avant tout, mon amitié et mon désir
que nous restions amis demeurent aussi solides que peut s'y effor-
cer et le désirer un être humain.*

*Ne me réponds pas tout de suite. Cela peut aussi attendre
quinze jours. C'est une réponse importante.*

Je te salue vivement,

encore tienne
et pleine d'une indéfectible
cordialité envers toi
Fr.

À la mi-avril arriva au Kapuzinerberg l'offre d'acquisition
de la maison, attendue depuis longtemps par Stefan Zweig. La
famille Gollhofer, des commerçants salzbourgeois, en offrait
63 000 schillings, payables en deux échéances de 40 000 et
de 23 000 schillings, la première fraction versée aussitôt, la
seconde deux années plus tard. On dressa le contrat. Friderike
loua alors pour elle et ses filles une villa à Nonntal, un quartier
de Salzbourg. Étant donné que Stefan Zweig n'avait aucune
possibilité de récuser sa dette fiscale et qu'il se trouvait devoir
alors, pour la maison et le terrain du Kapuzinerberg, la somme

de 47 206,91 schillings, la première échéance reçue pour la vente de la maison, augmentée de plus de 7 000 schillings, fut en quelque sorte directement reversée au Trésor public.

Le 4 mai 1937, Zweig prit l'avion de Londres pour Bâle, d'où il continua en train vers Salzbourg afin de débarrasser définitivement sa maison. Les Schirl qui y habitaient comme locataires étaient aussi atterrés par cette décision qu'Anna Meingast, la secrétaire. Comme lors de ses deux derniers séjours dans la ville, Zweig dormit cette fois aussi à l'hôtel. Après seulement deux jours pendant lesquels il détruisit de nombreux papiers et d'anciennes correspondances, quasiment sans s'intéresser à Joseph Roth qui se trouvait lui aussi à Salzbourg, Stefan Zweig poursuivit son voyage vers Vienne. Il y fit alors un rapport d'étape à Lotte Altmann, en lui demandant de bien vouloir informer Desmond Flower, son éditeur anglais, de Cassell & Co, qu'avant l'impression il voulait faire encore une fois vérifier, pour certaines nuances précises, la traduction de la légende du *Chandelier enterré*, remise peu avant par Eden et Cedar Paul.

[82]   Stefan Zweig à Lotte Altmann, de Vienne [sans doute le 7 mai 1937], papier à lettres de l'Hôtel Regina, Vienne

Chère Mademoiselle Altmann,
C'est une rude période. Les conflits à S[alzbourg]. ont été très acharnés, mais bien que toutes sortes de contrariétés soient encore à redouter, j'ai tout de même progressé très nettement, dans la mesure où la maison n'existe plus. Quel travail ce fut, depuis, de trier, et le soir, Roth affreusement saoul, les sanglots de ces bons monsieur et

madame Schirl et de madame Meingast, et ici les affaires avec l'avo-cat, le conflit prévisible avec Reichner, et j'en passe. Il est possible que je doive même rester jusqu'à la Pentecôte, si les choses conti-nuent comme ça, bien que j'aie déjà un violent désir de retrouver Londres et mon travail. Mais je dois tenter d'obtenir que sur <u>tous</u> les plans les interminables échanges de lettres avec Vienne et Salzbourg soient limités par des accords à l'amiable. Du reste, je ne peux pas beaucoup écrire, ni non plus ces jours prochains – je vous prie de demander à Flower s'il ne faudrait pas privilégier une <u>relecture</u> par quelqu'un d'autre, qui ait un peu de sensibilité <u>poétique</u>. Prenez du bon temps, moi je serais content si j'étais rentré à la maison, assis à ma table et dormant dans mon lit, à Hallam Street. Bien des saluta-tions à vous et aux vôtres
St. Z.

Le vol ne fut cette fois que modérément agréable, mais je n'ai quand même pas eu besoin du petit sac en papier.

Le lendemain, Stefan Zweig s'échappa du centre de la ville et alla passer quelques heures sur le Kahlenberg tout proche, pour prendre du recul par rapport aux tractations en cours. Son ami Emil Fuchs, le conseiller éditorial que Lotte Altmann connais-sait depuis leur séjour commun à Ostende, l'emmena dans son automobile, de la marque Steyr, que Zweig l'avait manifeste-ment aidé à financer, en en acquérant ainsi une «part».

[83]   Stefan Zweig à Lotte Altmann, de Vienne
       [le 8 ?] mai 1937 (cachet de la poste peu lisible),
       carte postale avec photo du Kahlenberg et
       du panorama depuis le nouveau restaurant avec
       terrasse dominant Vienne et le Danube, adressée
       à Londres, Woodstock Road

*Merci pour votre longue lettre, je ne suis pas en état de réfléchir
maintenant à l'affaire des Paul, étant déjà tout à fait K.O. après
deux rounds (les deux jours).* Tout a été <u>encore</u> plus désagréable
*que je ne pensais – première pause seulement maintenant, avec
Fuchs, montés ici dans cette automobile Steyr dont une partie est
censée m'appartenir, le marchepied, je crois. Bien des salutations,
votre*
St. Z.

[Ajout d'Emil Fuchs :]
*Cordiales salutations de moi aussi ! Je vous écrirai bientôt
encore une fois en anglais. Votre bien dévoué EFuchs*

Quelques jours plus tard, la situation ne s'était toujours pas
détendue et il était évident que le séjour devrait se prolonger
au-delà de la Pentecôte. Outre des problèmes familiaux et des
questions financières que Zweig avait à discuter avec son frère
Alfred, il lui fallait clarifier plusieurs points litigieux avec son
éditeur – « ce répugnant Reichner ». Toutes les conventions
écrites, notamment avec son épouse Friderike, étaient désormais discutées par l'intermédiaire de leurs avocats, ce qui aug-
menta considérablement la durée des négociations.

Bien que disposant de peu de temps, Stefan Zweig eut quelques rendez-vous plaisants, comme la soirée où il fut invité pour fêter les 60 ans de son confrère l'écrivain Emil Lucka. Quant au bureau de Ludwig van Beethoven, qu'il possédait depuis 1929 et qu'il avait déjà fait transporter de Salzbourg à Vienne quelque temps auparavant, il alla le chercher, puisqu'il avait à présent l'intention de l'expédier à Londres. Et tandis qu'il se faisait lui-même véhiculer par Emil Fuchs dans sa Steyr désormais dûment assurée, il avertissait Lotte Atmann de ne pas renverser l'un de ces poteaux clignotants que l'on venait tout juste d'installer à Londres sur les passages piétons et qu'on appelait «Belisha beacons» d'après le ministre des Transports Leslie Hore-Belisha.

[84]   Stefan Zweig à Lotte Altmann, de Vienne,
        le 11 mai 1937 (cachet de la poste), enveloppe adressée
        à Londres, Woodstock Road

Chère Mademoiselle Altmann,
Plaignez-moi[1], *je ne vais pas pouvoir de sitôt me dégager d'ici,
en tout cas je vais devoir rester pour la Pentecôte et je ne pourrai
guère être à Londres avant mercredi ou jeudi soir, ce sera même
peut-être vendredi. Les discussions familiales (pas celles avec
mon frère) sont épuisantes, ainsi que les autres histoires ; tout est
encore plus compliqué que je ne pensais. Je n'ai jamais eu autant
affaire à des avocats, de toute ma vie. Cet après-midi, après être
allé chercher le bureau de Beethoven dans la matinée, être passé*

---

1. En français dans le texte, comme aussi plus loin (NdT).

chez l'avocat, puis chez mon frère, et avoir déjeuné chez ma mère,
c'était une entrevue (la première) avec le répugnant Reichner.
Vendredi ma femme arrive, et diverses choses devront être fixées,
c'est fou comme elle rend tout difficile. Et aujourd'hui je dois aller
au repas d'anniversaire pour les 60 ans de mon vieil ami Lucka,
où je vais voir des tas de gens qui ensuite ne me lâcheront pas;
comme tout va de travers, il y a aussi Roth qui est là, Mazzucchetti
arrive demain, son Jollos a une première. Plaignez-moi, et réglez
tout pour moi, s'il vous plaît, pour que j'aie au moins cette cer-
titude, et ne renversez aucun poteau Belisha – vous, au moins,
gardez votre tête, la mienne part en petits morceaux. Cordial'. S

L'assurance Steyr déjà réglée.
Si je ne modifie rien par télégramme je resterai ici jusqu'à
lundi soir : le courrier donc par avion express, ne me parviendra
pas, sinon.

Le jour du couronnement de George VI, roi d'Angleterre,
vu l'impossibilité de joindre alors quiconque par téléphone
à Londres, Stefan Zweig écrivit à Lotte Altmann la lettre qui
suit. À Vienne, il était désormais entouré d'amis et de relations.
Outre les gens du cru, s'y étaient aussi retrouvés, comme prévu,
Joseph Roth et Lavinia Mazzucchetti venue avec son compagnon Waldemar Jollos pour assister à la première de sa pièce
Die Vergeltung [«La Revanche»]. Quant à «Salzbourg», comme
Zweig désignait maintenant sa femme à Lotte, elle n'était pas
encore à Vienne, occupée à préciser ses positions sur la convention de séparation qui devait être incessamment conclue.

Stefan Zweig avec Waldemar Jollos, auteur dramatique et traducteur.

[85]   Stefan Zweig à Lotte Altmann, de Vienne [le 12 mai 1937]
papier à lettres de l'Hôtel Regina, Vienne

Chère Mademoiselle Altmann,
Merci pour votre lettre à Fuchs. J'ai à peine le temps d'écrire,
j'ai aussi renoncé à téléphoner parce que toutes les lignes sont
occupées, pour cause de Coronation. *Je ne sais pas encore quand*
je repars, je vous enverrai un télégramme. La situation est très
tendue. Salzbourg voulait venir ici pour régler les différends
encore pendants. Mais je suppose que ce n'est pas l'intention
véritable et qu'il s'agit seulement d'obtenir des propositions
de ma part, pour ensuite, une fois que je les aurai précisées, les
refuser – c'est ainsi pour tout ce que j'écris ou communique par
téléphone en présence de l'avocat, et comme Salzbourg le voit
bien, elle va probablement renoncer à se déplacer jusqu'ici. Je ne
sais donc pas si j'arriverai à repartir avant la Pentecôte, je vous
enverrai un télégramme ou je téléphonerai en temps utile. Rudes
affrontements avec Reichner, mais qui (par avocat interposé,
là aussi) devraient aboutir, et il y a aussi Mazzucchetti, Roth
et Jollos qui sont là, c'est un vrai tourbillon. Plein de bonnes
choses, de votre
St. Z.

Le 14 mai, vendredi précédant la Pentecôte, il fut décidément clair que Zweig ne repartirait pour Londres qu'après les
jours fériés. Le lendemain, Friderike et lui se rendirent enfin
chez le notaire avec leurs avocats, pour signer une convention selon laquelle Friderike recevrait pour son entretien
une somme considérable, tandis qu'on se mettait d'accord

à l'amiable sur une séparation des époux. Pour l'avenir et après entente préalable, des visites mutuelles restaient encore possibles.

[86]   Stefan Zweig à Lotte Altmann, de Vienne,
       le 14 mai 1937 (cachet de la poste), papier à lettres
       et enveloppe de l'Hôtel Regina, Vienne, enveloppe
       adressée à Londres, Woodstock Road

Chère Mademoiselle Altmann,

Je ne peux toujours pas dire exactement quand j'arriverai, sans doute mardi ou mercredi, mais il est possible aussi que ce soit, pour finir, vendredi ou samedi. Je n'ai pas grande envie et suis incapable de vous raconter toutes les tracasseries qu'il faut surmonter ici, je voudrais bien avoir tout cela déjà derrière moi. Je n'ai ici ni théâtre ni divertissement, et mon seul ardent désir est de me remettre en forme en Angleterre et de reprendre mon travail. Et pourtant Vienne est si belle maintenant, au printemps, un enchantement.

Très cordialement
S. Z.

Stefan Zweig partit d'Autriche le 18 mai vers la Suisse, d'où il s'envola le même jour pour rentrer à Londres. Il n'est guère possible de reconstituer ce qui se passa entre la signature de l'acte notarié, le 15 mai, et sa sortie du territoire. Il est certain cependant que deux jours après la signature du document en présence des avocats et d'un notaire, il y eut une tentative pour le rendre nul et non avenu. Mais cette demande manifestement faite sur les instances de Friderike Zweig ne put aboutir, car la convention était déjà officiellement enregistrée. Dans les semaines qui suivirent, les avocats et leurs mandants examinèrent toutes les démarches théoriquement possibles pour empêcher les contestations. Mais de toute façon, la séparation sans divorce était désormais entérinée et serait légalement valide après le délai de quelques semaines fixé par la loi.

Avant que Stefan Zweig ne reparte une nouvelle fois pour Vienne, trois mois plus tard, il commença par poursuivre son travail à Londres. Emil Fuchs vint passer quelque temps en Angleterre pour l'assister dans ses projets de nouveaux livres. L'activité de son secrétariat battait son plein, et les fonctions de Lotte Altmann allaient désormais bien au-delà des simples travaux d'écriture : elle faisait à présent aussi des recherches pour le compte de Zweig dans la bibliothèque du British Museum.

Le 23 juin, Zweig donna à la BBC l'une des premières interviews jamais diffusées à la télévision. Il raconta combien Londres favorisait son travail d'écrivain, et qu'il avait actuellement un roman en chantier. Le texte de cet entretien assez anodin avec l'animateur Leslie Mitchell avait été rédigé et mis en voix auparavant. L'idée vint alors aux responsables de faire à l'avenir fréquemment intervenir Zweig devant le micro ou la caméra, vu son prestige moral auprès des exilés, mais ce projet ne fut jamais réalisé.

À la mi-juillet, Zweig entama un voyage de plusieurs semaines sur le continent. Il prit d'abord l'avion pour Prague, avec Lotte Altmann et sa mère Therese, et se rendit ensuite avec elles à

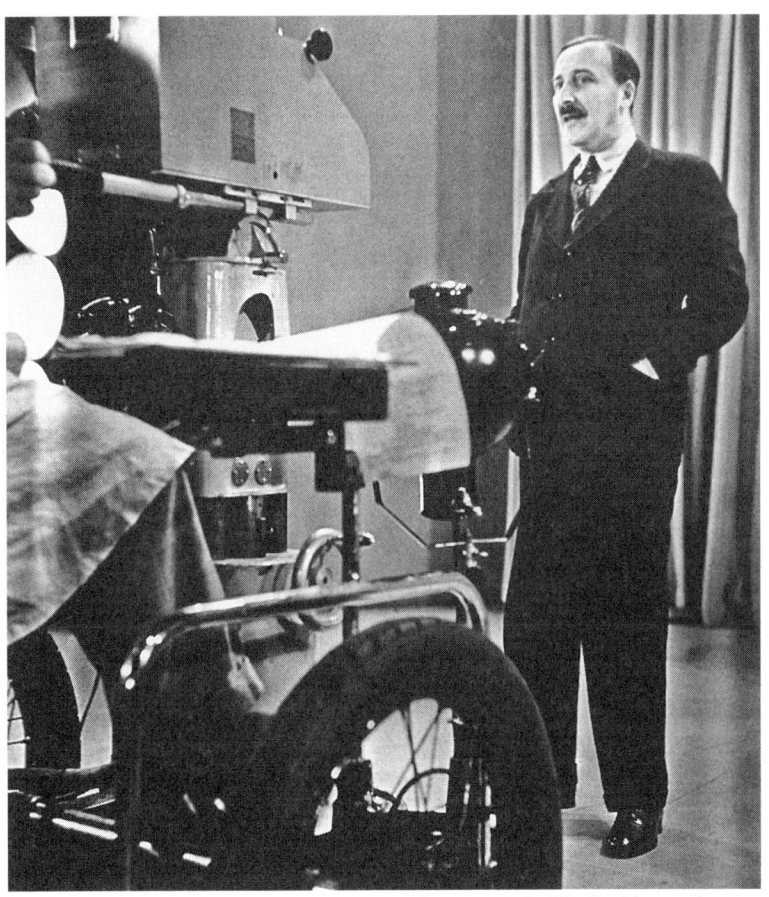

Stefan Zweig pendant son interview télévisée, à la BBC, Alexandra Palace.

Marienbad. Comme les années précédentes, il voulait faire une cure tout en poursuivant son travail sur ses manuscrits. En plus de son roman *Impatience du cœur*, il s'occupa à corriger le recueil de ses articles, *Begegnungen mit Menschen, Büchern,*

Städten [«Rencontres avec des personnes, des livres, des villes[1]»], et travailla à son livre sur Magellan.

Les questions familiales étaient bien loin d'être résolues. Zweig restait régulièrement en contact avec Friderike, ce qui voulait dire que souvent on s'écrivait de part et d'autre plusieurs lettres par semaine. Mais depuis Marienbad, Zweig adressa aussi une lettre à Alix, la fille de Friderike, qui continuait à vivre dans la maison de sa mère. Dans cette missive circonstanciée, il lui exposait sa vision des années précédentes et de la situation actuelle après la signature de l'acte notarié.

[87]   Stefan Zweig à Alix von Winternitz [de Marienbad, le 29 juillet 1937]

Ch[ère]. A[lix].,

Je te remercie de ta lettre et je saisis cette occasion pour t'écrire un peu plus longuement. J'aurais préféré m'expliquer de vive voix sur tout cela, mais il s'est avéré qu'à chaque fois que je venais à Salzbourg, ces dernières années, tu n'étais jamais disponible ce jour-là.

Je voudrais revenir un peu sur le passé. Vous savez pertinemment que les neuf dixièmes de tous les conflits que j'ai eus avec votre mère reposaient sur nos conceptions divergentes de ce qu'est une vie familiale normale. Vous avez considéré depuis des années que vous étiez totalement indépendantes dans vos

---

1. Voir Stefan Zweig, *Écrits littéraires, d'Homère à Tolstoï, Inédits (1902-1933).* Avant-propos, traduction de l'allemand et annotations de Brigitte Cain-Hérudent, Albin Michel, Paris, 2021, p. 16.

faits et gestes, et que moi – tout en étant celui qui entretenait toute la famille – je n'avais aucun droit d'en être informé ni d'exprimer aucun désir. Je défendais pour ma part l'idée que seul est indépendant un adulte qui subvient de façon indépendante à ses besoins. Vous avez habité au Kapuzinerberg comme dans un hôtel où l'on dort, où l'on mange, prend des bains, téléphone et se fait servir sans se sentir la moindre obligation en retour ; dans mon optique, une vie de famille sous le même toit n'est possible que si on a des égards les uns pour les autres, et si, avant de prendre des décisions importantes, on intercale la petite question «tu es d'accord ?» ou «tu n'es pas contre ?». Votre manière de vivre à côté de nous, dans un milieu social tout à fait différent, est inévitablement devenue, dans la maison et à l'extérieur, une manière de vivre contre nous – vos amis ne voulaient fréquenter ni nous ni ma maison, et nous n'avions pas davantage envie de les fréquenter. Cette situation parfaitement atypique a mis votre mère dans une position affreuse. D'un côté, elle avait la force de vous tancer vigoureusement en vous disant qu'une telle «indépendance» n'est pas possible, tant qu'on est dépendant de moi sur le plan matériel, et de l'autre côté, vis-à-vis de moi (et sans y adhérer en son for intérieur) elle défendait toujours votre attitude et passait sous silence ses conséquences les plus pénibles. Je vous ai expliqué à plusieurs reprises, ces dernières années, par écrit et de vive voix, qu'une telle forme de vie familiale (dont vous ne trouverez aucun exemple, même en cherchant beaucoup) n'est pas possible, et pour finir je n'ai pu qu'en tirer les conséquences qui, pour votre généreuse mère et pour moi, sont des plus douloureuses.

Mais laissons le passé. Vous savez vous-mêmes aujourd'hui (et votre mère le sait aussi) que vous auriez mieux fait de tenir

223

plutôt compte de nos critères, concernant vos fréquentations, vos études, vos choix professionnels, et je crois sincèrement que dans vos heures de lucidité vous ne devez pas vous sentir très bien en voyant comment et avec quelle sorte de gens vous avez gaspillé, sans but, vos meilleures années, les plus décisives. Vous êtes arrivées à un âge où vos contemporains sont mariés depuis <u>dix</u> ans ou subviennent à leurs propres besoins, certains même (Richard Adelt ect. ect.) ont une famille. Je vais maintenant m'exprimer très nettement (à présent, je peux être beaucoup plus franc) – je pense que quand, à votre âge, on se laisse encore entretenir pour l'essentiel par quelqu'un, fût-ce sa propre mère, on ne peut décemment le ressentir que [comme] impliquant une <u>obligation</u>. Votre mère, dans la mesure où l'on peut prévoir quoi que ce soit en ces temps difficiles, sera toujours à l'abri du besoin, grâce à moi. Mais je dois vous avertir, et j'y insiste, que ce qu'elle vous alloue désormais, elle le prend sur ses ressources propres, que si elle économise ou se limite, elle le fait pour vous, et que vous êtes donc <u>tenues</u> de lui en être reconnaissantes et de ne pas prendre face à elle l'attitude absurde que vous avez adoptée envers moi : qu'elle n'aurait rien à vous dire et n'aurait pas à être consultée. Vous avez moralement <u>l'obligation</u> de tout faire pour lui prouver combien vous [lui] en savez gré. Votre dette envers elle n'est pas seulement <u>matérielle</u>, mais aussi <u>morale</u>, car je ne trahis pas un secret en vous disant que si elle se donne l'apparence d'être fière de vous, elle souffre intérieurement <u>beaucoup</u>, étant déçue que vous n'ayez pas fait un bon mariage ou que vous n'ayez pas accédé à une belle situation sociale qui lui ferait honneur. Elle se tourmente terriblement en se demandant ce que vous deviendrez plus tard, puisque vous atteignez peu à peu l'âge où l'on ne se fait pas une situation, mais où l'on doit l'avoir déjà conquise. Je

te demande donc très cordialement de te rendre compte <u>à quel</u>
<u>point</u> votre façon de vivre encore dans le provisoire et sans assu-
rances matérielles pèse sur votre mère et <u>combien</u> vous lui avez
d'obligation.

Je te dis cela bien franchement, sans te prendre de haut, mais
comme à une personne adulte. J'ai toujours aimé la sincérité – et
je te prie aussi de montrer cette lettre à Suse. Vous n'avez pas
de meilleure conseillère que votre mère, ni de meilleure amie ;
il est temps que vous commenciez enfin, en vous montrant très
attentionnées et en vous conformant docilement à ses souhaits, à
compenser la joie et le bonheur que votre malheureuse «indépen-
dance» lui a fait perdre ; et il vous restera toujours assez de temps
et de liberté pour votre vie personnelle.

Avec mes meilleures salutations à Suse et à toi,
Stefan

Il est très invraisemblable que Stefan Zweig ait joint ce texte
à une lettre à sa femme. Comment savoir si Alix von Winternitz
autorisait sa mère à ouvrir son courrier en son absence ? La
seule chose certaine, c'est que Friderike lut cette lettre avant
ses filles et qu'elle en fit un commentaire acerbe à son mari, six
semaines avant que l'acte notarié entrât en vigueur. On ignore si
ses filles, qui avaient alors chacune un ami attitré, en ont jamais
pris connaissance. Le brouillon de cette lettre se trouve parmi
les papiers personnels de Stefan Zweig et l'original, expédié, a
finalement abouti au Literaturarchiv de Salzbourg, sans qu'on
puisse établir un lien avec les papiers posthumes d'Alix von
Winternitz.

Les filles de Friderike Zweig, Suse et Alix von Winternitz.

Aussitôt leurs négociations conclues à Vienne, Friderike et Stefan Zweig avaient convenu de passer ensemble quelques jours en Suisse afin de clarifier encore d'ultimes questions financières, et ils avaient aussi à dissoudre une fondation familiale qu'ils avaient créée jadis ensemble. Avant cela, un avenant à l'acte notarié fut encore remis à l'avocat de Friderike, Friedrich Meiler, un ami de Stefan Zweig. Friderike souligna vivement, vis-à-vis de son mari, qu'il avait pris très à cœur la séparation des Zweig. Il fallait aussi passer des conventions juridiques avec Felix von Winternitz, le père de ses filles. Pour le garantir, lui et sa famille, contre toute demande de pension alimentaire émanant de Friderike, au cas où elle divorcerait de Stefan Zweig, elle s'engagea par écrit, à l'été 1937, à renoncer à toute réclamation, à l'avantage d'Eleonore, la seconde femme de Felix von Winternitz.

Friderike chargea le médecin Alexander Muskat, qu'elle venait apparemment de rencontrer, de transmettre personnellement à Stefan Zweig ses salutations, à Marienbad.

[88]   Friderike Zweig à Stefan Zweig [de Salzbourg],
       le 30 juillet 1937

Le 30 juillet 37

Cher Stefan,
Je suis tout à fait désolée que tu aies écrit cette lettre aux enfants. Je n'ai pas fait ce sacrifice pour que tu me crées de nouvelles difficultés en remuant le couteau dans les anciennes plaies. Il me faut la paix, sinon je m'écroulerai, et tu es le premier à devoir me l'accorder. Les bonnes paroles que tu m'as adressées, tu aurais pu les leur dire à elles aussi, au lieu de les perturber par le sentiment qu'elles m'enlèvent quelque chose. C'est pourtant le contraire, puisqu'elles seules me font vivre encore. Sans elles, je me serais effondrée quand tu m'as quittée. Elles ont été touchantes avec moi pendant toute cette période, et tu aurais dû t'informer d'abord si elles avaient manqué d'égards, avant de leur reprocher, rétrospectivement en quelque sorte, de se laisser entretenir par moi et de réduire mes ressources. Si elles n'étaient pas tes belles-filles (pour six semaines encore), elles toucheraient de meilleurs salaires, mais comme elles sont mes filles, on continuera à leur faire le grief de « ne pas en avoir vraiment besoin ». Elles pourraient du reste te répondre à juste titre qu'il n'aurait pas été difficile <u>pour toi</u>, et ça l'est encore aujourd'hui, d'augmenter leurs revenus. À présent, c'est la période où elles

travaillent énormément, pour gagner plus, et partout elles sont très bien perçues (Lix par ses directeurs). Tu as toujours exagéré par moments leurs mauvaises fréquentations. Le meilleur ami de Lix fait exactement ce que faisait Félix quand je l'ai épousé, et celui de Suse est le garçon le plus probe, le plus travailleur, fils d'une des familles les mieux considérées. Comme il ne veut pas se laisser entretenir par une femme, reprocher à Suse que je doive réduire mon train de vie ne pourrait que la pousser à ne plus penser à ce mariage. D'ailleurs tes griefs pourraient avoir pour conséquence qu'elles cessent éventuellement de tenir compte de moi dans le choix de leurs activités et de leurs positions, en ayant pour seul objectif de subvenir seules à leurs besoins, question qui s'est déjà posée pour Suse. Elles m'aident à faire des économies là où c'est possible, c'est Lix qui nous a procuré des dames comme sous-locataires, qui nous soulagent d'un tiers du loyer et elle s'occupe de tout à cet égard, et maintenant elle gagne davantage, du reste, avec de bonnes perspectives d'en gagner encore plus, vu qu'elle dirige désormais tout un service. Tu vois qu'à l'aveuglette tu as semé le trouble, alors qu'il aurait été si gentil de <u>simplement</u> leur dire que j'ai besoin de deux fois plus d'amour, maintenant. Elles n'ont pas encore lu ta lettre, et je te demande de bien réfléchir encore si par ta dureté tu veux vraiment créer de nouvelles souffrances, même si tu leur envoies pour finir tes «meilleures» salutations. J'attendrai de savoir si tu veux que je la leur remette, contrairement à mon propre sentiment.

Arrêtons désormais, je t'en prie, les reproches et les interprétations. Celles-ci ne pourront jamais concorder, entre nous, sur la cause de notre séparation. Hier encore j'ai vu des larmes dans les bons regards d'un fidèle ami quand il apprit que nous ne vivions plus ensemble. Et Meiler lui aussi avait les larmes aux yeux pendant que je lui dictais cette inutile déclaration. Non, il faut vraiment que nous évitions les interprétations, entre nous et avec les autres. Si elles nous revenaient aux oreilles, elles ne pourraient que détruire à jamais notre amitié, car chacun en produirait une différente, qui se verrait réfutée, et que les apparences réfuteraient à mon avantage, aux yeux de beaucoup de gens, même si cela m'indiffère, vu ce que j'ai perdu.

Pendant que nous serons ensemble, je te demande absolument de ne pas me parler de tout cela et d'éviter toute conversation sur ce qui s'est passé, même sur ce qui était d'ordre tactique (il le faudra vraiment). Tu sais quelle profonde reconnaissance m'inspireront toutes tes bonnes paroles pour moi et combien cela contribuera à rendre ces journées belles et sereines.

Dès que tu sauras quand nous pourrons nous retrouver, écris-le-moi. Le plus naturel serait bien sûr que tu viennes me chercher. Un ami s'intéresse à l'endroit où habite l'un de ses proches, et si tu prends l'avion au lieu de passer par ici, ce sera une blessure non seulement pour moi, mais aussi pour ceux qui m'estiment et qui m'aiment. Un tel souci de se ménager soi-même, au point de ne pas supporter quelques heures ici, devrait être possible à dépasser, surtout en songeant que cela apparaît exactement comme l'inverse d'une bonne entente et comme une offense manifeste. Notre habitation est du reste telle que personne ne serait forcé de te voir.

Où souhaites-tu donc aller, en Suisse ? J'irais volontiers dans la région de Chamonix, que je ne connais pas, et ensuite quelques jours à Paris. Pour mes affaires à Londres, je peux sans doute en régler certaines par écrit et en différer quelques autres, en fonction des projets pour l'hiver, que je commence seulement à organiser peu à peu.

Le bon ami Muskat, si gentil, te transmettra bientôt un bon-
jour de vive voix.
Je te salue bien tendrement
Ta Fr.

Sur la vie quotidienne, les gens ici, etc. je t'écrirai bientôt.
Meiler voulait l'adresse de Félix, mais je l'ai reçue tardivement,
et il sera sans doute déjà en vacances.

Le 18 août, Zweig quitta Marienbad et prit l'avion à Prague
pour Vienne. Lotte Altmann resta encore quelque temps avec sa
mère en Tchécoslovaquie, où Stefan Zweig lui avait laissé quelques
manuscrits à taper. Dès la fin de sa cure, l'activité habituelle de
son secrétariat reprit comme à Londres. Ainsi Zweig fit notamment savoir au professeur américain Edwin Preston Dargan qu'il
ne pourrait sans doute pas lui procurer avant plusieurs semaines,
de Londres, certaines informations sur Honoré de Balzac. Dargan
travaillait en effet à une vaste étude sur le grand écrivain auquel
Zweig lui-même s'intéressait depuis des décennies.

Lotte Altmann et sa mère Therese.

[89]   Stefan Zweig à Lotte Altmann, de Vienne
[autour du 19 août 1937], papier à lettres
de l'Hôtel Regina, Vienne

Chère Mademoiselle Altmann,
J'espère que vous venez de rentrer de Königswart et je vous
remercie pour votre lettre étonnamment longue. Je resterai sans
doute ici jusqu'à mardi, mais rien n'est sûr, j'espère être à Zurich
dès mercredi, Hôtel Royal Habis, je vous le confirmerai par télé-
gramme dimanche. Envoyez ma signature à l'association de bien-
faisance, écrivez à Heydt que je viendrai peut-être moi-même à
Vevey. Écrivez à Dargan que je suis en voyage et ne pourrai sans
doute rien lui envoyer directement qu'après mon retour à Londres.
J'ai beaucoup à faire, tout est difficile et éprouvant, en revanche
il y a moins de gens à Vienne, de sorte que je peux quand même
jouer aux échecs avec Fuchs, Magellan a été corrigé en collabora-
tion avec lui.
Que la longueur de cette lettre ne vous décourage pas de tout
me raconter en détail. Bien des choses à madame votre mère, et
saluez tout le monde pour moi, votre
St. Z.

Le voyage que prévoyait Stefan Zweig pour les semaines suivantes était d'abord de rencontrer sa femme, ce qui allait se faire
à Lucerne. Lotte Altmann resta encore à Marienbad, d'où elle
repartit plus tard vers la Suisse, en faisant plusieurs étapes en
Autriche. Quant à Zweig, il poursuivit pendant son voyage des
négociations avec le conseiller juridique berlinois Me Rosenberger
à propos des droits américains pour l'exploitation d'un film, réalisé quatre ans plus tôt, d'après sa nouvelle *Brûlant secret*.

[90]   Stefan Zweig à Lotte Altmann, de Vienne
        [autour du 21 août 1937], papier à lettres
        de l'Hôtel Regina, Vienne

Chère Mademoiselle Altmann,
Je partirai <u>lundi</u> 23 vers midi, probablement en avion [pour]
Zurich, j'y passerai la soirée, j'y serai le mardi 24, sans doute encore
le <u>mercredi</u> 25, Hôtel Royal Habis, où il faudrait éventuellement
adresser le courrier (poste aérienne, si urgent), sauf autre infor-
mation. Ensuite, je serai dès <u>le 2</u> à Montreux ou ailleurs, mais
organisez-vous entièrement comme vous voulez, cela ne change
rien que vous arriviez un jour plus tôt ou plus tard, et prenez le
maximum de repos. J'ai beaucoup à faire ici, et votre main qui écrit,
ainsi que votre oreille au téléphone me manquent beaucoup.
Plein de bonnes choses et saluez tout le monde
Votre
St. Z.

Si important, téléphonez-moi je vous prie lundi matin avant
8 h 30, ou même dès 7 h 30 à l'Hôtel Regina, Tel. 23585.

Votre lettre arrive à l'instant ! J'essaye de joindre Rosenberger
par téléphone. Je me dépêche !

Le 23 août, Stefan Zweig prit l'avion à Vienne pour Zurich,
en évitant effectivement de passer par le nouveau domicile de
sa femme à Salzbourg. Même si elle lui avait écrit quelques

semaines plus tôt que cela serait pour elle une offense de plus, elle ne devait guère compter sérieusement sur une visite de Stefan. Elle arriva peu après son mari à Lucerne, où ils passèrent une semaine ensemble. Elle continuait à travailler à son livre sur Pasteur et lui à son roman.

La dernière remarque sur le climat, dans la lettre qui suit, à Lotte Altmann, reste énigmatique, car les données météorologiques suisses indiquent, à la fin août 1937, des pluies localement fortes, mais aucune chute de neige à moins de 1 800 mètres d'altitude. Il se peut cependant qu'un autre lieu que Lucerne ait été envisagé pour cette rencontre avec Friderike, elle-même ayant suggéré Chamonix. Mais sur la base des nombreuses indications de dates et de lieux, cette lettre non datée ne peut appartenir qu'aux itinéraires parcourus par Zweig, tels que nous les connaissons, à la fin du mois d'août 1937.

[91]   Stefan Zweig à Lotte Altmann [de Lucerne,
        sans doute le 23 août 1937]

Chère Mademoiselle Altmann,
   Je vous écris avec un nouveau stylo que je viens d'acheter, tous les autres sont à la réparation, et simplement pour vous dire que je resterai ici au maximum jusqu'au 31 ou au 1ᵉʳ, puis j'irai à Zurich où je vous attendrai le 3, d'après votre lettre. La suite sera-t-elle Montreux ou ailleurs, je ne peux pas encore le dire – il me faudrait sans doute revenir encore une fois à Z[urich] depuis Montreux, et je suis copieusement fatigué de tous ces voyages, je préférerais m'établir tranquillement et travailler quelque part pour une quinzaine de jours. L'hôtel d'ici est excellent à cet égard

et ça va commencer dès cet après-midi. Envoyez donc, s'il vous plaît, toutes les nouvelles ici jusqu'au 31, puis à l'Hôtel Royal Habis, Zurich. Le mieux serait en réalité d'écrire à Londres qu'ils envoient tout le courrier dans une enveloppe au Royal Habis, le 1ᵉʳ septembre, et ensuite, provisoirement, plus rien. Le courrier peut aussi attendre pour une fois douze ou quinze jours, il n'en mourra pas. Cordiales salutations
St. Z.

Reçu à Vienne votre lettre Hôtel Habis, ainsi que les corrections. Choses urgentes svp poste aérienne.
J'avais choisi Lucerne pour sa proximité avec Zurich et parce que toutes les stations d'altitude sont enneigées.

Après le départ de Friderike était prévu un long séjour de travail avec Lotte Altmann en Suisse, pour continuer le roman. Vu les incertitudes de calendrier il y eut encore, comme si souvent déjà, toute une série de messages pour informer Lotte Altmann des dates et des rendez-vous. À Salzbourg, quand elle s'y arrêta, Lotte trouva même une carte postale qui l'attendait. De Lucerne, Zweig envoya ses salutations à la mère de Lotte et à Hélène Pollak, l'hôtesse de la Villa Souvenir à Marienbad, mais sans faire le moindre commentaire sur sa rencontre avec Friderike. De toute façon, le plus important pour Zweig semblait être que pendant quelques semaines il aurait la chance de ne plus recevoir de courrier.

[92]   Stefan Zweig à Lotte Altmann, de Lucerne,
       le 25 août 1937 (cachet de la poste), carte postale

Lotte Altmann
Marienbad / Tchech Slow Rep
Villa Souvenir
Waldquellzeile

Chère Mademoiselle Altmann,
Je me suis décidé à rester ici à Lucerne jusqu'au 31 environ dans
ce calme Hôtel Tivoli où j'attendrai le courrier jusqu'au 31 août
au plus tard, ensuite je serai une journée ou deux probablement à
l'Hôtel Royal Habis, où vous trouverez au moins mon adresse. J'ai
choisi Lucerne parce que j'étais fatigué de tous ces voyages – j'ai
encore reçu de Vienne d'innombrables lettres de Reichner à traiter.
J'espère que vous êtes en forme, saluez bien cordialement de ma part
madame votre mère, madame Pollak et les autres. Votre dévoué
St. Z.

[93]   Stefan Zweig à Lotte Altmann, de Lucerne, le 27 août
       1937 (cachet de la poste), carte postale à l'adresse de
       Marienbad, Villa Souvenir

Chère Mademoiselle Altmann,
Vous me trouverez donc en tout cas le 2, mais éventuellement
le 3 aussi, à l'Hôtel Royal Habis. À Londres, le courrier arrivé
après le 2 septembre n'a qu'à y rester, plus tard on le lira, mieux
ce sera. Avec de belles salutations, votre
Stefan Zweig

[94]   Stefan Zweig à Lotte Altmann, de Lucerne,
       le 30 août 1937 (cachet de la poste), carte postale

Lotte Altmann
Salzbourg/ Autriche
Poste restante de la gare
Poste restante[1] *Poste de la gare*

Ch[ère]. M[ademoiselle]. A[ltmann].
Oui, je serai jeudi sur le soir, comme on dit ici, au Royal Habis,
et on repartira ensuite le lendemain soit pour Lugano, soit pour
Montreux. Avec mes meilleures salutations
S. Z.

   Reçu votre lettre. N'allez pas au Café Bazar, vous y trouverez
Rose W[alter]. e tutti quanti.

Malgré tout, on ne fut pas entièrement à l'abri du courrier
pendant les semaines suivantes, à Lugano, où Stefan Zweig et
Lotte Altmann partirent finalement. Alfred Zweig se manifesta
en effet, depuis Vienne, après que son frère lui eut parlé en
détail de la « concomitance des deux affaires », à savoir sa séparation d'avec Friderike et son énorme dette vis-à-vis du fisc. Il
s'agit d'une des rares lettres conservées dans ce que fut la volumineuse correspondance entre les deux frères, et elle donne
une impression de la manière dont la famille Zweig considérait
ces questions restées longtemps pendantes.

---

1. En français dans le texte (NdT).

Réunion pour l'anniversaire d'Ida Zweig dans son appartement du 10, Garnisongasse, à Vienne. Debout à droite, son fils aîné Alfred, sa femme Stéphanie à côté de lui.

Après la signature par Stefan et Friderike de la convention devant notaire, leurs proches se trouvèrent, selon Alfred, dans une situation désagréable : sa femme Stéphanie, à qui certaines connaissances parlaient de cette séparation, nia ladite nouvelle. On y répliqua en riant bien fort, car l'information provenait apparemment de l'entourage du frère de Friderike, Siegfried Burger, et donc d'une source sûre. Mais le plus important pour Alfred, c'était que ces rumeurs étaient depuis longtemps parvenues aussi à Ida Zweig et qu'il n'était pas disposé à servir plus longtemps des balivernes, voire des mensonges à sa mère. Il est frappant que dans cette lettre, Lotte Altmann, qu'Alfred Zweig à ce moment-là n'avait probablement pas rencontrée, mais dont il connaissait certainement l'existence, ne soit pas même mentionnée.

Dans sa lettre, Alfred Zweig désigne certaines personnes par des abréviations et des allusions. On décrypte aisément Friderike derrière «Fr», «Me G.» est sans doute Josef Geiringer, l'avocat viennois de Stefan, mais il a été impossible de découvrir le nom du courtier «Me K.». Nous n'avons pu élucider non plus l'importante question de savoir qui Alfred Zweig désigne par «Amalek». Ce nom biblique renvoie dans la tradition à des ennemis du peuple juif et n'est pas clair dans le contexte de la lettre : pourquoi Alfred aurait-il voulu délivrer son frère de ses «phobies d'Amalek», c'est-à-dire d'angoisses pathologiques devant un ennemi des Juifs ? Et comment se fait-il qu'il ait été chargé par Stefan de négocier avec l'avocat, non seulement au sujet de la vente de la maison de Salzbourg, mais aussi au sujet de cet Amalek ? On peut assez certainement écarter l'hypothèse d'une allusion voilée à Adolf Hitler, plutôt fréquente dans les échanges épistolaires de l'époque, vu que les phrases en question ne prennent pas vraiment de sens en y introduisant ce nom.

[95] Alfred Zweig à Stefan Zweig [de Vienne],
      le 10, puis le 11 septembre 1937

Le 10 septembre 1937

Cher Stefan,
Rentré hier à la maison, je trouve ta 1re lettre. Tu mentionnes
une lettre de moi, du 18 — et je serais partisan de remettre à plus
tard l'affaire Fr[iderike] — Je n'ai jamais rien écrit de pareil. 1) parce
que personnellement, soit j'entreprends quelque chose, ou bien j'y
renonce, et 2) parce que je ne veux absolument pas m'en mêler. — Je
me souviens seulement t'avoir indiqué une fois (comme tu déplorais
« la concomitance des deux affaires ») que je t'ai toujours déconseillé
un divorce, en pensant à ton tempérament hésitant, et à tes nerfs.
— Mais je n'ai absolument rien déclaré sur la façon de mener les
choses maintenant, d'autant que, vu les nouvelles, tout est réglé.
En revanche puisque nous en sommes à ce sujet, je dois te dire
que cela m'a mis dans une situation délicate. Tu m'as écrit expli-
citement qu'à l'occasion de ton séjour à Vienne tu allais casser le
morceau, avec Maman, ou en tout cas la préparer. Et voilà que
je me rends compte ici que rien n'a été fait, et qu'au contraire,
en recevant des lettres qui sonnent comme écrites en voyage de
noces, Maman s'est forgé un avis bien opposé, à savoir qu'après
des années de mésentente la parfaite concorde règne enfin. — Cela
me serait tout à fait égal à moi, si seulement ce n'était pas un
secret de Polichinelle. — Comme tu le sais, je ne parle jamais en
général ; et je vais te dire tout de suite de qui il s'agit :
Hier, Mme Landauer raconte en détail l'histoire du divorce. Ma
femme dit que c'est faux (ce que je n'aurais jamais fait). Réponse :
on lui rit au nez, car la source de Mme L[andauer] est M. Wottiz

(le beau-frère de Siegfried, si je ne m'abuse), qui le lui a raconté, à Aussee. Je préfère conserver pour moi d'autres détails singuliers (qui ne concernent ni Fr[iderike] ni toi), mais comment puis-je en permanence mentir à Maman, qui sans cesse essaie d'y revenir ? Elle va de toute façon l'apprendre d'un jour à l'autre, et je ne suis pas doué pour le mensonge, je ne veux pas non plus que Maman me le reproche ensuite. J'ai respecté volontiers votre souhait, à Fr[iderike] et toi, en espérant que tu le dises à Maman comme nous en étions convenus. Je lui ai toujours répondu évasivement que je ne savais rien de précis, et que c'était à Stefan de lui en parler, s'il y avait lieu. Alors que dois-je dire maintenant ?!

De nouveau un krach terrible, aujourd'hui à N[ew]. Y[ork].!

À ce propos il faut que je te dise (et je te l'ai déjà signalé, il y a longtemps) que Me K. est un homme très gentil, mais que dans les affaires il faut rester prudent vis-à-vis de lui.

Si je n'avais pas une aussi longue expérience, il aurait pu me faire perdre la moitié de mes avoirs, avec ses incitations permanentes. Il ne regarde que les intérêts de sa maison et veut faire un gros chiffre d'affaires.

Tiens-en compte, je t'en prie, dans ton propre intérêt.

Le 11 septembre 1937

Cher Stefan,

Vu que ce n'est pas mon genre de laisser dans le non-dit des choses qui sont évidentes à exprimer entre frères, il me semble opportun d'ajouter quelques lignes à ma lettre d'hier.

J'ai été hier soir chez Maman (qui d'ailleurs va mieux) et j'apprends à ma grande surprise que tu lui as dit avoir été <u>choqué</u> que je n'aie pas attendu que tu arrives de Marienbad.

En dehors du fait que, si tu as vraiment un jour de quoi être blessé par quelque chose, je m'attends à ce que tu me le dises en face ouvertement, j'ai quand même du mal à supposer que tu aies complètement oublié :

1) Qu'en réponse à tes questions, je t'ai informé, plus de quinze jours avant mon départ, que j'avais loué ferme au Lothringen à partir du 16/8. (D'ailleurs c'est sans doute la dernière période envisageable pour une cure à Gastein.)

2) Que – en en tenant compte ou non, je l'ignore –, ton arrivée à Vienne était prévue pour le 13 ou le 14. C'est juste avant cette date que tu m'as écrit que tu allais probablement prolonger un peu, selon les moyens qui te resteraient.

Tu as ensuite prolongé ton séjour à M[arienbad]. jusqu'au 18 ou 19. Comment aurais-je pu alors attendre aussi longtemps, et en même temps payer 3 jours de pension à Gastein ?

Pouvais-tu être choqué, dans ces circonstances ? – Pareille idée n'aurait pas pu m'effleurer, vu que toi aussi, une fois ta cure terminée, tu aurais pu revenir 3 jours plus tôt.

Je te déclare tout net que ce genre de chose m'agace et me blesse d'une façon imméritée, alors que cet hiver encore, par exemple, j'ai réduit de 2 jours mon séjour (déjà bref) de 2 semaines à Arosa, pour la simple raison que je voulais absolument te voir à Z[urich]., ne serait-ce que pour te convaincre d'oublier tes phobies d'Amalek, dont je te voyais alors obsédé. Malheureusement je n'y suis parvenu que pour une journée, car dès que je fus reparti, tu as fait une rechute. – Or pour moi – et particulièrement à mon âge –, la moindre journée passée à Arosa, que j'aime tant, l'hiver, et dont j'ai vraiment besoin, compte beaucoup. Tu sais que je suis toujours volontiers à ta disposition, et cette dernière année j'ai certainement passé en moyenne 1/2 heure à 1 heure par jour

242

à écrire des courriers ou à consulter Mᵉ G[eiringer]. à propos d'Amalek, de la maison, du prêt hypothécaire, de la vente etc., en restant toujours soucieux de parfaitement t'informer et te rassurer, ce que je considère comme <u>allant de soi</u>. Alors, tu ne peux quand même pas parler de moi à Maman avec une telle désinvolture et encore moins sur un ton agressif. En vérifiant les dates, que tu n'as peut-être plus en tête maintenant, tu vas t'en rendre compte. – J'espère que tu ne m'en voudras pas de ma franchise, mais il vaut mieux que je te dise ce qui me blesse, plutôt que de rester contrarié sans le dire. Car au fond je sais bien que l'état de tes nerfs en ce moment peut te mettre dans des humeurs que tu ne sais probablement plus t'expliquer ensuite, et pendant lesquelles tu subis peut-être plus vivement des influences pernicieuses.

En tout cas, je me sens à présent plus léger, et je te salue cordialement,

Bien à toi,

Alfred

De Lugano, Lotte Altmann et Stefan Zweig ne regagnèrent pas l'Angleterre par le même chemin : on trouve sur son passeport à lui un tampon d'arrivée à l'aéroport de Croydon, le 24 septembre, tandis que Lotte Altmann était déjà arrivée la veille, en ferry, à Folkestone. Il est possible qu'à son retour elle soit d'abord allée chercher sa mère dans une autre station et l'ait raccompagnée chez elle.

Après avoir passé quelques semaines à Londres, Stefan Zweig prit à la fin novembre un avion vers Prague, pour faire une brève visite à Vienne. Juste avant son départ paraissait chez Reichner son livre *Magellan, l'homme et son exploit*, portant déjà 1938 comme date d'impression. Sur l'exemplaire de Lotte Altmann, la dédicace manuscrite dit : « À Lotte Altmann, ce livre qui ne lui est pas tout à fait inconnu / Stefan Zweig / 1937 ».

Ce fut le dernier ouvrage important de Zweig qui parut chez Herbert Reichner. L'atmosphère se gâtait de plus en plus entre l'éditeur et son auteur phare. Selon Zweig, Reichner se permettait de plus en plus de trancher sans le consulter, et gérait mal ses affaires. Zweig, toujours sous tension et de plus en plus méfiant, allait jusqu'à le suspecter parfois sans motif. Il commençait à envisager de confier ses nouvelles publications à Bermann-Fischer, l'éditeur exilé à Vienne.

De ce voyage à Vienne, surchargé de rendez-vous, seule une carte postale a été conservée, écrite par Zweig à Lotte Altmann dès l'atterrissage à Prague, où il faisait escale.

[96]   Stefan Zweig à Lotte Altmann, de Prague,
le 26 novembre 1937 (cachet de la poste), carte postale
de Prague, Staromestské nàmesti (Altstädter Ring),
adressée à Londres, Woodstock Road

Chère Mademoiselle Altmann,
Arrivé avec 3/4 d'heure <u>d'avance</u>, après un vol magnifique.
Je continue comme prévu en avion, à 13 h 45 au lieu de 2 h 20.
Adresse Vienne [Hôtel] Regina en tout cas jusqu'à mardi matin tôt. Je serai joignable également tôt le matin au téléphone.

7 heures à Londres, c'est 8 heures à Vienne, et je serai tou-jours dans la maison jusqu'à 8 h 30. Pas mangé d'oie, mais des Buchteln[1]. St. Z

Le 28 novembre, Stefan Zweig fit officiellement don d'une centaine de manuscrits autographes à la collection théâtrale de la Bibliothèque nationale de Vienne, ceux notamment de Heinrich, Thomas et Klaus Mann, de Romain Rolland, Joseph Roth, Hermann Hesse et Max Brod. En vendant sa collection, il avait conservé dans un premier temps cet ensemble, pour la plupart des cadeaux de ces auteurs contemporains. Maintenant il se séparait une seconde fois, symboliquement, de ce cercle de confrères et d'amis qui en réalité n'existait plus depuis long-temps, dispersés qu'ils étaient tous. En contrepartie de ce don, Zweig serait à l'avenir libéré en Autriche de toute dette envers le fisc, quel que soit le lieu où sa femme élirait domicile. Dans l'émotion, Zweig commit une erreur révélatrice en datant sa lettre d'accompagnement : au lieu d'y inscrire correctement 1937, il écrivit «le 28 novembre 1881» – c'était sa date de naissance.

Cinq jours seulement après son arrivée, Zweig, ayant été dire au revoir à sa mère, repartait pour Londres. Sur le tra-jet de Vienne à Zurich, il ne descendit même pas du train à Salzbourg, cette fois-là. Le 2 décembre 1937, le garde-frontière de Feldkirch apposa son tampon dans le passeport de Stefan Zweig. Ce devait être son ultime visite en Autriche.

---

1. Il s'agit de chaussons fourrés à la confiture (NdT).

1938

Comme en 1937 déjà, Stefan Zweig et Lotte Altmann passèrent presque toute cette année à Londres ou ensemble en voyage, si bien que les échanges de lettres et de cartes postales devinrent quasiment inutiles.

Le 18 janvier 1938, ils arrivèrent tous deux à Lisbonne, venant d'Angleterre. Ils avaient pris à Rotterdam un bateau pour le Sud. Le soir même, Zweig écrivit à Lavinia Mazzucchetti qui gardait l'appartement de Hallam Street en son absence : « La tempête a atteint pendant la traversée des vents de force 10 (il y en a 12 en tout), mais j'ai tenu le coup, et Mlle Altmann elle aussi n'a sacrifié qu'une fois à Neptune irrité, et sans trop souffrir. »

Stefan Zweig au Portugal,
lors d'une excursion à Montserrate.

Lotte Altmann ajouta sur la même feuille : « Ça valait bien la peine de braver la tempête, c'est magnifique ici, la vie dans les rues, le bruit et le soleil, carrément fantastique après Londres[1]. »

Ils s'installèrent pour les semaines suivantes à Estoril, dans l'Hôtel Atlantico, où Zweig continua de travailler à son roman *Impatience du cœur*. Avec Lotte Altmann, il fit aussi quelques excursions dans la région et ils se prirent mutuellement en photo.

Sans doute Zweig essaya-t-il aussi de nouer avec des services officiels quelques contacts destinés à faciliter les conditions d'obtention de visa pour des émigrants juifs vers l'Angola, colonie portugaise. On ignore cependant si ses efforts eurent quelque succès.

Pendant ce séjour, le courrier alla chaque jour bon train. C'est de là que Zweig écrivit sa dernière lettre à l'Insel Verlag, où il essaya de clarifier quelques questions financières encore pendantes, et on resta en contact permanent avec Lavinia Mazzucchetti, qui lui faisait suivre son courrier. Le 3 février, Lotte Altmann lui écrivit : « Merci beaucoup ! Et aussi pour avoir fait nettoyer les rideaux. – Même à Kattowitz, il n'y avait pas autant de poussière et de suie qu'à Hallam Street. [...] Vous dites que votre anglais est très mauvais. Si vous saviez comme je vous envie, de comprendre quand les gens vous parlent. Ici, j'ai seulement progressé dans la langue des signes, et comme pour la suite nous allons prendre un bateau hollandais, où les stewarts sont malais, cela pourra au moins me servir là aussi, et cela m'évitera peut-être d'écrire sans cesse des petits mots[2]. »

---

1. Stefan Zweig et Lotte Altmann à Lavinia Mazzucchetti, de Lisbonne [18 janvier 1938], NLI, cf. Sources et sigles, p. 388.
2. Lotte Altmann et Stefan Zweig à Lavinia Mazzucchetti, d'Estoril le 3 février 1938 (NLI).

Lotte Altmann à Estoril.

Pour le retour, on prit un bateau pour Marseille, qui passait par le Maroc, puis le train en direction de Paris, d'où Lotte Altmann repartit seule vers Londres. Avant de continuer vers l'Angleterre, Stefan Zweig y passa quelques jours avec Friderike qui avait l'intention de s'installer plusieurs mois à Paris où sa fille Suse poursuivait sa formation de photographe. Alix, en revanche, était en Autriche en mars 1938, lorsque les troupes allemandes entrèrent dans le pays et qu'Adolf Hitler proclama le rattachement de son pays natal au Reich allemand. La fin de la souveraineté de l'État autrichien entraîna une nouvelle vague d'émigration. Alfred, le frère de Stefan Zweig, était citoyen tchécoslovaque et dans un premier temps il resta avec sa femme Stefanie à Reichenberg, en Bohême, à proximité de l'entreprise familiale, avant de partir, par la Suisse, se réfugier aux États-Unis. Il dut laisser à Vienne sa mère Ida, gravement malade, en essayant d'organiser par téléphone l'aide indispensable, car très rapidement, la garde-malade qui la soignait depuis longtemps ne fut plus autorisée à passer la nuit chez une femme juive.

Lotte Altmann lors d'une escale à Tanger, au Maroc, pendant le voyage de retour du Portugal.

Lorsque Stefan Zweig monta dans l'avion pour Zurich, le matin du 1er mai 1938, à l'aéroport londonien de Croydon, les débris des livres que l'on avait brûlés la veille au soir à Salzbourg, en présence d'un vaste public, rougeoyaient encore sur la Residenzplatz. Ce fut l'unique autodafé de livres en Autriche, et le choix de ce lieu affecta Zweig tout particulièrement, lui dont les ouvrages figuraient tout en haut de la liste des œuvres détruites. Il passa une seule nuit à Zurich pour rencontrer son frère et s'entretenir avec lui d'importantes questions d'ordre familial et financier, avant de reprendre l'avion pour Londres. Il ne quitta plus la Grande-Bretagne jusqu'à la fin de l'année, car la question pressante de savoir s'il pourrait, ayant été citoyen autrichien, devenir un sujet de la couronne britannique dépendait aussi du temps qu'il avait passé dans le pays durant les dernières années. À la fin du mois d'août, son passeport autrichien étant expiré, Stefan Zweig obtint à Londres un *Certificate of identity*, valable pour un an et qui lui permettait un nombre de voyages limité. Lotte Altmann fit elle aussi la demande d'une attestation d'identité comparable.

Aussitôt après l'Anschluss, l'éditeur Herbert Reichner partit se réfugier à Zurich. Le conflit qui l'opposait à Zweig, à cause notamment d'irrégularités dans les comptes, s'était envenimé à tel point que Zweig résilia tous ses contrats et qu'à la mi-novembre 1938 son roman *Impatience du cœur* parut aux éditions Bermann-Fischer, qui avait été transféré de Vienne à Stockholm, où il collaborait aussi avec l'éditeur en exil Allert de Lange, d'Amsterdam.

D'autres Juifs parmi ses connaissances et dans sa famille ne voulurent, ou ne purent pas fuir l'Autriche. Felix von Winternitz, le premier mari de Friderike, resta à Vienne et selon la législation allemande désormais en vigueur, il dut remplir la Déclaration des Juifs sur leurs biens, où, le 29 juin 1938, il dressa la liste de tout

Le premier mari de Friderike, Felix von Winternitz, avec sa seconde femme Eleonore, pendant une cure à Marienbad.

ce qu'il possédait, à commencer par ses droits à pension pour un capital de 57 840 Reichsmark. À la toute fin, il déclarait «une montre en or avec sa chaîne», d'une valeur de 150 Reichsmark[1]. Comme sa seconde femme Eleonore était d'une famille catholique, leur union constituait un «couple mixte privilégié», ce qui protégeait le conjoint juif de certaines mesures officielles, mais les intéressés ne pouvaient guère s'y fier. On comprend pourquoi la fille unique que Felix von Winternitz avait eue avec sa seconde femme fut bientôt envoyée dans une école en Angleterre. Quant à sa fille Alix, elle tenta de sauver les biens de sa mère Friderike qui se trouvaient dans l'appartement de Salzbourg, en les entreposant dans un garde-meubles, mais ils furent plus tard réquisitionnés, vendus aux enchères et disparurent.

---

1. Cf. Déclaration des Juifs sur leurs biens, remplie par Felix von Winternitz, ÖSTA, cf. Sources et sigles, p. 388.

En novembre, Alix von Winternitz était encore à Salzbourg. D'après la législation nazie elle était «juive à part entière», car sa mère Friderike, elle aussi de famille juive, s'était seulement fait baptiser dans une église catholique peu avant d'épouser Felix von Winternitz. Il était risqué pour Alix de rester plus longtemps en Autriche, cependant, vu la situation, elle allait même être amenée à jouer un rôle officiel.

Mais avant cela, les deux frères Zweig furent informés, le 23 août 1938, que leur mère Ida était décédée d'un arrêt du cœur dans son appartement viennois, la veille au soir. Malgré leur tristesse, ses fils Alfred et Stefan durent être soulagés que ses longues souffrances à l'écart du cercle familial aient pris fin. Très vite après, deux avocats s'occupèrent de faire prononcer le divorce de Stefan et Friderike Zweig par le tribunal de première instance de Salzbourg.

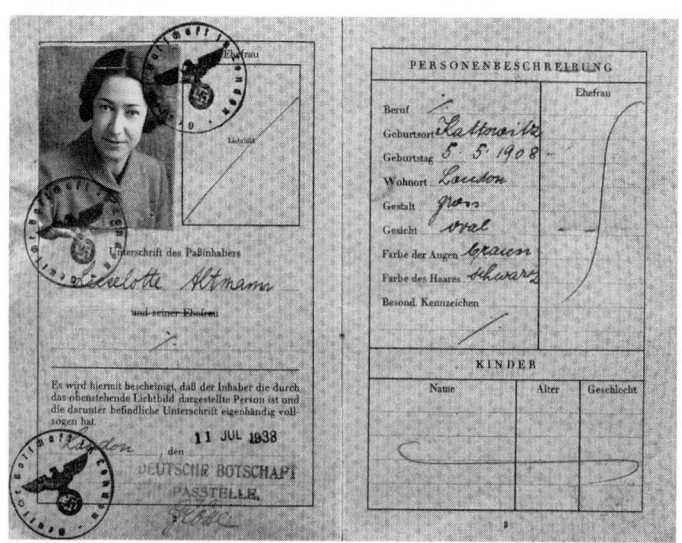

Le passeport allemand de Lotte Altmann, en juillet 1938.

Lotte Altmann, dont l'ancien passeport allemand restait valable jusqu'en juillet 1939, partit encore une fois, début novembre 1938, pour la Pologne avec sa belle-sœur Hannah, afin de régler des affaires familiales. Elles prirent le bateau à Hull, à destination de Dantzig, d'où elles continuèrent vers Kattowitz, la ville natale de Lotte. À Londres, Stefan Zweig pendant ce temps essayait de se concentrer sur son travail, mais il se sentait impatient de commencer la tournée de conférences qui devait lui faire traverser les États-Unis, et plus encore de recevoir des nouvelles de Salzbourg où devait avoir lieu, le 8 novembre, la procédure officielle de son divorce d'avec Friderike.

[97]   Stefan Zweig à Lotte Altmann, de Londres, le 8 novembre 1938 (cachet de la poste), carte postale

Miss Lotte Altmann
c/o Thomas Cook Son
Warsaw (Poland)
Bureau¹ de Thomas Cook & Son

[adresse modifiée par une autre main en :]
D. P. N. Pinczewski
Katowice Jordana 19
(Poland)

Dear Miss Lotte,
This only to try if you get some news – I have till now none
from you. I am very lazy, nothing goes ahead, – from nowhere

---

1. En français dans le texte (NdT).

come any good news, especially not from Salzburg, where there seems to be some official opposition and alltogether I feel very tired of London and would prefer my voyage could start a month earlier. Now I begin to study the lectures and will change or improve them a little. I hope you sit every day for me in the coffee-houses and enjoy your stay. Kindest regards from yours
S. Z.

Many good things to your belle sœur

Tandis que Zweig recevait enfin des nouvelles de Lotte Altmann en Pologne, dès le lendemain dans la soirée du 9 novembre, et qu'il lui répondait aussitôt, il ne savait pas encore que partout en Allemagne les synagogues, les institutions et les magasins juifs brûlaient. Le «démentiel assassinat» évoqué dans sa lettre était l'attentat par lequel le Juif polonais Herschel Grynszpan, le 7 novembre, avait vengé la déportation de ses parents sur le diplomate allemand Ernst von Rath, dans l'ambassade d'Allemagne à Paris, en le blessant si grièvement qu'il en mourut, le 9 novembre. Pour le pouvoir national-socialiste, cet événement fut le prétexte tout trouvé pour déclencher les brutales attaques de la «Nuit de cristal» qu'il projetait depuis longtemps.

[98] Stefan Zweig à Lotte Altmann, de Londres
      [le 9 novembre 1938]

Ce mercredi soir, lettre et télégramme en même temps. J'ai déjà écrit dans une carte postale à Cooks Office que l'affaire de

Salzb[ourg] s'est terminée <u>négativement</u> – je n'ai pas moi-même plus de détails. J'avais seulement demandé un télégramme, aucune lettre n'est arrivée encore et j'ignore donc si l'affaire est déboutée ou simplement ajournée. À cela s'ajoute ce démentiel assassinat de Paris, qui va rendre encore plus difficiles les voyages vers l'Autriche – je suis sincèrement désespéré, malgré toutes les dépenses et les sacrifices je n'arrive pas à me sortir de mes histoires. De toute façon, je suis plus sombre que jamais, la vie d'un Juif est devenue une vraie malédiction, et les appels au secours m'arrivent de tous les côtés, deux fois plus nombreux. Je suis vraiment à bout de forces, je le sens dans mon travail qui n'avance pas d'un pouce depuis des semaines, or dans cet intervalle on aurait dû pouvoir se rétablir, tout de même. Comme vous savez, il y a des périodes comme ça, où rien ne va dans votre sens, ainsi je n'ai aucune nouvelle de cet avocat qui prétendait intervenir dans l'affaire de la naturalisation, c'est vraiment tout qui va de travers. Je ne suis pour ainsi dire pas sorti, j'ai vu Romains une fois, sinon je décline toutes les invitations, et je supprimerais volontiers le téléphone. En réalité je vous déverse ici les récriminations des autres et qu'ils m'imposent, mais je n'ai pas d'autre sujet à aborder. Les gens demandent tous quelque chose, et tels des chiens mal dressés, ils vous laissent leurs crottes dans la pièce, une part de leurs soucis et de leur détresse dans votre tête, ça ressemble à de la bouse et ça sent le fumier. N'exagérez pas, pour les achats, et avec votre belle-sœur, que je salue bien, profitez de vos «vacances» – je serai content de vous entendre au téléphone. J'ai transmis l'adresse.

Plein de bons souhaits, votre bien marinant
St. Z.

Concernant le divorce, la séance du tribunal à la date du 8 novembre fixa en effet une seconde audience publique pour le 22. Étant donné que selon la loi, l'un des deux conjoints devait se présenter comme le plaignant, Stefan Zweig endossa officiellement l'entière responsabilité pour l'échec de son mariage. Quand Friderike et Stefan s'étaient mariés civilement à l'hôtel de ville de Vienne en 1920, la fiancée s'était fait représenter par un ami, car elle ne voulait pas assister à la cérémonie, à cause du souvenir de son premier mariage suivi d'un divorce. Dans les négociations concernant leur divorce, les deux conjoints étaient maintenant absents. Le risque d'entrer dans le Reich allemand, dont Salzbourg faisait désormais partie, aurait été trop grand pour eux. Pourtant – et non moins menacée qu'eux –, Alix von Winternitz vint témoigner et elle confirma au tribunal que Stefan Zweig, son beau-père, n'avait pratiquement plus été à la maison depuis 1934 et que, lui présent, les conflits avaient été nombreux entre sa mère et lui. À la fin de la procédure, le juge du tribunal de première instance de Salzbourg déclara effectif le divorce entre Friderike et Stefan Zweig.

Troisième partie

1938

Après ces mois éprouvants passés à Londres, il y eut à la mi-décembre le voyage aux États-Unis que Zweig attendait depuis longtemps si ardemment. Il emportait dans ses bagages deux conférences intitulées «Le Secret de la création artistique» et «L'Historiographie de demain» qu'il voulait donner en alternance, au cours de cette tournée qui allait le mener dans plus d'une douzaine de villes. Peu avant son départ, il déposa une demande de naturalisation en Grande-Bretagne, à laquelle il put joindre des attestations écrites par de célèbres éditeurs et écrivains britanniques, ainsi que par le germaniste londonien William Rose, qui l'avait également assisté pour traduire le texte de ses conférences.

Le 17 décembre 1938, Zweig partit pour l'Amérique en compagnie de Lotte Altmann. Ils firent la traversée à bord du *Normandie*, transatlantique des lignes françaises, de Southampton à New York, où ils commencèrent par séjourner deux bonnes semaines au Windham Hotel, à proximité de Central Park. La tournée de conférences commençait à proprement parler le 9 janvier 1939 et elle se termina le 27 février par une excursion vers Toronto, au Canada, que Zweig fit seul, depuis New York.

Pour Lotte Altmann, c'était son premier voyage outre-Atlantique. Elle tint un Journal dans lequel, à part quelques remarques sur des rencontres ou des événements frappants, elle nota surtout des détails concernant l'organisation, les hôtels, les trains et le déroulement du voyage.

Même après le divorce de Zweig, qui ne devint juridiquement valide que peu avant Noël, Lotte Altmann voyageait officiellement comme sa secrétaire, en ayant dans chaque hôtel sa propre chambre, et dans son journal intime elle le désigne comme «Z.». Cependant les manières de Stefan Zweig avec la famille Altmann évoluèrent sensiblement : à partir de ce voyage en Amérique, il existe aussi des lettres de lui à la famille de Lotte. Leur style révèle combien on était devenu proches et quelle estime réciproque on se portait. Zweig avait notamment développé une relation très chaleureuse avec Hannah, la belle-sœur. Mais là aussi, comme pour sa correspondance avec Lotte Altmann, aucune lettre envoyée à Zweig n'a été conservée. En revanche, Lotte Altmann écrit désormais assez souvent des lettres. Au début de son journal du voyage en Amérique, elle décrivait longuement par exemple les adieux à la gare de Londres, où des amis et des connaissances s'étaient rassemblés. Manfred, le frère de Lotte, et sa femme Hannah, que Lotte appelle «les Manfred», prirent le train avec Stefan et elle jusqu'à Southampton et montèrent avec eux jusque sur le bateau, ce qu'elle évoque ainsi : «Embarqués sur la vedette pendant plus d'une heure. La plupart du temps sur le pont, malgré le froid glacial et sans rien voir, sinon quelques lumières dans la baie. Enfin le *Normandie* surgit, tout illuminé, ses cheminées rutilantes sous les projecteurs. Longues manœuvres avant d'accoster enfin et de monter à bord. Été aussitôt avec les Manfred

dans les cabines. Toutes deux sur l'intérieur, mais belles et spa-
cieuses, chacune avec douche et toilettes attenantes. Ensuite,
été voir tous ensemble la première classe en nous dépêchant,
montons et descendons, arpentons les courtines, prenons les
ascenseurs, nous égarons plusieurs fois, découvrons enfin les
salons et la salle à manger, le théâtre et la cuisine. Soudain :
"visitors ashore[1]", et à toute allure on enfile les interminables
couloirs obscurs, Hannah, paniquée, se voit déjà partie avec
nous pour l'Amérique. Nous disent à peine adieu, se préci-
pitent sur la vedette[2]. »

Pendant les semaines suivantes, les voyageurs écrivent plusieurs fois des comptes rendus à la famille de Lotte en Angleterre.
Alors que Lotte ne retient plus dans son Journal que des dates,
des prix et des lieux, Stefan Zweig fait preuve d'une belle
humeur narrative dans ses lettres à Hannah Altmann, malgré
les fatigues du voyage. Mais la première lettre conservée, datant
de cette tournée, est écrite par Lotte à sa nièce Eva, âgée de
neuf ans, la fille de Manfred et Hannah Altmann.

---

1. En anglais : « Débarquement des visiteurs ».
2. Lotte Altmann, Voyage en Amérique 1938/39, p. 1, LAS, cf. Sources
et sigles, p. 388.

[99]   Lotte Altmann à Eva Altmann, à bord du *Normandie*
pendant la traversée de l'Atlantique vers New York,
le 20 [et le 21] décembre 1938, papier à lettres French
Line

[à bord, le] 20. XII. 38

Jan.
9   Philadelphia, Pa.
11   Boston, Mass.
12   New York
14   Indianapolis
15   Chicago, Ill.
18   Detroit, Mich.
19   Cincinnati, Ohio
21   Toledo, Ohio
23   Kansas City, M.
26   Houston, Texas
February
1   San Antonio, Texas
2   Dallas, Texas
7   San Francisco, California
9   Salt Lake City, Utah
13   Los Angeles, California
24   Brooklyn, New York
27   Toronto, Ont. (Canada)

Dear Eva,
This is the list, as far as we know it. We shall arrive Thursday
morning. The ship is beautiful, and after a day in bed I feel quite

all-right. It is warm outside and you can walk on the promenade deck without a coat. In the afternoon there is always a Punch and Judy show and later on a picture. I am sure you would like it especially as there are a few dogs on board which sometimes come to the public rooms – and then, you get wine for your meals as much as you like, there is a bottle of red and of white wine on each table in the dining room.

Wednesday
Now we are nearly there, and tomorrow morning we shall arrive in New York. You can imagine how I am looking forward to it. From the list you see I am staying in New York for a Fortnight. Then the travelling starts again and you will receive a postcard at least from each place. But you must not forget to answer my letter!
Best love to all
Auntie Lotte

1939

Même au-delà de l'océan, on resta pendant ce voyage en contact permanent par courrier avec les proches restés chez eux, et l'écrivain Richard Friedenthal qui avait fui l'Allemagne et logeait pendant l'absence de Zweig dans son appartement de Hallam Street lui envoyait régulièrement des nouvelles. L'information la plus saisissante qu'il eut à transmettre, peu après Noël, fut celle d'une fuite d'eau dans le couloir de l'appartement londonien, due au débordement de la citerne approvisionnant l'immeuble : « Dans la bibliothèque un mince filet d'eau a coulé sur le mur, mais n'a pas fait de dégâts. Avec du pain on a frotté le papier peint, qui a quasiment repris son aspect normal. Tableaux et livres n'ont pas été touchés[1]. » Zweig fut sans doute encore plus rassuré lorsque Friedenthal l'informa que l'ouverture de sa procédure de naturalisation était annoncée dans quelques journaux, selon l'usage d'alors.

Le 12 janvier, après les premières conférences de Philadelphie et de Boston, Stefan Zweig et Lotte Altmann revenaient comme

---

1. Richard Friedenthal à Stefan Zweig, le 28 décembre 1938, FRED, cf. Sources et sigles, p. 388.

prévu à New York où ils passèrent deux nuits. Pour son premier compte rendu à Hannah Altmann, écrit dans le train, Zweig utilisa du papier à lettres du Ritz-Carlton-Hotel, de Boston, où Lotte et lui avaient logé, les deux jours précédents.

La répétition, mentionnée dans la lettre, de son drame anti-guerre *Jérémie* préparait la représentation de la pièce, le 18 février 1939 à New York City, à laquelle Stefan Zweig et Lotte Altmann assistèrent. Elle écrivit alors dans son Journal : «Représentation particulièrement mauvaise, texte mal abrégé, mal joué, et mal mis en scène. Sommes partis après l'acte II, allés dans une cafétéria[1].»

[100]   Stefan Zweig à Hannah Altmann [dans le train entre Boston et New York City, le 13 janvier 1939], papier à lettres The Ritz-Carlton, Boston, Massachusetts

Chère Madame[2], je peux vous rassurer sur le bon état de Lotte – l'hôtel ci-dessus désigné était d'une si extrême distinction, avec son salon de réception et ses salles de bains en marbre que c'en était insupportable. Elle s'est vue gratifiée de tellement de théâtres, de concerts, de gens charmants, de Noirs et d'interviewers[3] *qu'elle*

---

1. Lotte Altmann, *Voyage en Amérique 1938/39*, p. 32, LAS, cf. Sources et sigles, p. 388.

2. «Liebe Frau Doktor» écrit Stefan Zweig selon l'usage germanique, car Hannah Altmann était médecin psychiatre diplômée, même si elle n'exerça pas à Londres, cf. Notices biographiques, p. 383 (NdT).

3. À partir de cette période, les mots anglais utilisés par Zweig, ou par Lotte Altmann, se multiplient dans leurs lettres privées ; nous les imprimons en caractères romains. Pour «Noirs» on lit ici «Negern», terme usuel alors, sans connotation (particulièrement) raciste (NdT).

en aura assez pour plusieurs mois ; aujourd'hui j'ai essayé de lui servir une tempête de neige authentiquement américaine, mais le train est si bien air conditionned *que l'on ne s'aperçoit de rien. Tous les deux jours, je suis tenu d'inculquer à entre 1 000 et 1 500 auditeurs* [ajout de Lotte Altmann : *jusqu'à 2 500*] *un anglais qu'ils prennent sans doute pour du super-Oxford ; j'ai eu aussi, aujourd'hui même, une répétition de Jérémie, et chaque jour apporte des températures et des lieux différents, sans le moindre incident pour l'instant. J'aimerais bien pouvoir toucher du bois en l'écrivant, mais tout ce train n'est que verre et acier étincelants (hormis les lits, par bonheur).*

Avec mes plus belles salutations, votre turbo-conférencier

La tournée de conférences s'accompagna d'un grand nombre d'invitations et de sollicitations. Dans chaque ville où il parlait en public, Zweig avait à signer des centaines de livres, à serrer des mains et à formuler des amabilités. Lotte Altmann se révéla être une compagne de voyage avisée, cependant, dans une lettre que Zweig écrivit à sa belle-sœur Hannah, elle dut encaisser quelques petites piques.

[101] Stefan Zweig à Hannah Altmann, de Salt Lake City
[le 5 ou 6 février 1939], papier à lettres
Salt Lake City, Hotel Utah

Chère Madame, merci beaucoup pour votre lettre ! Mais vous vous faites une idée fausse de l'activité d'une secrétaire. Vous pensez qu'elle reste tranquillement assise à taper des lettres à l'hôtel

*et à téléphoner. Erreur complète – elle est présente partout, parti-
cipe aux excursions et aux balades en voiture, brille aux* Lunches
et aux Dinners *comme une dame cultivée venue d'Europe,
aujourd'hui elle devrait même parler à la radio locale, et elle est
si intime avec les professeurs des diverses universités qu'on peut
redouter des demandes en mariage. Elle a déjà remarquablement
appris à donner aux gens l'impression qu'elle s'intéresse terriblement à la littérature et à l'art, mais je dois dire, en son honneur,
qu'elle a aussi appris à très bien faire les bagages, à gérer les billets et (à part qu'elle se lève tard) à s'acquitter excellemment de
son office de maréchale du voyage. Malgré tout, cela nous fera du
bien de passer dix jours encore à New York sans avoir des roues
sous son lit et, côté hôtels de luxe, nous en avons eu une dose qui
nous tiendra bien au moins jusqu'à l'année prochaine. Je ne peux
pas dire, honnêtement, que l'idée de Londres me réjouisse, mais
à vrai dire, je serai content de ne plus être sans cesse présenté sur
un plateau, avec l'obligation d'être fascinant vingt-quatre heures
sur vingt-quatre, et –* last but not least *– de me remettre à mon
travail.*

*J'espère que vous survivez à toutes les invasions familiales, je
crains seulement que vous ne receviez même pas de réparations,
sous forme de gratitude, pour cette violation de votre territoire
domestique. Avec mes plus belles salutations à tous les vôtres*
St. Z.

À la mi-février, Stefan Zweig et Lotte Altmann atteignirent
la Californie. À Los Angeles, comme Lotte le raconte dans son
Journal, une visite spéciale était prévue, et à cette occasion on
leur présenta un film d'à peine huit minutes, qui avait reçu un

Oscar l'année précédente : «Nous descendons ensuite dans le studio Disney où l'on nous a demandé de venir à 3 h 30. On nous emmène un peu partout, on nous montre et on nous explique un tas de choses, une technique extraordinairement compliquée. Le plus impressionnant, c'est dans le bureau du directeur : la "composition" de la durée pour chaque mouvement et chaque image, c'est ce qui sert ensuite de base aux dessinateurs et aux musiciens.

Reçus après cette visite par Walt Disney en personne (en pull ras-du-cou et pantalon de flanelle, appelé Walt par son personnel). Comme Z[weig]. déclare ne pas encore avoir vu *Ferdinand the Bull*, il commande une séance et le regarde avec nous. Puis il nous fait ramener à notre hôtel dans sa voiture personnelle – nous traversons le beau Figuera Parc qui couvre le versant d'une des collines[1].»

Ce voyage à travers les États-Unis se termina le 3 mars 1939 par la traversée, à bord du *Normandie*, de New York à Southampton. Stefan Zweig et Lotte Altmann arrivèrent à Londres dans l'après-midi du 8 mars. La tournée avait été un grand succès ; Zweig avait donné diverses interviews dans des journaux importants, et en choisissant des sujets non politiques pour ses conférences il n'avait pas pris, en ces temps difficiles, plus de risques qu'il ne le souhaitait, vu son tempérament.

Mais sur les photos que fit Eric Schaal, un photographe émigré d'Allemagne, quelques jours avant le départ, à l'Hôtel Wyndham de New York, les fatigues du voyage et des dernières années sont nettement visibles. Cette tournée avait sans

---

1. Lotte Altmann, *Voyage en Amérique 1938/39*, p. 30 (LAS).

doute aussi servi à explorer un éventuel pays pour l'exil, mais ni Stefan Zweig ni Lotte Altmann ne s'étaient à ce moment-là sentis réellement attirés par les États-Unis.

Ils passèrent tous deux le reste de l'année 1939 en Angleterre. Même quand Joseph Roth mourut à l'hôpital, à Paris, le 27 mai 1939, des suites de son alcoolisme, Stefan Zweig ne vint pas en France pour l'enterrement de son confrère, en donnant pour motif sa procédure de naturalisation en cours, qui ne lui permettait pas de quitter la Grande-Bretagne. Il participa cependant, le 22 juin, à l'hommage organisé par le Freier Bund Deutscher Kultur[1] de Londres à la mémoire de Roth ainsi que d'Ernst

Stefan Zweig à la fin de sa tournée de conférences à travers les États-Unis, dans sa chambre de l'Hôtel Wyndham, à New York.

1. La Libre Association de la culture allemande (NdT).

Toller, qui s'était suicidé. La présence de Zweig et le fait qu'il ait prononcé un discours commémoratif fut par la suite explicitement signalé par la police dans son dossier de naturalisation, vu que cette cérémonie avait également été chroniquée dans le quotidien communiste *The Daily Worker*.

Les mois suivants furent principalement dominés par la pénible question de la naturalisation. Aux yeux de Zweig, la procédure se prolongeait d'une façon indécente, et comme il ne disposait toujours pas d'un passeport, il annula même sa participation au congrès du PEN-Club, à Stockholm, où il avait été invité. Il ignorait bien sûr que dans son dossier, au ministère concerné, on recommandait encore, en août 1939, de retarder la procédure, suite à la déclaration des Services secrets intérieurs MI5[1] selon laquelle en 1936, dans une affaire inconnue, Zweig aurait été en contact avec «the head of a notorious Soviet espionage organisation[2]» dont le nom n'était évidemment pas mentionné[3].

Plus besoin désormais de correspondre avec Lotte Altmann, puisque tous deux se voyaient chaque jour. Et il ne faisait plus guère de doute qu'ils se marieraient bientôt. Zweig s'entendait au mieux avec la famille de Lotte, et sa nièce Eva était souvent invitée à venir Hallam Street où on lui confiait la mission de trier les différentes copies des textes de Zweig, que sa tante dactylographiait toujours en plusieurs exemplaires. Zweig semblait plutôt content de jouer parfois vis-à-vis de la fillette

---

1. Military Intelligence, section 5 (NdT).
2. Anglais : «le chef d'un réseau d'espionnage soviétique bien connu».
3. Note du 28 août 1939 figurant dans le dossier de naturalisation de Stefan Zweig, NA, cf. Sources et sigles, p. 388.

ce rôle de quasi-grand-père. Au début de juin, il assista avec Eva en élégante robe du soir[1] à une représentation de gala du *Don Giovanni* de Mozart à l'opéra de Covent Garden, avec Thomas Beecham comme chef d'orchestre, et le ténor autrichien Richard Tauber dans le rôle de Don Ottavio.

Quelques jours plus tard, Stefan Zweig et Lotte Altmann se rendirent ensemble à Bath. Leur projet de mariage était sans doute déjà ferme, autant que celui de quitter Londres. La ville de Bath, dans le comté de Somerset, au calme et à moins de 200 kilomètres de la capitale, semblait être exactement l'endroit qu'ils cherchaient. Ce n'était pas trop éloigné pour aller à Londres, mais suffisamment pour limiter au minimum le nombre des visiteurs et permettre à Zweig de se concentrer sur son travail, ce qui était devenu presque impossible à Hallam Street, vu l'afflux croissant d'émigrés qui s'adressaient à lui. Or, il s'était fixé deux vastes projets : il voulait d'une part écrire une biographie de Balzac, projet fort ancien pour lequel il rassemblait des documents depuis des décennies, et d'autre part il voyait venu le moment de composer un vaste ouvrage autobiographique, qu'il allait plus tard intituler *Le Monde d'hier*.

En juillet, après avoir passé quelques semaines à Hallam Street, Zweig et Lotte Altmann retournèrent à Bath où ils s'installèrent pour un temps indéterminé dans la pension Lansdown Lodge. De là, ils se mirent en quête d'une maison à vendre. En ces temps incertains où le risque d'une guerre augmentait sans cesse, Zweig se comportait à nouveau comme pendant la Première Guerre mondiale, quand, habitant encore à Vienne,

---

1. Eva Altmann est alors âgée de dix ans, cf. Notices biographiques, p. 383 (NdT).

Rosemount House, à Bath, vue de la maison depuis le jardin.

il avait fait l'acquisition de la maison sur le Kapuzinerberg, à Salzbourg. Il s'agissait notamment pour lui d'investir une partie de son capital avec un minimum de risques. Par ailleurs, la question de la sécurité jouait aussi un rôle, car Londres en cas de guerre pourrait devenir l'une des premières cibles de la Luftwaffe allemande – il y eut en effet quelques gros impacts de bombes dans Hallam Street en 1941, non loin de l'immeuble de la BBC visé par des attaques aériennes, à quelques blocs seulement de l'ancien appartement de Zweig. Et l'immeuble de Portland Place où il avait logé auparavant fut même alors complètement détruit.

À Bath, leurs recherches les menèrent, pour finir, à une maison du début du XIXᵉ siècle, nommée Rosemount, située sur une colline en bordure de la ville, la Lyncombe Hill. La vue rappelait peut-être la situation de la propriété de Salzbourg. Les propriétaires précédents, une famille Huntley, prévoyaient de déménager en septembre, et après quelques travaux de rénovation et divers aménagements, la maison devait être prête pour qu'on s'y installe en octobre. Pourtant, cette décision d'acquérir un bien et de se retirer hors de Londres, qui allait se réaliser, ne parvenait pas vraiment à dissiper les idées noires de Zweig, qui en exprimait de plus en plus souvent dans son Journal. Il se sentait, bien sûr, accablé par la misère croissante des émigrés et la dangereuse situation politique, mais c'était aussi qu'il souffrait vivement d'être enfermé dans une langue étrangère où, précisément face à cette situation, il ne pourrait jamais s'exprimer avec autant de pertinence que dans la sienne propre. Il se percevait de plus en plus souvent comme handicapé et marginalisé – et ce, « avec mon nom que les Anglais sont incapables de prononcer[1] ».

Quand l'emménagement fut pour ainsi dire assuré et que Zweig, le 1er septembre 1939, se rendit au bureau de l'état civil de Bath pour y déclarer son intention de se marier avec Lotte Altmann, un employé lui apprit que le matin même, l'Allemagne venait d'entrer en guerre contre la Pologne. De nouvelles menaces surgissaient. Pour les Britanniques, les Allemands devenaient des étrangers ennemis, qui risquaient d'être bientôt internés dans des « camps ». Vu son ancienne nationalité autrichienne, Zweig relevait lui aussi, à présent, de cette catégorie, la Grande-Bretagne entérinant ainsi indirectement l'Anschluss, le rattachement de l'Autriche au Reich allemand, constata-t-il, la rage au cœur.

---

1. Zweig, *Journaux 1912-1940*, 30 mai 1940, *op. cit.*, p. 294.

273

L'imagination inventive de Zweig, qui constituait la base de son œuvre littéraire, devint de plus en plus souvent une infirmité quand il envisageait des scénarios pour l'avenir. Avec les mesures de «défense passive» qui furent décrétées dès les premiers jours de la guerre, ses heures sombres s'obscurcirent encore davantage, au sens propre du terme. Pour empêcher les aviateurs ennemis de s'orienter, on ordonna le «blackout», afin de rendre la nuit totalement noire. Cinq jours après le début de la guerre, Zweig notait dans son Journal : «Les soirées sont maintenant terriblement déprimantes. Rues obscures et désertes, et en plus il faut éviter le moindre rai de lumière aux fenêtres. Et encore, nous sommes au début septembre, où la nuit ne tombe qu'à 8 heures. Qu'est-ce que ce sera quand il fera nuit dès cinq heures, dès quatre heures ! Et pas de théâtre, pas de cinéma, rien, rien, rien[1].»

À l'état civil de Bath eut lieu le 6 septembre 1939 le mariage de Stefan Zweig et de Lotte Altmann. Leurs témoins étaient Hannah, la belle-sœur de Lotte, et Arthur Ingram, un juriste, ami de Zweig. Comme lors de son premier mariage à Vienne avec Friderike, ce fut plutôt une confirmation administrative que l'occasion de grandes festivités et à vrai dire, comme Zweig le formula lui-même : «Voilà qui suffit pour une journée[2] !»

Un jour avant de signer pour l'achat de la maison Rosemount, Stefan et Lotte Zweig adressèrent encore quelques lettres, depuis Lansdown Lodge où ils étaient encore, à leur belle-sœur Hannah qui, avec l'aide de sa sœur Marta Kahn, s'occupait Hallam Street d'emballer les meubles et les objets domestiques.

---

1. *Ibid.*, 5 septembre 1939, p. 279 (traduit ici de l'anglais).
2. *Ibid.*, 6 septembre 1939.

Lotte et Stefan Zweig dans leur salle de séjour, Rosemount House.

En prévision des travaux, on avait aussi décidé d'envoyer à Bath Alice Waterman, la bonne de la famille Altmann à Londres. La Marta mentionnée ci-dessous est très probablement la sœur de Hannah, même si nous n'avons rien trouvé qui prouve qu'elle eût déjà séjourné à Bath, comme il est dit dans la lettre.

Il était également prévu qu'aussitôt après la signature, les premières pièces du nouveau logis seraient remplies des meubles que l'on répartirait plus tard dans toute la maison, une fois terminés les travaux de rénovation nécessaires.

À l'occasion de leur emménagement prochain et de la fondation de son nouveau foyer avec Lotte, Stefan Zweig proposa à sa belle-sœur et à son mari de se tutoyer désormais – en désignant comme un «malheur de guerre» ce mariage tout juste célébré. Au lieu de la formule française «Plaignez-moi», qu'il aimait parfois employer dans ses lettres, il joue ici de l'expression «Beware of pity» – Garde-toi de la pitié –, or c'était le titre de la traduction anglaise de son roman *Impatience du cœur*, qui venait tout juste de paraître.

[102]   Stefan Zweig à Hannah Altmann [de Bath, le 11 septembre 1939]

Chère Madame[1], je dois encore vous remercier vivement et m'excuser pour les effroyables fatigues que je vous cause. Remerciez, je vous prie, Mme Kahn très cordialement en mon nom ; je considère bien évidemment que j'ai aussi une dette matérielle envers elle pour ses efforts. Je pense qu'il serait très préférable que les livres, notamment ceux des bibliothèques vitrées (l'une est d'ailleurs branlante), ainsi que la vaisselle de porcelaine soient emballés à l'avance* (de préférence pas dans de trop grandes caisses), de sorte que si le van *ne suffit pas, on puisse si nécessaire les expédier ensuite par le train. Nous cherchons d'arrache-pied une solution ici et allons sûrement en trouver une ; de toute façon, nous ne pouvons pas emménager avant le 1ᵉʳ octobre et d'ici là, nous reviendrons certainement à Londres.*

Une chose encore. Je suis, comme cela ne vous aura hélas ! pas échappé, un individu un peu inhibé. Je voulais bien sûr vous demander, à vous et à votre mari, si étant donné ce malheur de

---

1. C'est toujours «Liebe Frau Doktor», cf. note 2, p. 265 (NdT).

guerre qui vient d'avoir lieu et qui crée une parenté entre nous,
vous m'autorisez à remplacer le Vous de politesse par le Tu d'usage
dans la Mischpoche[1] *(et qui me semble personnellement aussi*
s'imposer, vu mes sentiments amicaux). Je me permets, étant
– hélas! – de loin le plus âgé, de vous le proposer ici, ainsi qu'à
Manfred, avec mes salutations les plus dévouées et chaleureuses,
Votre (ou, si vous en êtes d'accord)
Ton
Stefan Zweig

[Remarque de Lotte Zweig dans la marge : *vu et approuvé,*
Lotte.
Thanks for everything!]

* On trouve probablement sans difficulté des emballeurs

Première conséquence, quand on épouse sa secrétaire : à partir
de ce jour-là on est obligé d'écrire toutes ses lettres à la main.
Beware of pity!!!

[103]   Lotte Zweig à Hannah Altmann [de Bath,
          le 11 septembre 1939]

<u>Précisions</u>
Les archives sont toutes à sortir, car la pièce en fait est une
salle de bains.
Aucun des bureaux n'est costaud, ils peuvent très bien rester
remplis, mais il ne faut rien poser de lourd dessus.

---

1. Yiddish : «la famille, le clan» (NdT).

À Bath, c'est comme à Londres, tous les vans *sont réquisition-nés cette semaine, mais ici ou là on nous laisse de l'espoir pour la semaine prochaine.*

Demande de l'époux : se pourrait-il qu'avec les meubles, Marta (qui d'ailleurs ne doit pas m'appeler Mrs Zweig, mais Lotte) vienne ici, fasse les courses etc... Alice peut-être un peu plus tard, Zw... pardon ! Stefan a quelques craintes à cause de son anglais, et Marta connaît déjà la ville.

Mais tout cela bien sûr seulement si tu n'as pas trop besoin de ces dames. Dis-le très franchement, je t'en prie, car nous vous compliquons déjà assez la vie.

Marta pourrait loger ici dans son ancienne maison.

À Rosemount nous disposerons, à partir de la fin de cette semaine, d'un garage, bathroom and nursery *et, à partir du 1/10, du* ground floor[1].

Nous renonçons pour l'instant au chauffage central, prendrons du gaz, des radiateurs électriques etc.

Saluts à tous et très grands remerciements à tous ceux qui aident

Lotte

[Ajout de Stefan Zweig :]

Le Contract *doit être signé demain : croisez les doigts !*

Tout de suite après la signature, Lotte Zweig partit rejoindre sa famille à Londres pour participer aux préparatifs du

---

1. En anglais : «salle de bains et chambre d'enfants, et à partir du 1/10 du rez-de-chaussée».

déménagement. Resté à Bath, Stefan Zweig se signala dans un rôle bien inhabituel pour lui : il devait organiser une grande partie des travaux de maçonnerie à faire dans la maison – tâches qu'à Salzbourg, Friderike aurait traditionnellement assumées sans la moindre discussion. Il y avait aussi la question d'un permis de séjour pour Marta Kahn, qui était prévue comme gouvernante, et aussi la menace, pour Manfred Altmann, d'être mobilisé comme médecin lors de manœuvres militaires en France. Et dans ces lignes adressées à Hannah Altmann, Zweig laissa déjà filtrer de légers doutes quant à savoir si Lotte réussirait à organiser toute seule la bonne marche de la maison. Manifestement pour s'exercer, il rédigea cette partie de sa lettre en anglais. Ici, comme dans la lettre suivante, il nomme Hannah «Fohanna». C'est sans doute un jeu de mots, mais nous n'avons pu l'élucider.

«Le Balzac» dans le petit coffre-fort, que Lotte devait si possible rapporter, était une page d'épreuves comportant d'innombrables modifications manuscrites, caractéristiques de la façon de travailler de Balzac. Stefan Zweig possédait les épreuves d'un roman entier[1] et plus tard, tandis qu'il travaillait à sa biographie de Balzac, il fit encadrer et accrocha au mur le feuillet qu'il évoque ici.

---

1. Il s'agit d'*Une ténébreuse affaire*, cf. Oliver Matuschek, *Ich kenne den Zauber der Schrift. Katalog und Geschichte der Autographensammlung Stefan Zweigs [«Je connais la magie de l'écriture. Catalogue et histoire de la collection de manuscrits autographes de Stefan Zweig»]*, Vienne, Inlibris, 2005, p. 97, illustration n° 21 (NdT).

[104]   Stefan Zweig à Lotte Zweig et Hannah Altmann
         [de Bath, vers le 15 septembre 1939]

*Ch[ère]. L[otte]. Je viens d'aller chez Wooster pour le chauf-
fage central du bas. L'homme est incroyablement honnête, m'a
déconseillé d'acheter une nouvelle chaudière, affirme qu'il suffit de déplacer le bon vieux ballon. Pour la cuisine au-dessus du*
sink[1] *et pour la salle de bains, il préconise de louer un chauffe-eau
(à gaz), parce qu'alors toutes les réparations seront assurées. Tout
cela me semble la solution idéale – en bas chauffage central, dans
les chambres à coucher le gaz ou l'électricité, vu que pendant la
journée on ne les utilise guère et que même la nuit je n'aime pas
qu'il fasse trop chaud dans les chambres. De ce fait, les allées et
venues jusqu'à l'ancienne cuisine ne sont plus un problème : l'hiver on allumera tous les jours un seul poêle à charbon, pendant
six mois, et le reste du temps ce sera du gaz et de l'électricité.*

*Il m'a dit d'accord pour dans quinze jours, dès qu'il aura réamé-
nagé le bâtiment de l'école, en m'assurant qu'il disposerait d'autant
d'ouvriers qu'il voudrait. Il ne nous laissera sûrement pas en plan.*

Si ce n'est pas trop d'effort pour toi, rapporte le Balzac, *mais il
peut aussi bien rester dans le petit coffre, si tu prends des choses
qui sont plus importantes pour toi.*
De tout cœur
S.

Le Larder[2] *sera placé à l'extérieur de la cuisine.*

---

1. Anglais : « évier ».
2. Anglais : « garde-manger ».

Dear Fohanna[1], thanks for all your trouble. I have no news yet about Mrs Kahn. I hope you yourself will come again occasionnally and help a little Lotte, who is not much practical about house-furnishing and house-keeping. I believe it will become now, as we cut the old kitchen entirely out (reserving her to become a Wash- und Bügelraum[2]*), a sunny little house with all possibilities of later expansion and this seems to be the ideal solution in those enigmatical times. I hope Manfred will not go immediatlely to France – it is very easy to get <u>within</u> such an obligation but very difficult to get out again.* «Gehe nie zu einem Ferscht wenn du nicht gerufen werst[3]» *– this have I learnt in my schooldays and my later experiences have proved the truth of this profound sentence. Truly yours ever*
Stefan Z.

La lettre suivante que Stefan Zweig écrivit à Hannah Altmann ressemble en grande partie à ce qu'il nota dans son Journal pour le jour du déménagement. Zweig connut des heures d'inquiétude à Bath, car le camion trouvé avec difficulté pour transporter leurs meubles depuis Londres prit plusieurs heures de retard, ayant crevé en route, sans que Zweig reçût de nouvelles. Il appela plusieurs fois sa belle-sœur, presque paniqué en imaginant le spectacle désolant de précieux objets

---

1. Rappelons que les lettres en anglais sont traduites en annexe, cf. pour celle-ci p. 376 (NdT).
2. Allemand : « une laverie et buanderie ».
3. Ce vers teinté de dialecte (*Ferscht* = *Fürst* « prince », *werscht* = *wirst*) entend avertir le quidam de plutôt rester à bonne distance d'un supérieur : « Ne va jamais trouver un prince, si tu n'es pas convoqué » (NdT).

détruits. Une fois rasséréné, Zweig ne put s'empêcher de remarquer sur un ton sarcastique que les meubles qui venaient maintenant d'échapper au danger n'avaient plus qu'à attendre les bombes de la Luftwaffe, puisqu'on avait entendu annoncer à la radio allemande que dans les semaines à venir l'Amirauté allait transférer de Londres à Bath quelques services d'importance stratégique, ce qui se produisit en effet peu de temps après.

[105] Stefan Zweig à Hannah Altmann [de Bath, sans doute le 19 septembre 1939]

Chère Fohanna, je dois te prier d'accepter mes excuses pour t'avoir autant importunée, mais mes nerfs étaient durement éprouvés. Depuis 8 h 30, j'étais posté devant la maison avec deux hommes solides (déjà en bras de chemise et prêts à coltiner des 100 kg) et il fut 9 heures, 10 heures, puis 11 heures, midi, 1, 2, 3, 4, 5, j'avais l'estomac en compote et mon cerveau qui n'arrêtait pas voyait le véhicule en mille morceaux quelque part au bord de la route, le bureau de Beethoven réduit en miettes, c'est pourquoi je me précipitai plusieurs fois sur le téléphone. À 6 heures moins le quart, comme j'avais déjà renvoyé mes gars et que j'avais depuis longtemps perdu tout espoir, le véhicule arriva, j'envoyai un taxi chercher mes gars, et grâce à un travail collectif animé (même Lotte porta dans la maison une corbeille à papiers et autres babioles) tout fut rentré en une heure. Je me précipitai au Christophers Hotel, où j'engloutis deux Sausages with mashed[1] *avec une bière et je m'endormis comme si j'avais moi-même tout porté sur mon dos. Excuse*

---

1. Anglais : «saucisses avec purée de pommes de terre».

donc mes coups de sonnette, attendre pendant neuf heures sans
rien savoir, ça rend nerveux. Tout est maintenant à l'abri et n'a plus
qu'à attendre les bombes allemandes (la radio allemande a déjà
*annoncé que l'*Admiralty *a l'intention d'installer ici son quartier*
général). Mais comme je l'ai dit, je ne crois pas à une longue guerre,
il faut être trois pour cela, et je doute que les Français veuillent
encore une fois supporter l'essentiel du fardeau.

Tu vois que l'ancienne loi de ma vie s'accomplit de nouveau,
tout ce que je souhaite réussit, mais rien du premier coup, il y a
toujours des incidents à surmonter, cette fois c'est un pneu qui a
crevé en route. Lotte va t'écrire tout le reste, pour aujourd'hui
remercie s'il te plaît encore tous ceux qui nous ont aidés, et
pardonne-moi toute la peine, les tracas, les agacements et la ten-
sion. En vous saluant très cordialement tous, votre
St. Z.

Pendant les gros travaux, les Zweig restèrent logés à
Lansdown Lodge où ils proposèrent un lit de fortune à Hannah
Altmann qui devait venir les aider à installer la maison, au lieu
de la loger déjà dans la nouvelle maison où l'entrepreneur
Wooster et d'autres artisans avaient commencé leurs travaux
aussitôt après le départ des anciens propriétaires, la famille
Huntley. Avec le transfert de l'Amirauté, une pénurie de personnel se fit bientôt sentir à Bath, de sorte qu'on eut plus de
mal que prévu à trouver une domestique. Les Zweig tentèrent
d'abord, apparemment en vain, de louer une partie de la maison ou du bâtiment annexe à un policier, comme cela avait été
le cas à Salzbourg avec la famille Schirl.

[106]   Stefan Zweig et Lotte Zweig à Hannah Altmann
        [de Bath], le 23 septembre [1939], fragment

Chère Hannah, c'est touchant de voir combien tu t'occupes de nos affaires. Mais je ne voudrais pas que vous veniez ici dès maintenant, Mme Kahn et toi, car on va tout de même sur octobre et après les journées ensoleillées que nous avons eues, il peut y avoir des semaines de pluie, et je ne voudrais pas que vous vous installiez tant que le chauffage ne fonctionne pas parfaitement. Même alors, ce sera bien assez éprouvant d'être dans une maison où du matin au soir on entend cogner, retentir des coups de marteau, des coups de sonnette, de pesantes allées et venues, et où personne ne s'occupe du lait, du pain etc. Je crois aussi que pour faire venir ne serait-ce qu'une personne, il faudra attendre que le chauffage marche – je ne voudrais pas faire gagner de l'argent à des médecins d'ici que je ne connais pas. [Ajout de Lotte Zweig : (Mais pourquoi avons-nous dans la maison d'ici un camp bed *?)]*

Wooster semble attaquer le chantier très correctement, d'ailleurs nous avons simplifié plusieurs aspects des travaux, d'après ses plans. Nous renonçons à la Strongroom[1]*, car nous avons découvert une sorte de coffre-fort où je peux être sûr de conserver des documents à l'abri de l'incendie, l'ancienne tuyauterie de salle de bains sera conservée, si bien qu'il ne faudra pas faire de percements pour le premier étage et qu'à mon avis il pourrait être parfaitement habitable d'ici deux à trois semaines – les travaux à proprement parler seraient ainsi limités au rez-de-chaussée. Ta chère présence me serait alors particulièrement bienvenue, parce que tu as l'œil, la motivation et, comme je l'espère, même du plaisir à t'occuper de*

---

1. Anglais : «chambre forte».

284

l'installation ; le mieux pour Mme Kahn serait qu'elle vienne à partir du moment où une partie de la maison sera devenue habitable et chauffable, avant je ne vois pas pour elle de véritable mission et seulement l'occasion d'attraper un gros rhume et d'aggraver ses crises de rhumatisme. Si Lotte monte là-haut une fois par jour et moi de temps en temps, cela suffira pour l'essentiel.

Le problème pour l'instant, c'est de trouver des voisins, ou au moins une char-woman[1]. *La première* Combination – *un policier – n'a pas marché, et (avec quelques légers claquements de fouet) je mets Lotte au petit trot pour qu'elle aille s'enquérir dans les agences. Dans l'intervalle je me suis occupé de la cave à vins et j'ai préparé toutes sortes de choses.*

Mille mercis et tous mes bons souhaits à vous tous
Stefan

Samedi 23. 9.
Chère Hannah, si tu veux être là pour le début des travaux d'aménagement intérieur, il faut que tu viennes bientôt – hier, pendant que les camions emportant les meubles des Huntley étaient encore devant la porte, trois peintres travaillaient déjà dans la guestroom *à arracher les papiers peints et ils prévoient d'attaquer un maximum de pièces à la fois. Les autres ouvriers, pour le chauffage, les salles de bains etc., ne pourront sans doute commencer qu'à la fin de la semaine. – Mais il ne faut pas du tout que tu te bouscules. Viens seulement quand cela te conviendra, au milieu ou à la fin de la semaine, nous serons tous les deux contents de te voir, tu pourras loger ici, la question du* camp-bed *sera ton…*

[Il manque la fin de la lettre de Lotte.]

---

1. Anglais : « femme de ménage ».

Le 24 septembre, Stefan Zweig entendit à la radio que Sigmund Freud était mort à Londres, la nuit précédente. À Vienne déjà, avant la Première Guerre mondiale, il considérait son œuvre comme intimement liée à Freud et à sa conception de la psychanalyse. En 1931, Zweig avait publié un ample essai sur Freud dans *La Guérison par l'esprit*. Il se sentait à présent tenu de participer à la commémoration de son célèbre compatriote, à qui il avait encore plusieurs fois rendu visite à Londres. La veille de ce dernier hommage, qui eut lieu le 26 septembre, Zweig partit pour Londres où il dormit chez les Altmann. Dans son Journal il décrivit en détail son voyage, car dans la cohue de la gare, il monta par mégarde dans un train à destination de Salisbury et ne s'en aperçut qu'en arrivant là-bas. À mi-chemin, embarqué dans un train qui roulait au sud de la ligne Bath-Londres, ce fut à nouveau l'obscurité qui frappa Zweig : «Je me retrouve alors dans une gare inconnue, plongée dans les ténèbres ; des porteurs courent ici et là, avec de petites lumières bleues – on se croirait à Vineta[1], la ville engloutie, fantomatique et défigurée, plus effrayante que nos gares pendant la guerre. On ne voit pas d'entrée, pas de buffet – on ne distingue rien, que du désordre. Il est difficile d'obtenir le moindre renseignement, j'apprends enfin qu'il y a encore un train pour Londres, et je dois à nouveau rester assis trois heures dans l'obscurité sans pouvoir lire ni faire quoi que ce soit[2].»

---

1. Ville légendaire, sur la mer Baltique (NdT).
2. Zweig, *Journaux 1912-1940*, 25 septembre 1939, p. 284 (traduction modifiée par nous).

Le lendemain matin, il prit des notes pour son discours et partit pour le Golders Green Crematorium où, après lui, un «Austrian busybody» prit la parole, un Autrichien faisant l'important et dont Zweig ne retint pas le nom dans son Journal. Le soir, il écrivit : «Dans l'ensemble, une cérémonie empreinte de tact et de dignité. Je repars aussitôt après vers Bath, que je trouve plus beau chaque fois que je reviens de Londres. Si seulement je pouvais déjà me remettre au travail! Tout irait mieux, alors[1].»

Mais jusqu'à l'emménagement dans la nouvelle maison il n'y eut pas un seul jour où il put se concentrer pour écrire, car d'innombrables choses étaient encore à régler. Début octobre, Zweig envoya à sa belle-sœur, à Londres, un point sur les travaux. La remarque qu'il formule ensuite sur la guerre en cours est sans doute une allusion à un discours de Lord Halifax, le ministre britannique des Affaires étrangères qui, le 29 juin 1939, avait averti le gouvernement allemand que la Grande-Bretagne était prête à se battre si le Reich continuait d'intervenir agressivement dans la politique internationale. C'était la première fois que, peu avant le début de la guerre, Halifax se démarquait nettement de l'«appeasement politic» observée jusqu'alors par le gouvernement Chamberlain qui s'était montré ouvertement un peu trop disposé à négocier. En disant que ce discours *ne* signalait *pas* que l'on *ne* négociait *pas* avec ce gouvernement, Zweig pourrait donc, avec cette double négation, avoir commis une erreur d'inadvertance. En tout cas, nous n'avons pas pu trouver d'autre discours de Halifax comportant une déclaration de ce genre.

---

1. *Ibid.*, 26 septembre 1939, p. 285.

Quant à la possibilité de négociations à laquelle Zweig fait allusion, c'était une proposition de paix adressée par Adolf Hitler aux puissances occidentales dans un discours prononcé devant le Reichstag, le 6 octobre 1939. Après l'occupation de la Pologne par l'armée allemande, Hitler y désignait l'amitié germano-britannique comme l'un de ses objectifs principaux.

[107]   Stefan Zweig à Hannah Altmann [de Bath, autour du 7 octobre 1939]

Chère Hannah, grand merci ! Je suppose que tu es fort désireuse de connaître les dernières nouvelles : la plus importante, c'est que j'ai gagné, dans la lutte entre le clair et le foncé, et que le staircase[1], *au lieu d'arborer un rose proche de la fraise écrasée, reviendra à une couleur imitant l'acajou – ce qui donnera plus d'unité à l'ensemble –, en outre je me suis dit qu'un escalier aussi étroit rendrait bientôt visibles les moindres éraflures et les marques laissées par les passages, s'il rayonnait dans les couleurs de l'innocence. Tout le reste avance rapidement, et il se pourrait bien que samedi nous célébrions notre entrée aux sons mélodieux de la radio. J'ai décrété que la maison resterait fermée dimanche, pour mettre de l'ordre dans tous les papiers, les fiches, les archives ; lundi, j'ai l'intention de me mettre au travail, et Lotte aura des vacances dès qu'elle voudra.*

Te souviens-tu que j'avais attiré ton attention, il y a quelque temps, sur un discours de Halifax, où soudain il n'était pas signalé que l'on ne négociait pas avec le gouvernement actuel ? En tout

---

1. Anglais : « la cage d'escalier ».

cas, une possibilité existe maintenant – espérons qu'elle sera sai-
sie. Bonne chance à vous tous !
Stefan

[Ajout de Lotte Zweig :]
Bien le bonjour ! Lettre suit. Lotte

L'emménagement dans la maison Rosemount eut lieu à la mi-octobre. Dans l'intervalle, Eva Altmann, la fille de Hannah et Manfred, était arrivée à Bath avec sa cousine Ursula Mayer et elles y allaient à l'école. Car comme on redoutait décidément que Londres soit bientôt la cible d'attaques aériennes allemandes, les parents des deux fillettes, âgées de dix et douze ans, les avaient expédiées à Bath. Quant à Lotte Zweig, elle projetait d'aller faire une série de courses à Londres pour compléter l'équipement de la maison et annonçait sa venue pour la semaine suivante chez sa famille.

[108]   Stefan Zweig à Hannah Altmann [de Bath, le 14 octobre 1939]

Chère Johanna, je t'annonce que nous avons emménagé aujourd'hui, samedi, et que ce fut un vrai housewarming[1], *dans la mesure où la maison semble réellement bien chaude et confortable. En revanche, les derniers ouvriers n'ont pas encore quitté les lieux, mais il ne reste que d'infimes détails, tout est au point et à sa place, et ce soir nous sommes même dans le grand lit. Les*

---

1. Anglais : «pendaison de crémaillère».

289

enfants vont bien, la leçon de piano à la maison s'est bien passée,
comme l'examen médical à l'école ; étant le Guardian[1], *j'ai édicté*
aujourd'hui l'oukase suivant : chaque individu ici dispose d'un
quota hebdomadaire de cinq portes laissées ouvertes, mais toute
surconsommation entraînera de cruelles représailles.
  Lotte te sera bientôt expédiée, et tu ne pourras guère te plaindre
alors de ne rien avoir à faire (ni Manfred non plus, j'espère).
J'espère pouvoir reprendre mon travail ici lundi matin, demain
dimanche on va ranger des tiroirs du matin au soir et mettre tout
en ordre au petit poil. Bien cordialement, votre
Stefan

[Ajout de Lotte Zweig :]
J'aimerais venir mardi, mais je ne suis pas encore tout à fait
sûre que tout soit alors terminé ! De tout cœur Lotte

Manifestement, Stefan Zweig n'était pas très content que sa femme fît une excursion à Londres. Après son départ, il envoya une lettre à Hannah Altmann où il décrivait la situation dans la maison Rosemount. L'agitation qui ne semblait pas vouloir diminuer continuait à le déranger beaucoup dans son travail. Pour exprimer plus clairement son irritation, Zweig décrivit aussi la tentative avortée de bien servir le thé lors d'une visite du marchand de livres anciens Heinrich Eisemann, qui avait récemment émigré en Angleterre, lui aussi, et conseillait Zweig pour sa collection de manuscrits autographes.

---

1. Anglais : (ici) « le tuteur ».

[109]   Stefan Zweig à Hannah Altmann [de Bath,
          vers le 20 octobre 1939]

Chère Hannah, merci beaucoup. Mais il ne peut être question d'un tapis aussi splendide et coûteux, malgré ta recommandation. Je ne veux pas «m'essuyer les pieds» sur des sommes pareilles. Une chose qui compte plus que tout cela, c'est que maintenant la <u>direction</u> de la maison se mette enfin en route et que je puisse enfin constater que tout marche parfaitement, sans devoir m'occuper de la façon de mettre la table ou de démarrer le chauffage central. L'inauguration – les Jahuda étaient venus pour voir Eisemann –, un simple thé, a été ratée parce que nous n'avions pas de seconde bouilloire d'eau brûlante (pour en remettre), ni de pot pour y jeter la première tasse etc., et que Lotte, durant les mois que j'ai déjà passés à Bath, n'a donc pas prévu l'ustensile le plus indispensable dans cette nation buveuse de thé (à Lansdown, je ne possédais même pas une tasse de chez Woolworth)[1].

<u>C'est pourquoi</u> ce qui m'importe – ce n'est pas de savoir si deux nuances de bois vont plus ou moins bien ensemble, mais d'être enfin assuré que si l'on sonne, quelqu'un ira ouvrir la porte, et que si un invité arrive, <u>je</u> n'aie à me soucier d'aucune question pratique dans la maison. Que Lotte apprenne à faire tourner une maison d'un certain niveau sans qu'on s'en aperçoive. Dans ces cas-là, elle objecte toujours qu'elle «n'a jamais vu comment on dresse correctement une table ou comment on fait le service dans les bonnes maisons» – et je ne peux que lui répondre : <u>voilà exactement</u> ce qui ne doit <u>venir à l'esprit de personne</u>, qu'elle n'a pas fréquenté la haute société. Mme Körner elle aussi a dû apprendre tout cela, et il faut s'en préoccuper – d'ailleurs

---

1. Équivalent américain (fondé en 1878) de Monoprix (NdT).

il ne suffit pas non plus d'aller une seule fois en deux mois dans un
bureau de placement, par les temps qui courent il faut s'y rendre
tous les deux jours, et insister, et poser des questions. Ta sœur fait
de son mieux, mais fatiguée et environnée de douzaines d'ouvriers,
elle ne peut pas faire la cuisine, et les rangements, et les courses, et
s'occuper des enfants. Il faut à présent que Lotte fasse énergiquement
en sorte que la maison fonctionne sans que je m'en rende compte ni
n'en entende parler. Je me suis accommodé pendant des mois que
personne ne nettoie mon costume ni mes chaussures, et que nous
n'ayons pas l'ombre d'un domestique; mais il faut maintenant en
finir définitivement de cet éternel provisoire; quand elle reviendra,
il faut qu'elle s'y attaque autrement et qu'elle s'y mette; voilà qui est
bien plus important que toutes les emplettes.

Aujourd'hui, un premier incident : après une grosse averse,
des gouttes tombaient, cette nuit, dans ma chambre à coucher.
Apparemment ils avaient oublié quelque chose sur le toit en le
réparant, ont-ils dit, j'ai dû aller aux aurores sonner de la trom-
pette chez Wooster.

Bien cordialement à vous tous
Stefan Zweig

La balade de Lotte Zweig dans les magasins se termina brusquement quand, peu après sa dernière lettre, son mari fit savoir
à Londres qu'il était furieux et exigeait qu'elle rentre immédiatement. Les jours qu'il venait de passer dans la nouvelle maison
n'avaient pas mis Stefan Zweig dans une humeur joyeuse, car les
artisans continuaient à travailler et la radio annonçait sans cesse
des nouvelles effrayantes sur l'évolution de la guerre. Lorsque
Marta Kahn n'arriva plus à faire face toute seule aux tâches

domestiques et qu'en plus, la provision de coke pour le chauffage fut épuisée, Zweig considéra qu'il était temps d'exprimer nettement son opinion. Après s'être contenté jusqu'alors, dans la plupart de ses lettres, d'allusions à la négligence de Lotte dans sa manière de gérer la maison, il n'essaya même plus de modérer le mécontentement que lui inspirait cette situation.

[110]   Stefan Zweig à Hannah Altmann [de Bath,
         peu après le 20 octobre 1939]

Chère Hannah, tu vas peut-être trouver barbare que j'aie ordonné à Lotte de rentrer au bout de quatre jours. Mais elle a négligé de mettre les choses en ordre avant de partir. D'un seul coup, il n'y a plus de coke, on est obligé d'éteindre le chauffage central parce qu'elle a négligé d'en commander ou n'a jamais vérifié quelles réserves il restait*. Quant à moi, je refuse d'en commander moi-même, parce que nous (toi et moi) l'avons déjà beaucoup trop gâtée, en prévoyant et en réfléchissant à sa place aux affaires de sa maison. Il faut qu'elle sache qu'elle ne doit plus compter sur moi, et que c'est à elle de prendre ses précautions.

De la même façon, elle ne peut pas continuer à faire peser toute la charge sur ta sœur. Mme Marta fait tout son possible en se dévouant d'une façon admirable. Mais j'ai l'œil trop vif pour ne pas voir qu'elle est fatiguée (pas étonnant !) et qu'elle a besoin d'avoir enfin un jour de repos. Elle va réveiller les enfants, prépare leur petit-déjeuner, fait la cuisine, fait les lits toute seule dans <u>toutes</u> les chambres, supporte toute la journée les allées et venues des ouvriers qui lui posent des questions et la font courir, et tout cela depuis maintenant des semaines sans qu'on l'ait déchargée, même pour une journée, de la cuisine ou de faire les chambres. Depuis des jours, elle a dû renoncer à sa sieste dans l'après-midi. Je ne peux pas voir cela plus longtemps – le devoir de Lotte, c'est soit de la décharger tout de suite de la cuisine pour une journée, soit de s'occuper enfin de trouver du personnel, si on ne veut pas ou si on n'est pas capable de faire soi-même les choses. Il faut qu'elle se rende compte que cette maison relève de sa responsabilité. Tous les achats doivent être réduits à l'indispensable, maintenant que la base est assurée, et ce, jusqu'à ce que tout soit en ordre. Dans une pièce, avoir un tapis marron ou un tapis d'Orient est beaucoup moins important pour moi que le fait que la pièce soit chauffée. Avant la beauté, il faut assurer le bon ordre. Ainsi, ce n'est pas la question des verres ou des sous-tasses qui compte en ce moment, mais qu'enfin la maison fonctionne tranquillement – tout le reste est secondaire. Je ne peux pas accepter que ta sœur s'épuise – et les coups de marteau, les clous qu'on enfonce, les questions, les portes qu'on referme ou qu'on ne referme pas, tout cela rend vraiment nerveux, même quand on a des nerfs à toute épreuve. Pendant toutes ces semaines, elle n'est pas allée se promener ne serait-ce qu'une heure. On ne peut pas continuer ainsi.

Ceci juste pour te montrer que je ne suis ni un barbare ni un brutal en ordonnant à Lotte de rentrer dès samedi. Très cordialement à vous tous

Stefan

** Je lui ai dit sept fois qu'elle pose la question, et aussi qu'elle surveille enfin notre consommation journalière, pour que nous ayons des points de repère.

Après son excursion écourtée à Londres, Lotte Zweig rentra à Bath en ramenant avec elle sa belle-sœur. Dès 1938, Hannah et Manfred Altmann étaient devenus, comme leur fille Eva, sujets de la couronne britannique et pouvaient de ce fait se déplacer librement. Les Zweig, en revanche, devaient, depuis le début de la guerre, aller déclarer à la police leurs moindres déplacements hors de leur lieu de résidence.

Lorsque Hannah Altmann rentra chez elle quelques jours plus tard, Stefan Zweig lui envoya une petite carte pour la remercier. L'organisation domestique s'était améliorée, mais les artisans étaient encore loin de quitter Rosemount, comme il le suggère par une allusion, en termes musicaux, aux travaux de peinture de la firme Stone.

[111]   Stefan Zweig à Hannah Altmann, de Bath, le 6 novembre 1939 (cachet de la poste), carte postale adressée à Londres, Woodstock Road

Chère Hannah, merci beaucoup, encore une fois – tu vas pouvoir à nouveau dormir. Ici dans la maison, le quintette à cordes continue à jouer comme un beau diable, avec Stone en chef d'orchestre ; au moment précis où je voulais mettre de l'ordre dans ma chambre, on a dû y démonter encore une fois le chauffage central, et comme je cherchais un abri en bas, les mêmes visages familiers ont surgi derrière les fenêtres. Malgré tout, les choses avancent vaillamment, et même en s'accélérant ! Bien reconnaissant, ton St. Z.

Les enfants circulent partout, de vraies palettes de peinture ambulantes !

Pour soulager Marta Kahn, on put embaucher en novembre un jeune Irlandais nommé William pour aider dans la maison et le jardin. Par ailleurs, une date avait été fixée dans l'intervalle et Stefan Zweig devait se présenter, début décembre, devant la police locale pour être interrogé par une commission au sujet de sa demande de naturalisation. Ces deux choses contribuèrent à rasséréner son humeur pour quelque temps.

Quant à Lotte Zweig, elle attendait une livraison de chez Selfridges & Co, à Londres. Dans sa lettre elle saluait Heiner Mayer, le père d'Ursula, ainsi que Harry Lee, un pharmacien voisin des Altmann; c'était un ami de son frère Manfred et il s'était porté garant de l'honorabilité de Lotte dans le cadre de sa procédure de naturalisation.

[112]   Stefan Zweig et Lotte Zweig à Hannah Altmann
         [de Bath, mi-novembre 1939]

Chère Hannah, il restait plus à faire que nous ne pensions : d'abord cette surprise avec le toit, qui va bientôt être réglée, ensuite pour le jeune homme que j'ai engagé comme gardener-handyman[1] *il y a quelques menus achats à faire pour lui installer une chambre; on continue à beaucoup monter et descendre les escaliers, mais un peu moins souvent. Nous espérons que samedi le calme régnera dans la maison. Il ne restera plus qu'à régler la facture, et Lotte sera, j'espère, une heureuse propriétaire et devra bien,* volens nolens[2], *devenir une maîtresse de maison accomplie.*

---

1. Anglais : «jardinier et factotum».
2. Latin : «bon gré mal gré».

J'ai le sentiment que les rouages sont bien huilés maintenant et que tout va pouvoir continuer son petit train smoothly[1].

Que les enfants soient dans la maison, – honnêtement – on ne s'en aperçoit pas du tout, ou bien d'une façon très agréable. Grâce au nouveau génie domestique, ta sœur va être soulagée – c'était la seule chose qui me tourmentait, car avec les ouvriers il y avait des allées et venues incessantes du matin au soir. À présent il n'y a plus rien à brancher, sauf que pour le nouveau boy, *je fais raccorder l'ancienne baignoire aux tuyaux de la cuisine; il faudra simplement qu'il aille chercher quelques cruches d'eau chaude au ballon, comme l'humanité l'a fait des millions de fois jusqu'à il y a cinquante ans (je l'ai encore vu faire dans ma propre enfance). Quant aux appliques, je ne les ai pas encore vues installées, je crois qu'elles produiront un très bel effet.*

J'espère que tu n'as pas parlé sérieusement du risque d'annuler ta visite. Je ne me réjouirais jamais d'être dans cette maison et j'aurais même secrètement une impression d'indécence si nous devions l'habiter seuls tous les deux, surtout dans une époque pareille. Je crains que vous n'ayez un besoin urgent de passer quelques jours au calme et relativement sans soucis, après ces dernières semaines à Londres; avec ma nature pessimiste, je prévois des choses désolantes pour les temps qui viennent, et je crois que l'atmosphère de Londres en elle-même a un côté déprimant – sans téléphone, on s'appartient déjà davantage. Et ce serait un peu fort que tu n'aies voulu connaître la maison que dans la période des tracas, et non pas maintenant où elle commence timidement à devenir un refuge et une vraie clinique de remise en forme! Une fois que je serai auditionné – dans les premiers jours de décembre,

---

1. Anglais : «en douceur», c'est-à-dire sans problème.

je pense –, je devrai de toute façon venir encore une fois à Londres et je ferai ce que ta sœur a fait hier à ta fille : je te passerai un bon savon pour avoir des idées aussi absurdes, de penser que Manfred et toi vous seriez ici des éléments perturbateurs.

Maintenant, Lotte veut aussi t'écrire, elle bâille et s'impatiente, parce que – il est déjà 9 h 30 – elle veut aller au lit, mais non pour se lever au chant du coq, car nous n'en avons pas encore; et j'ai hélas! été assez peu avisé pour l'encourager dans son projet, puisque le lit a été consolidé comme il avait besoin de l'être. Quand vous viendrez, on vous le prêtera une fois pour vérification.

Très cordialement à vous tous
Stefan

Je vous ai déjà écrit de mon côté, mais ce serait dommage de ne pas utiliser la place qui reste. Il n'y a plus grand-chose à ajouter, sinon que le boy aura une chambre superbe, avec les commodes en acajou des Huntley et une élégante garniture de toilette, noire avec des fleurs, et pot-de-chambre[1] to match[2]. *La maison et le jardin l'attendent impatiemment, tout comme j'attends, moi, la livraison de Selfridge. Salue de ma part Manfred, Heiner et Mr. Lee dont un ancêtre fut en 1815 le premier propriétaire de Rosemount.*

Lotte

Dans sa lettre de remerciements, fin novembre, pour leurs souhaits d'anniversaire envoyés de Londres, Stefan Zweig

---

1. En français dans le texte.
2. Anglais : «assorti».

pouvait déjà donner des précisions sur sa convocation devant la police, qui concernait également Lotte. En s'informant tous deux auprès d'autres émigrés, ils avaient appris des détails sur la procédure : dans certains cas, comme pour Marta Kahn par exemple, le requérant n'était pas tenu de se présenter en personne. Dans d'autres cas, comme pour Strauss, un peintre par ailleurs inconnu, et pour une Mme Körner que nous n'avons pas pu identifier non plus, la commission ne s'était pas déclarée satisfaite par les éléments établis lors de la première séance, ce que Zweig commenta sèchement en disant que cette dame avait dû leur paraître trop peu juive.

[113]   Stefan Zweig et Lotte Zweig à Hannah Altmann [de Bath, sans doute le 28, ou le 29 novembre 1939]

Chère Hannah, je vous remercie tous les deux pour vos bons souhaits d'anniversaire (des plus nécessaires) – je me serais d'ailleurs contenté d'un simple «Haha!». Dans la maison, toutes sortes d'incidents agaçants sont à déclarer : au moment où on s'apprêtait à louer Dieu et à régler la facture, il y a des fuites dans le toit à deux endroits, qui nécessitent tous deux des réparations – on n'en a donc pas fini avec Snell et consorts, et je crains qu'à Noël tu ne les trouves encore là, si d'autres surprises surviennent; en tout cas, nous avons à présent une assurance. Sinon, la maison marche gentiment, y compris avec les enfants, et j'ai commencé à travailler; jeudi, nous allons distraire la commission devant laquelle nous sommes convoqués sous la sympathique Headline *«Criminal Investigation Department». Mme Körner n'a pas encore reçu de réponse favorable, elle leur est manifestement* apparue comme étant trop goy[1], et ils veulent poursuivre leur enquête à son sujet. *Ah, mais je me perds en récriminations, alors que nous devrions tomber à genoux si rien de plus grave ne nous arrive ensuite.*

À propos de choses plus graves – j'ai la ferme intention de venir vous importuner au début de la semaine prochaine, peut-être même pour deux jours, car j'ai différentes choses à mettre en ordre. Très cordialement vôtre
Stefan

Chère Hannah,
Je t'ai écrit hier que tu devrais faire une shopping-pause*. Avec d'autant plus de gratitude que tu as de nouveau fait des achats. Difficile de décider si le tapis de table doit être frangé ou galonné, prends ce qui sera le plus facile à trouver et qui te plaise. – En partant, j'ai laissé la clé de mon armoire sur la serrure, ton frère l'a sûrement déjà remise dans le secrétaire de Marta. Stefan rapportera sans doute la seconde clé, la petite. – Pour le matelassage du couvre-lit, si la différence de prix n'est pas trop importante et que ce soit plus beau, fais-le faire, s'il te plaît. – Est-ce que d'ailleurs la couverture chinoise a été donnée à réparer ? Envoie-la éventuellement par la poste à la Ladies Society[2] et demande-leur par téléphone un* Estimate[3]*. – Les dimensions intérieures du plateau en verre sur la table roulante (elle a été pourvue de roues en caoutchouc et a reçu un vernis plus foncé, et le* handyman *la pousse comme une voiture d'enfants) sont 21 × 15½. – Je transmets ta commande à Wooster et j'insisterai pour que ça soit fait rapidement.*

---

1. Yiddish : «une non-Juive».
2. Anglais : Société religieuse de secours féminin.
3. Anglais : «un devis».

300

Aujourd'hui les enfants ont un peu parlé de l'école. La seule difficulté pour Eva, ce sont les «country dances» où elle dit ne pas bien réussir et où elle a peur de la professeure, qui crie beaucoup, dit-elle. Je m'informerai à nouveau prochainement. Tu n'as pas besoin de lui poser des questions là-dessus. Bien le bonjour à vous tous Lotte

Le cas de Marta sera traité le 6. XII à Taunton, mais «she is <u>not</u> required to attend[1]». J'en ai entendu dire autant pour ce peintre Krauss, qui n'est dans le pays que depuis trois mois. Mais nous, on veut nous interroger.

Stefan Zweig tenait beaucoup à ce que dans sa maison les enfants progressent dans leur connaissance des langues étrangères. Durant des «soirées d'opéra» organisées dans ce but, Lotte se mettait au piano, et les deux fillettes devaient chanter ou déclamer les paroles du livret en langue originale, tandis que Zweig, de son fauteuil, jouait le metteur en scène. Par ailleurs, à Rosemount, seule la langue française était autorisée à table, et les repas en devenaient parfois des rencontres très silencieuses. Et au début décembre, Zweig avait même incité Eva, la nièce de Lotte, à écrire à sa mère une lettre en français[2].

---

1. Anglais : «sa présence n'est pas requise».
2. Le texte ci-dessous n'a pas été retouché (NdT).

[114]   Eva Altmann et Stefan Zweig à Hannah Altmann
          [de Bath], le 2 décembre 1939

Chère Maman,
Il fait gris. L'école est belle. Le bâtiment de l'ecole est grand.
Ursel est plus grande que moi. Il est beau à Bath. Tante Marta est
belle. Je ne'ai pas un chien. Je ne sais pas ecrire en Français.
Eva

P.S. I have not learnt to write proper French letters yet so I
have not written much.

Chère Hannah, je te félicite pour la première lettre en fran-
çais de ta fille, qui semble se porter scandaleusement bien sans sa
mère. Pas grand-chose de nouveau, à part cela. Je vais très bientôt
passer un savon à monsieur Wooster, car ses gars continuent à
passer et à repasser sur notre toit. Je vais probablement me voir
notifier dès lundi mon décret de relaxe, et j'irai donc à Londres
mardi ou mercredi, s'il te plaît n'en parle à personne, je vous pas-
serai un coup de fil. Votre service à café est si beau que ma seule
crainte, c'est que d'autres gens aient le droit de l'utiliser. Nous
avons acheté quelques bricoles dans des ventes aux enchères, il
manque encore le tapis et le petit meuble d'angle – mais je crains
de ne pas avoir assez de temps à Londres pour ce genre de chose.
Sinon, portez-vous bien tous les deux, et d'ici Noël nous allons
nous appliquer à rendre la petite maison chaude et confortable.
Tout cordialement vôtre
Stefan Z.

Après avoir été interrogé à Bath, avec Lotte, par la commission et avoir reçu, comme il était prévisible, des attestations de leur honorabilité, Stefan Zweig repartit encore une fois à Londres, début décembre, pour régler diverses formalités. Peu auparavant il déposa au bureau compétent du Home Office un document détaillé où il exposait qu'il avait remis près d'un an plus tôt une demande de naturalisation et qu'il avait un besoin urgent de passeport pour son travail. Mais dans un premier temps, sa démarche n'eut pas de succès. Il revint si déprimé de son voyage à Londres qu'une fois rentré, il n'écrivit pas à la main, selon son habitude, sa lettre à Hannah Altmann, mais la dicta à sa femme qui la dactylographia. Lotte ajouta pour sa part quelques lignes à la main, au verso.

Pour les vacances de Noël, on projetait déjà la visite des Altmann à Bath. Ensuite Lotte comptait rendre visite à sa mère Therese qui résidait alors à Llandudno, au pays de Galles. Mais avant cela, une amie de Lotte, Anita Cahn, s'était annoncée à Bath.

[115]   Stefan Zweig et Lotte Zweig à Hannah Altmann, de Bath, le 8 décembre 1939, papier à lettres Bath, Lyncombe Hill

Chère Hanna,

Je rentre tout juste, et je dois commencer par te remercier chaleureusement pour ton hospitalité, et aussi m'excuser de mon humeur dépressive. Mais ce furent vraiment deux journées ultraremplies, et en plus, bourrées de petites contrariétés, et à chaque fois le black-out de Londres me donne l'impression de déambuler dans des catacombes.

Je veux seulement te raconter que ma proposition pour le tapis a marché (en incluant la thibaude) et ils étaient même prêts à venir l'installer ici, mais nous pouvons le faire nous-mêmes (je ne veux plus d'ouvriers dans la maison). Deuxièmement je tiens à te dire que les enfants ont une mine superbe, Eva m'a même semblé avoir un peu maigri, du fait que Lotte avait fait la cuisine hier.

Et maintenant, parlons de tes vacances. Essaie quand même d'obtenir un ou deux jours de plus pour ton mari, et ne prenez en aucun cas la voiture pour venir. Dans le train on se repose, et les routes en hiver ne me semblent pas sans danger.

Lotte va très vite étudier les horaires pour Llandudno.

Très cordialement à vous tous
Stefan

Stefan est rentré fatigué et abattu, mais content, je crois, de se retrouver dans la petite ville. Nous avons eu des journées mouvementées depuis : hier c'est le robinet du radiateur qui fuyait dans l'entrée, aujourd'hui c'est un tuyau qui a claqué dans le Conservatory[1] ; pendant ce temps, Stone s'affairait un peu partout avec de petits pots de peinture, et ma seule, et très mince, consolation est d'avoir réussi à faire venir Wooster en lui parlant d'une petite voix modeste, en cherchant à m'excuser. Espérons que ce sera le dernier incident, nous commençons à en avoir vraiment assez. À la fin de la semaine, Anita arrive pour 3 ou 4 jours. Les vacances des enfants commenceront vendredi prochain.

Tout cordialement Lotte.

---

1. Anglais : «la serre».

Dans les semaines suivantes, Lotte Zweig se consacra entièrement aux préparatifs de la réunion familiale et aux finitions de la décoration. Avant les journées de Noël on allait fêter, le 20 décembre à Londres, l'anniversaire de Hannah Altmann. À Bath, Eva et Ursula s'étaient liées d'amitié avec Judith Caro, fille d'autres émigrés juifs chez qui elles allèrent pour Hanouka, la fête des lumières. Comme Lotte le fait remarquer, Judith avait fréquenté à Berlin une école Essinger, de pédagogie innovante. Elle avait aussi à transmettre des nouvelles de la famille plus éloignée : elle mentionne son frère Hans, qui récemment avait lui aussi émigré de Kattowitz vers l'Angleterre, ainsi que la sœur de Therese Altmann, Ines Layton (en réalité, Löwenstein) et les filles de celle-ci, Cissy Baer et Beaty Liverman.

Stefan Zweig attendait avec beaucoup de joie la visite de la famille de Lotte. En disant qu'il avait déjà commandé un jambon pour accueillir les visiteurs et qu'il aurait de beaucoup préféré qu'on tue un cochon entier, il fait allusion à l'élevage de porcs qu'il y avait à proximité de la maison. En revanche, on n'a pas pu préciser l'identité d'un certain M. Luger qui aurait à libérer son lit.

[116]   Stefan Zweig et Lotte Zweig à Hannah Altmann
[de Bath, après le 8 décembre 1939]

Chère Hannah, tout se passera comme tu le souhaites. Lotte te sera expédiée pour ton anniversaire et ne me reviendra sans doute ici dans la maison qu'à titre de cadeau de nouvel an ; mais de mon côté j'espère vivement que vous prendrez le train – étant donné que Manfred a si peu de congés, il ne faut pas qu'il perde du temps

sur ces routes obscures et dangereuses. Par ailleurs, n'aie aucune crainte : Eva n'est pas du tout le petit cochon d'Inde grassouillet que tu imagines dans tes cauchemars, elle est juste un peu « mollert[1] » comme on dit à Vienne (où l'on goûtait fort ce genre-là) – demande à Smolka ou à Ron de te le traduire en allemand. Wooster ne nous a toujours pas remis sa facture, il nous laisse un délai de grâce – nous ne voyons plus d'ouvriers que chez les autres (et dans ce cas, avec plaisir). En votre honneur, on a déjà commandé un jambon, j'aurais préféré selon la tradition demander au voisin de tuer un cochon entier, pour honorer nos chers invités. De toute façon (même si je ne viens pas), je demanderai à M. Luger de libérer le lit pour la fin de la semaine. Donc dépêchez-vous, car ici on perçoit beaucoup moins la Miessität[2] de cette époque qu'à Londres, que j'ai d'ailleurs toujours trouvée détestable pendant Christmastime[3]. Très cordialement vôtre
Stefan

p.t.o.[4]

Chère Hannah !
Non seulement tout se passera comme tu le souhaites, comme l'écrit Stefan, mais il avait déjà été prévu auparavant que je partirais le 27 pour Llandudno et que j'offrirais à Maman des chemises de nuit en laine (elles sont même déjà achetées).
– Comment elle va et ce qui lui ferait plaisir, cela ressort, je

---

1. Autrichien : « rondelette ».
2. Yiddish : « mocheté ».
3. Anglais : « la période de Noël ».
4. Anglais : *please turn over*, c'est-à-dire TSVP.

crois, assez clairement de la lettre ci-jointe qu'elle m'a écrite. Je suis d'avis que si j'y vais à la fin décembre, et Manfred ou Hans peut-être en janvier ou en février, elle n'aura qu'à venir ensuite passer quelques semaines chez nous en mars ou en avril. On sera alors fin avril, et je crois qu'il est difficile de faire des prévisions au-delà. – Je n'avais pas oublié non plus l'anniversaire de tante Inès, et je peux même te révéler qu'elle est cette semaine en visite chez Cissy et qu'elle ira sans doute passer ensuite quelques semaines chez Beaty.

Pour les enfants, j'ai aussi trouvé ici un peu de laine à tricoter, en partie à prix réduit, et pour moi j'attendrai jusqu'à après Noël pour voir s'il y aura encore, au moment des soldes à Londres, des nappes et des serviettes, vu que même les plus petits morceaux de damas blanc battent tous les records. – Les bas que nous avions commandés en septembre dans le magasin de chaussures viennent d'arriver et j'en ai pris, aussi pour toi, bizarrement encore à l'ancien prix, mais sans doute d'une qualité moindre.

Le tapis est installé dans la drawingroom[1], et une heure après, Marta, William et moi avons interverti les coussins des deux fauteuils entre la library et la drawingroom, ce qui est incomparablement plus plaisant. – Cet après-midi-là, Eva et Ursel avaient invité une enfant nommée Judith Caro, de Berlin, et même de l'école Essinger, et Eva s'est excusée auprès de Judith pour le désordre général : nous étions juste en train de transporter le tapis et de faire des essais.

Les ouvriers de Wooster ne sont plus dans la maison, un vrai bonheur. Stefan prend sa défense, mais il ne fait pas de doute que

---

1. En anglais : « le salon » ; *library* (plus loin) désignant la bibliothèque.

Wooster a été responsable de cette série de leakages[1]. *Dans une bonne entreprise il peut y avoir un petit problème, on peut ne pas voir un endroit défectueux du toit, mais trois, ce n'est pas possible, sans parler des autres négligences. D'ailleurs Wooster l'a lui-même reconnu, après avoir commencé sur un ton très aimable; par exemple quand je l'ai appelé pour la dernière fuite dans le* Conservatory *en lui disant que je ne voulais pas Mr. Flint, mais un expert pour tout vérifier, il a eu le culot de m'envoyer le contremaître des* painter, Mr. Rickard; *de la même manière, quand je me suis plainte du* leakage *sur le radiateur au plafond de l'entrée, il m'a d'abord déclaré :* «he understands that Mr. Zweig keeps on turning it off and on[2]». *Tout cela était un sacré bousillage et de la frime, du reste il l'a admis en voyant que je ne gobais plus ses boniments. – En tout cas, j'espère que d'ici Noël tout sera rentré dans l'ordre et qu'on aura même récupéré l'argenterie; par ailleurs Stefans* insistence *pour avoir un* handyman *à demeure s'est révélée très positive. Il bouche les trous de souris, fait des petits travaux de menuiserie, répare les portes, les rabote et pourra aussi les repeindre, il a été formidable pour transporter les meubles, il scie du bois, et son principal défaut, à part son étourderie, est qu'il va probablement être mobilisé dans quelques mois.*

Le motif du couvre-lit en question est très beau, et je l'attends avec impatience, comme les autres qui sont à réparer ou à confectionner. – J'envisage également, si je peux me procurer du beau tissu de lin, de me coudre moi-même quelques nappes à bordure ajourée. Celles que nous avons achetées chez Jolly sont toutes

---

1. Anglais : «fuites»; plus loin les *painter* [*sic*] : «les peintres».
2. Anglais : «Il comprend (il voit bien) que M. Zweig n'arrête pas de l'ouvrir et de le fermer.»

mes réserves, et ici je n'ai rien vu d'attirant, à part ces sets à café multicolores.

L'embonpoint d'Eva est extrêmement exagéré. Elle est encore exactement comme quand nous l'avons prise avec nous, et tout ce qu'il lui faut, c'est de grandir un bon coup. Nous ferons faire la photo pour Maman dès le début de la semaine prochaine, quand nous pourrons aller en ville avec elle à des heures ouvrables.
– Aujourd'hui, elles sont chez cette Judith pour allumer les lumières de Hanouka et William ira les chercher.

Je me suis mise d'accord avec Marta pour l'instant, afin que, si ses enfants sont en vacances comme les nôtres jusqu'au 11 janvier, elle ne parte qu'après mon retour de Llandudno, le 1ᵉʳ ou le 2.

Tout le reste de vive voix, et bientôt j'espère. Est-ce définitivement le 22, ou ne viendrez-vous pas tout de même quelques jours plus tôt ? Pensez que Manfred a beaucoup de promenades à rattraper.

De tout cœur Lotte

*Les poules arriveront ces jours-ci, et selon le vendeur, elles sont «*strong, healthy and in good condition[1]*». Nous n'avons pas encore de chien ni de chat. Il paraît que les chats d'automne ne sont pas bons, sinon je vous aurais demandé de m'en apporter un de chez les Raumann. Mais on en trouvera sûrement des quantités par ici.*
<u>*Tourner*</u>

Je ne vois pas d'autres commissions à Londres, sinon un <u>out-side</u> *thermometer[2] qui indique aussi – ou seulement – les degrés*

---

1. Anglais : «vigoureuses, saines et en bon état».
2. Anglais : «thermomètre d'extérieur».

Eva Altmann et Ursula Mayer en train de faire leurs devoirs dans le jardin de Rosemount House.

Réomur [sic] *ou Celsius. Celui de Stefan est resté accroché à la fenêtre du séjour dans Hallam Street, je crois.*

Si par hasard tu voyais du lin pour des nappes, ou du beau tissu ou de bonnes serviettes blanches pas trop chères – j'aime beaucoup les miennes, ajourées, et au motif de grains d'orge –, tu as carte blanche.

Juste avant l'arrivée de Hannah et Manfred Altmann, on reçut les bulletins scolaires, et le maître de la maison Rosemount n'eut

CLAUDE AVELINE

BABA DIÈNE
et
MORCEAU-DE-SUCRE

30 images
de
JEAN BRULLER

nrf

Livre d'enfants pour l'enseignement du français dans la maison
Zweig : Baba Diène et Morceau-de-Sucre *de Claude Aveline*
avec des illustrations de Jean Bruller.

en ce début de vacances que de bonnes choses à transmettre à Londres. C'est pourquoi Lotte demanda encore à sa belle-sœur de lui rapporter de Londres un livre pour enfants paru en 1937, *Baba Diène et Morceau-de-Sucre*. Claude Aveline, l'auteur, y dénonçait le racisme et le colonialisme, et il avait offert son volume à Stefan Zweig, avec une dédicace. Maintenant, Eva Altmann et Ursula Mayer pourraient y approfondir leurs connaissances en français.

[117]   Stefan Zweig à Hannah Altmann [de Bath, le 15 décembre 1939]

Chère Hannah, en qualité de guardian, *je me vois tenu de vous communiquer que les bulletins sont arrivés ce jour, qu'ils sont tous les deux <u>très</u> réjouissants et justifiés pour l'essentiel, par exemple en disant qu'Eva devrait encore améliorer son écriture et qu'Ursel n'a pas encore pénétré tous les secrets de l'arithmétique (moi non plus). Pour autant, les deux couples de parents peuvent être <u>extrêmement</u> satisfaits : petits soldats presque parfaits! Et, Dieu soit loué, pas non plus les tout premiers de la classe.*

Je vous conseille encore instamment de venir en train − ne pense surtout pas que tu feras des économies en prenant la voi-ture, car il faudra tout de même que l'un d'entre vous rentre par le train et ce seul aller coûte presque aussi cher qu'un go and return *: 14/1 et 18/11. L'essentiel, c'est que vous arriviez bien frais et repartiez requinqués, fatigués de n'avoir rien fait et avec l'envie de vous activer. N'emportez mon appareil que si vous n'avez <u>rien du tout</u> à trimballer* [ajout de Lotte Zweig : *prenez en plus dans ma chambre le livre d'enfants en fr[ançais]. (quelque chose avec «morceau de sucre»)*].

Dans la maison, les derniers (ou avant-derniers) petits acces-soires sont maintenant arrivés : de petites tables qui n'ont pas encore leur nappe magique[1], des chaises pour dames qui se tiennent bien droites et veulent également bien se comporter, tandis que nous avons l'intention de vous préparer des lits et une salle de bains d'une luxuriance tout à fait orientale.
Salutations très cordiales de votre
Stefan

Je propose pour Manfred le programme quotidien suivant : 9 h 30 petit déjeuner au lit, 10 h 30 une heure de bain, assaisonnée de vocabulaire grec, 13 h News, avec oie rôtie, 2 h à 7 h regarder les autres travailler dans le jardin ou bien aller se promener, 7 h 30 dîner et ensuite piano. Le téléphone sera déboulonné, et personne d'autre ne sera autorisé à prendre un bain pendant la journée.

[Ajout de Lotte Zweig :]
Bien le bonjour, et à vous revoir à la gare de Bath
Votre Lotte

La veille de l'anniversaire de Hannah Altmann, les prépara-tifs pour la visite familiale étaient terminés. Ursula Mayer était partie pour rejoindre ses parents à Londres, et avant de revoir sa belle-sœur, Lotte Zweig, en espérant que Heiner Mayer, le père d'Ursula, lui ait déjà remis son cadeau, lui envoya encore ses vœux d'anniversaire.

---

1. Allusion à un conte des Frères Grimm, *Petite table sois mise* (NdT).

[118]   Lotte Zweig et Stefan Zweig à Hannah Altmann
[de Bath], le 19 décembre 1939

19. XII. 1939

Chère Hannah !
Votre lettre, à l'instant. Nous vous attendrons vendredi à partir de 2 h, faites en sorte de pouvoir partir tôt, car il y aura sûrement d'autres gens pour prendre la route en voiture et nous préférerions vous avoir ici avant la tombée de la nuit.
Ursel va déjà vous donner quelques nouvelles d'ici, et vous pourrez constater par vous-mêmes toutes les nouvelles acquisitions et transformations. Tout a été préparé pour vous, on nous a même promis une plus grosse ration de beurre, vous pouvez donc arriver tranquilles.
Je te souhaite de tout cœur un bon anniversaire, le cadeau t'a sûrement été remis à temps par ton frère.
Bien le bonjour à Manfred,
Votre Lotte

Apportez, s'il vous plaît, l'appareil photo de Stefan et, s'il n'est pas difficile à trouver, le livre d'enfant en fr.

Venez comme vous voudrez, en train ou en voiture, mais surtout venez, et le plus tôt possible, j'ai tout prévu en bon père de famille, de généreux jambons et de belles oies sont accrochés dans la cave et ne demandent qu'à être dégustés, des chapelets de saucisses bien en rond sont à dépiauter et à manger, le piano attend son maître, et Eva ses parents. Très cordialement vôtre
Stefan

*La famille Altmann à Bath, photographiée par Stefan Zweig :
(de g. à dr.) Hannah, Lotte, Eva, Therese et Manfred.*

1940

Manfred Altmann ne put s'échapper que quelques jours de son cabinet londonien pour venir à Bath, mais sa femme resta encore un peu à Rosemount pendant que Lotte partait voir sa mère dans le pays de Galles. Lorsqu'à la fin des vacances scolaires Hannah Altmann rentra chez elle à son tour, Stefan Zweig lui envoya aussitôt, comme à l'accoutumée, une lettre de remerciement.

[119]   Stefan Zweig et Lotte Zweig à Hannah Altmann
         [de Bath, début janvier 1940], papier à lettres Bath,
         Lyncombe Hill

Chère Hannah, voici sans tarder un grand merci de toute la maison dont le délicieux parfum d'oie rôtie s'est envolé avec toi, et aussi l'effrayante nouvelle que les enfants, outre les trois jours de Pâques, seront en vacances du 10 avril au 1ᵉʳ mai, dont il faudra alors absolument que le piano et le français profitent. Aujourd'hui, légère couche de neige sur le paysage, mais qui s'efface déjà, pas question hélas ! de descendre en luge à Bath. Je t'expédierai Lotte prochainement, bien emballée. Très cordialement à vous deux
    Stefan

En vitesse juste un petit bonjour, vu que je m'occupe en ce moment des problèmes de William et de sa «young ladie» (plus âgée que lui d'environ dix ans) qui a perdu son emploi et aimerait trouver chez nous un endroit pour dormir, ce que nous n'allons sans doute pas accepter.
Votre Lotte

À la mi-janvier, Richard Friedenthal vint passer quelques semaines à Bath pour assister Stefan Zweig dans son travail.

Les poules annoncées depuis longtemps étaient arrivées à peu près au même moment et relevaient de la surveillance du jardinier Edward Leopold Miller que l'on avait récemment embauché en renfort. Vers la fin du mois, Zweig put annoncer à Londres un événement remarquable que tous les habitants de Rosemount attestèrent de leur main. Comme Ursula Mayer avait passé quelque temps en Italie avec ses parents avant leur émigration, elle écrivit en italien.

[120]   Stefan Zweig et consorts à Hannah Altmann
        [de Bath], le 29 janvier 1940

Chère Hannah, si le courrier n'était pas gelé, nous te l'aurions aussitôt envoyé, ce premier œuf que, malgré la neige et le temps affreux, une brave poule vient de pondre. Le père – notre jardinier – en est extrêmement fier, comme s'il était sorti de son propre croupion. Le voici qui trône sur la table, et une terrible

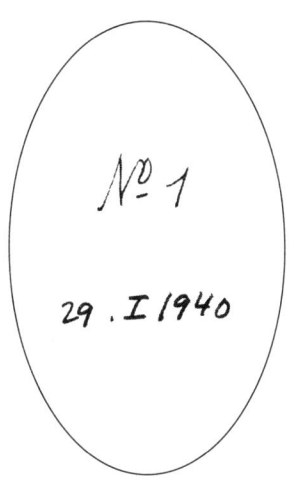

compétition est en train pour savoir qui va le manger.
Chacun le laisse généreusement à son voisin, parce que tous
sentent de concert que tu serais la seule digne de l'écrêter et de
l'engloutir.

Notre intellectual handyman – *c'est moi qui ai baptisé*
Friedenthal ainsi – veut en prendre une photographie. La fierté
de la maisonnée est indescriptible, et si nous pouvions, nous
aimerions le couver.

Tu vois donc que l'on n'est pas mélancolique à Rosemount,
puissiez-vous d'ailleurs venir bientôt vous en convaincre. Votre
Stefan

Je confirme volontiers que l'original est bien plus beau et grand
que sur ce malheureux dessin
Cordial[l] Marta

I hereby certify that the first egg has been laid[1]
E[va]. Altmann

Io confermo che l'uovo è stato prodotto nella casa dei rosaii
(Rosamonte)[2]
Ursula M[ayer]

Je confirme que l'œuf a en effet été pondu, photographié et
mangé. Télégramme impossible pour raisons météorologiques.
Lotte

---

1. Anglais : «Je confirme ici que le premier œuf a été pondu.»
2. Italien : «Je confirme que l'œuf a été produit dans la maison des roses (Rosemount).»

Je confirme moi aussi conformément à la vérité, en signant ci-après de ma propre main, les faits suffisamment décrits sur le haut de la présente page.

Richard Friedenthal

Pour le mois d'avril, Zweig prévoyait un voyage à Paris, où il était invité par la Société des conférences des ambassadeurs à faire une conférence, ce qui nécessitait des démarches compliquées auprès des autorités à Londres, et le priva de plusieurs journées de travail. Il dut aussi se rendre assez souvent dans la capitale à cause de la naturalisation. En outre, il lui fallait aller voir Victor Fleischer, son ami de longue date, malade, et qui devait subir une opération délicate. Pour l'amusement, les poules et les œufs qu'elles pondaient restèrent par la suite un sujet abordé dans les lettres.

[121]   Stefan Zweig à Hannah Altmann [de Bath, autour du 19 février 1940]

Chère Hannah, je viendrai certainement cette semaine, peut-être jeudi. Mais ne te vexe pas si je ne loge pas chez vous. Soit je repartirai le soir même, soit je prendrai un hôtel à côté de Paddington pour rentrer par le premier train, je ne veux pas perdre deux jours, étant donné que pour les affaires de Paris et de la naturalisation je vais certainement devoir revenir à Londres deux ou trois fois, de toute façon. Ce ne sont pas de délicats égards envers vous, mais un égoïsme grossier qui me conduit à négliger cette fois-ci votre si agréable foyer.

Œufs : seize. Le jardinier est très sévère envers nous, disant que nous n'avons pas à nous «meddler[1]» de «ses» poules, et je crains qu'il ne nous interdise bientôt aussi de mettre les pieds dans le jardin. En tout cas je vous ferai signe, et j'espère que nous pourrons nous balader le soir, si le vieux paysan que je suis n'a pas encore oublié comment on fait. Bien cordialement à vous deux
Stefan

Avant le départ de Richard Friedenthal, contraint de quitter Bath en février pour être interné comme «étranger ennemi», Stefan Zweig fit avec lui, en guise d'exercice de langue, la traduction en allemand de *Candle in the Dark*, un livre du philosophe Irwin Edman. L'ouvrage parut dès 1940 chez Berman-Fischer à Stockholm sous le titre *Ein Schimmer Licht im Dunkel[2]*.

Lorsque dans la famille Altmann on envisagea d'acquérir un dictionnaire encyclopédique, on consulta Zweig pour savoir si le prix demandé était convenable. En répondant à Hannah Altmann, il joue à l'homme peu cultivé et renvoie à son invité Richard Friedenthal, qui avait édité à Berlin le *Knaurs Konversationslexikon*, avant d'être interdit de publication par les nazis. Après s'être amusé à rivaliser de connaissances avec lui, Zweig faisait comme si son autorité était de plus en plus menacée par la présence de Friedenthal et, comme

---

1. Néologisme à partir de l'expression anglaise : *to meddle with something*, «se mêler indûment de quelque chose».
2. D'après l'original anglais *Une bougie dans le noir*, le titre choisi en allemand devient *Un peu de lumière dans l'obscurité* (NdT).

Edward Leopold Miller, le jardinier des Zweig à Bath.

il l'écrit à sa belle-sœur, il essayait de dissimuler ce défaut en se laissant pousser sur le menton une barbe impressionnante. Dans la maison de Bath, personne ne savait probablement que la dernière fois qu'il avait porté la barbe, c'était, *nota bene*, au début de la Première Guerre mondiale. En revanche, les proches de Stefan Zweig n'ignoraient pas que c'était surtout dans les périodes de cafard qu'il ne se rasait pas.

[122]   Stefan Zweig à Hannah Altmann [de Bath, mi-février 1940]

Chère Hannah, je crois que le dictionnaire à £ 15 est relativement le moins coûteux et qu'il les vaut bien*, ne serait-ce que par le plaisir et la culture qu'il apportera à Manfred. Dans toute maison bourgeoise «bechowet[1]», il y avait un dictionnaire encyclopédique, simplement on ne s'en servait pas, tandis que je vois déjà Manfred se lever sans arrêt pour le consulter : et toi, tu pourras à cette occasion t'exercer dans l'alphabet.

Ma future barbe Balbo a une origine un peu triste. Depuis que Friedenthal vit ici – même moi, il me surprend toujours par ses connaissances, et notamment dans le domaine pratique –, ma réputation dans la maison a beaucoup baissé. À côté de lui, je fais figure d'ignorant, on me raille et on se moque pour ma grossière inculture. Afin de conserver au moins une petite once de respect, je me dote à présent d'une barbe poivre et sel. Mais bien qu'elle pousse dru, ça n'a jusqu'ici inspiré aucune sorte de respect pour mon âge. Je t'enverrai Lotte à la première occasion. J'espère qu'elle t'apportera en cadeau d'invitée un œuf qu'elle a pondu, – oh pardon ! un œuf pondu par nos propres poules. Très cordialement à vous deux

Stefan

* Il faut seulement être prudent et vérifier ce que signifie «good condition», sans doute simplement «bon état». L'autre décrit son exemplaire comme «fine», ce qui rend un son un peu plus positif.

---

1. Yiddish : «respectable» (NdT).

Martha Kahn, Lotte Zweig, Richard Friedenthal, Ursula Mayer et Eva Altmann à Rosemount House ; à l'arrière-plan, le bureau de Beethoven ; au-dessus, dans des cadres, des manuscrits autographes de Goethe et de Balzac.

Le 12 mars, Stefan Zweig fut informé par F.G. Quittner, un collaborateur du cabinet d'avocats Herbert Smith & Co, à Londres, que les certificats de naturalisation pour lui et pour sa femme étaient arrivés. Après cette éprouvante attente, ils pouvaient tous deux demander de nouveaux passeports. Zweig se mit d'ailleurs à désigner ironiquement les Britanniques comme ses «compatriotes», après avoir été voir avec sa femme une pièce de théâtre annoncée comme un peu leste et dont la représentation n'était manifestement pas très réussie.

[123] Stefan Zweig à Hannah Altmann [de Bath, le 12 mars 1940] Papier à lettres London, Hallam Street [!]

Chère Hannah, je voulais seulement t'informer que Quittner nous a annoncé aujourd'hui par téléphone l'arrivée des Certificate. *Je me sens pris d'une certaine mélancolie pour vous, à cette occasion, car là où je suis citoyen, on ne gagne pas de guerre, je suis une très mauvaise* acquisition *pour les militaires. Je viendrai donc à Londres la semaine prochaine (au début) avec Lotte, pour tout faire régulariser et déposer la demande de passeport, et je compte sur une visite de votre part pour le jeudi. Reposez-vous bien, nous allons encore avoir copieusement besoin de nos nerfs dans les mois et les années à venir.*

Ta fille est dans son lit, très contente, elle a raté une averse de neige aujourd'hui : nos pauvres fraises… mais comme le jardinier va triompher, lui qui ne voulait pas les planter! Victor F[leischer]. a été opéré encore une fois hier, espérons que cet épisode sera ensuite terminé.

Nous avons été voir hier la naughty play, *mais quand mes compatriotes s'avisent d'être* naughty, *c'est tellement affreux – que nous nous sommes enfuis à la fin du second acte.*

Bien cordialement à vous tous
Stefan

[Ajout de Lotte Zweig :]
Bien le bonjour Lotte.

Le 15 mars 1940, Lotte et Stefan Zweig prêtèrent à Bath l'*Oath of Allegiance* et devinrent ainsi officiellement sujets de la couronne britannique. Un passeport fut également établi au nom de Stefan Zweig, mais portant encore la mention «enemy alien», ce qui signalait nettement que le détenteur était originaire d'un pays ennemi. Lotte Zweig n'obtint son passeport, avec la même mention, qu'un trimestre après son mari. Bien que dans la maison des Altmann, à Londres, toute la famille ait contracté la grippe, ils envoyèrent une lettre à Bath pour les féliciter de leur naturalisation.

[124]   Stefan Zweig et Lotte Zweig à Hannah et Manfred Altmann [de Bath, après le 15 mars 1940], papier à lettres Bath, Lyncombe Hill

Chère Hannahfreds, je vous remercie beaucoup pour vos félicitations, mais dans ma vie tout arrive avec beaucoup de retard, et peut-être qu'au dernier moment, juste avant l'agonie, je deviendrai aussi un homme raisonnable (outre un civis britannicus[1]*). J'espère que vous êtes entièrement remis de vos grippes, mais tout de même, chez un médecin les gens ne devraient pas tomber malades, au lieu de guérir.*

J'en suis encore (nous le sommes tous) trop épuisé pour inciter Eva à vous écrire une lettre. Mais pour une fois, ne lui écrivez rien pendant quinze jours, afin que ce soit elle, *pour changer, qui réclame des lettres.*

---

1. Latin : «citoyen britannique».

Je viendrai à Londres cette semaine pour aller voir Victor et aussi pour prendre des contacts* à propos de mon voyage à Paris – pas de difficultés du côté de la France, et ici la chose semble aussi plus facile depuis que je ne suis plus un outcast[1]. *Je laisserai d'ailleurs Lotte ici, tel un gage précieux, puisqu'on prétend que l'absence renforce vivement l'inclination chez les femmes.*
Très cordialement, votre
Stefan

* Mais ne craignez pas d'invités, je rentre le soir même.

Est-ce que vous êtes vraiment tous remis en forme ? Au téléphone vous êtes toujours si évasifs. Si tu étais encore alitée, Maman, et que tu n'aies personne, nous pourrions venir, Martha ou moi. Cordialement Lotte

Quelques semaines plus tard, Stefan Zweig put déjà se servir pour la première fois de son nouveau passeport. Des amis français, ainsi que son ex-femme Friderike qui vivait encore en France, s'étaient entremis pour qu'il soit invité à prononcer une conférence au théâtre Marigny, à Paris. Une petite semaine avant son départ, il précisa ses projets de voyage à Hannah Altmann.

---

1. Anglais : « un paria ».

[125]   Stefan Zweig et Lotte Zweig à Hannah Altmann,
         de Bath, le 4 avril 1940 [cachet de la poste], carte
         postale adressée à Londres, Woodstock Road

*Dear Hannah, I have now all permits, tickets ect. together except
the permission for the travelexpenses which will come tomorrow.
The date of my departure is fixed to Wednesday 9 h 30 morning
Victoria Station and Lotte and I would like to come on Monday.
We intend to take the train at 9¹⁵ from here arriving 11³⁰, than [!]*

*Eva Altmann, Ursula Mayer et Lotte Zweig au printemps 1940,
travaillant dans le jardin, à Bath.*

Lotte would bring the luggage to you, while I am going to the censorship office and she or you both will meet me for lunch. Perhaps it would be better that Tuesday night Lotte and I sleep in a hotel near Victoria Station not to disturb your house Wednesday morning and to deprive Manfred of his precious bath-hour. We have plenty of time to talk this over on Monday.

Kindest regards
  Stefan

Le 10 avril, Stefan Zweig décolla de Croydon, l'aéroport de Londres, à destination de Paris où il avait l'intention de rester jusqu'au 29. Pendant cette période il écrivit presque tous les deux jours à Lotte, et vu son emploi du temps rempli de rendez-vous et sa rapidité en écrivant la plupart de ses lettres, il fut amené à lui raconter plusieurs fois certains événements. À cause des impératifs de la censure, Zweig n'écrivit pas en allemand et signa à chaque fois de son nom entier. Encore à Londres, il avait constaté la stricte interprétation du règlement en se voyant contraint, lors du contrôle des bagages, de laisser derrière lui son agenda de poche où étaient inscrites trop d'adresses, ce qui rendit suspect le petit carnet.

[126]   Stefan Zweig à Lotte Zweig, de Paris, le 10 avril 1940,
         papier à lettres et enveloppe Hôtel Louvois, Paris

Mrs Elizabeth Charlot Zweig
Bath (Angleterre)
Lyncombe Hill
« Rosemount »

[Paris, le] 10 April 1940

Dear Lotte,
I am well arrived, the voyage was somewhat bumpy as we flow
very near over the ground all the way but it was delightful to see
France in sunshine. Today I got only a charming room for two
(with bath 70 Francs) tomorrow I get a single one and it is <u>not</u> true
that the cafès *are closed three times a week – only no* aperitifs.
I had to leave back my little blue pocket-book at the cus-
tomhouse on behalf of the many ad[d]resses. It will be returned
directly through the censorship.
Now I have finished my first letter and you have to wait some
time for the second. Kindest regards to you all
Stefan Zweig

Dès le lendemain commença pour Stefan Zweig une série quasiment ininterrompue de visites et d'invitations, qui continua pendant tout son séjour. Il rencontra ainsi son vieil ami Julien Cain,
de la Bibliothèque nationale, et le soir, le couple Frans et Pauline
Masereel. Entre-temps il vit Marie Bonaparte, qu'il désigne
dans la lettre sous son titre de princesse de Grèce. Zweig avait
récemment revu cette proche amie de Sigmund Freud lors de ses

obsèques à Londres. Et outre les rendez-vous avec les musiciens Alfred Cortot et André David, il put encore fixer des rencontres avec ses confrères écrivains Paul Valéry et Hermann Kesten.

[127*] Stefan Zweig à Lotte Zweig, de Paris, le 11 avril 1940, papier à lettres et enveloppe Hôtel Louvois, Paris, enveloppe adressée à Bath, Lyncombe Hill

[Paris, le] 11 avril[1]

Chère Lotte,
Il fait merveilleusement beau a Paris, seulement j'ai froid comme un chien, mais un chien bien joyeux. Je vois enormément des gens, j'ai déjeuné aujourd'hui chez le Julien Cain, j'ai pris le thé chez la princesse de Grèce, je dine avec les Masereels et après je verrai encore Kesten. Demain dejeuner chez Larue avec André David, aprèsmidi chez Bouteron, diner chez Cortot, Samedi dejeuner avec Paul Valéry et comme cela tous les jours, mais j'ai fait (sans pardessus) des longs promenades. La vie est ici bon marché – pas a comparer avec chez nous, les taxis ect. pour si peu de chose et une abondance des vivres. En somme le voyage fortifie la confiance.
On voulait que je parle deux fois au radio, mais une fois sera assez pour moi. Je parlerai probablement Mardi le 23 mes dix a douze minutes, mais je t'avertirai a temps. Rien n'est encore

---

1. Ces lettres (signalées ici par un astérisque*) écrites en français par Zweig à Paris – au nombre de sept –, souvent le soir et très vite, vu son écriture, n'ont pas été retouchées du tout. Grâce à l'obligeance d'Oliver Matuschek, nous avons pu nous reporter aux originaux scannés (NdT).

fixé, on va seulement me réserver cette journée. Demain chez
Bouteron je ferai mon plan de travail.
Espérant de te lire bientot et avec mes meilleurs compliments
a tous ton
   Stefan Zweig

Zweig voulait profiter de ses journées à Paris en continuant ses recherches pour sa biographie de Balzac. Il espérait surtout pouvoir examiner l'importante collection de documents sur la vie et l'œuvre de l'écrivain rassemblés par le vicomte Spoelberch de Lovenjoul[1], mais il apprit hélas ! bientôt que les précieuses reliques avaient été transférées du château de Chantilly à la campagne, à cause de la guerre. Zweig était soutenu dans ses travaux par l'historien de la littérature Marcel Bouteron, qui était depuis 1912 le principal responsable de l'édition des œuvres complètes de Balzac et qui lui prêta le manuscrit d'un volume non encore imprimé.

Que l'on pût encore se procurer tous les vivres en France sans aucune restriction ne fut pas sans fortement surprendre Zweig. En Angleterre, beaucoup de denrées étaient déjà rationnées, et en se souvenant des pénuries de la Première Guerre mondiale, Zweig avait constitué à Bath d'immenses réserves de boîtes de conserve et d'aliments non périssables, et on y entreposa aussi de grosses provisions d'encre et de papier.

---

1. Personnage évoqué par Zweig dans un article de mai 1914, « Visite chez Balzac », cf. *Écrits littéraires. D'Homère à Tolstoï, op. cit.*, Albin Michel, 2021, p. 137-145, en particulier p. 141 (NdT).

[128*]   Stefan Zweig à Lotte Zweig, de Paris, le 13 avril 1940
(cachet de la poste), papier à lettres et enveloppe
Hôtel Louvois, Paris, enveloppe portant l'adresse de
Bath, Lyncombe Hill

[Paris, le] Samedi

*Ch[ère]. L[otte]. j'ai reçu ta carte de Jeudi ce matin. Je grelotte
faute d'un pardessus mais je te reproche seulement d'avoir oublié
mon rasoir (ou a-t-il été perdu !). Contre le froid je prends beaucoup
d'alcool, hier pour le dejeuner quatre vins différents et le même le
soir chez les Cortot, qui t'envoient les meilleurs salutations. Quant
au prix, tout est ici pour nous Anglais excessivement bon marché et
d'une abondance et qualité inaltéré, les rues assez bien eclairés – la
guerre semble beaucoup plus loin que de chez nous.*

*J'ai été hier chez Marcel Bouteron homme charmant et je le ver-
rai encore Dimanche. Je [= Il] me prépare tout dont j'ai besoin et
me prêtera le manuscrit du quatrième volume des lettres. En somme
tout etait comme je l'ai supposé et il y a peu des détails a ajouter
– malheureusement le musée de Chantilly est non seulement fermé
mais les manuscrits de Balzac en province pour la durée de la guerre.*

*On voulait deux conferences au radio, je ne donne qu'une
seule le ＿23, et je te telegraphierai l'heure. Amitiés à tous
ton mari
Stefan Zweig*

L'un des jours suivants, Zweig revit Alzir Hella, son traducteur de longue date, et il demanda à Lotte de lui expédier
deux textes qu'il avait écrits au cours des semaines précédentes
à Bath et qui furent intégrés dans le recueil très apprécié des
Sternstunden der Menschheit, les *Heures étoilées de l'humanité*.

Son programme prévoyait aussi des rendez-vous avec les écrivains Siegfried Trebitsch et Ernst Weiss, ami que Zweig soutenait financièrement de temps en temps. Derrière l'information qu'il a passé l'après-midi dans les environs de Paris, à Croissy-sur-Seine, se cache une visite à Friderike, qui vivait là-bas avec ses deux filles. Alix avait épousé Herbert Stoerk en juillet 1939, et Suse était fiancée avec Karl Hoeller, avec qui elle se maria pendant l'été 1940. Friderike et Stefan se virent plusieurs fois pendant ce séjour et clarifièrent encore d'ultimes questions financières pendantes, pour assurer la situation de Friderike.

L'indication ajoutée en anglais, juste sous l'en-tête, concerne déjà des réservations pour la prochaine tournée de conférences que Zweig prévoyait. Après une étape aux États-Unis, il s'agissait de partir durant l'été une nouvelle fois en Amérique du Sud.

[129*]   Stefan Zweig à Lotte Zweig, de Paris, le 14 avril 1940 (cachet de la poste), papier à lettres et enveloppe Hôtel Louvois, Paris, enveloppe portant l'adresse de Bath, Lyncombe Hill

room from circa 30ᵗʰ August to 3ʳᵈ Sept

Chère Lotte,
J'ai reçu ta lettre de jeudi aujourd'hui samedi soir avec une prodigieuse vitesse. Je rentre de Louveciennes[1] où j'ai déjeuné

---

1. Dans la belle propriété familiale de Lucienne et Julien Cain, qui ne furent probablement pas étrangers au choix de Croissy-sur-Seine par Friderike Zweig, qui les évoque à plusieurs reprises dans ses souvenirs in *Spiegelungen des Lebens*, p. 170 et suiv., cf. Bibliographie p. 393 (NdT).

*Stefan Zweig lors de sa rencontre avec Paul Valéry et sa femme
Jeannie en 1940 à Paris, photo prise par la fille de Friderike Zweig,
Suse von Winternitz.*

*avec Julien Cain et Paul Valery, puis j'etais à Croissy, puis j'ai diné
avec Hella – un delicieux cochon de lait après des poissons et puis
une Creme d'Isigny – à maintenant encore un mot (titubant encore
du bon vin du dejeuner et diner). Hella te prie de lui envoyer «le
Mot sur l'Océan» et «la Mort de Ciceron» dont il a besoin pour
les hebdomadaires. J'aurai la conference traduite après demain et
j'ai encore celle du radio a faire (chose pas facile dans ce temps puis
qu'on préfère un peu d'actualité). Demain, j'irai chez Bouteron et
je verrai Weiss et – helas – Trebitsch, mais peu a peu le nombre
des visites se diminuera et ils ne resteront que les agréables.
L'atmosphère de Paris est bienfaisante et la campagne au bord de la
Seine etait ravissante avec les arbres en fleurs.*

Donc tous mes vœux et j'espère les ouvriers quitteront bientôt
la maison et tu auras ta vie tranquille grace a l'absence de ton
Stefan Zweig

À peine une semaine après son arrivée à Paris, l'optimisme initial de Stefan Zweig fut mis à rude épreuve. Du fait de son programme très serré et des récits peu réjouissants de ses confrères, il se sentait à maints égards sous pression.

[130*]   Stefan Zweig à Lotte Zweig, de Paris, le 16 avril 1940
             (cachet de la poste), papier à lettres et enveloppe
             Hôtel Louvois, Paris, enveloppe portant l'adresse de
             Bath, Lyncombe Hill

[Paris, le] 16. IV 1940

Chère Lotte, je ne peux pas ecrire, j ai trop a faire, chaque jour plus, car la traduction doit être remanié page pour page, je dois faire un thème pour le Radio et je ne sais pas encore sur quoi. Tout a changée après les premiers jours je suis maintenant harassé et surtout profondément triste en vue des évenements. Cortot est devenu très vieux, nous tous qui sentons profondément les choses, sont au bout de nos forces et le travail nous parait un refuge. J'ai fait beaucoup des notes pour le Balzac et je devrais voir encore un libraire, mais je n'ai plus de temps. Tu seras sans lettre de moi plusieurs jours. Ton
Stefan Zweig

Après avoir pris ses marques pendant quelques jours, Zweig se mit à préparer sa conférence et son allocution radiodiffusée. Alzir Hella l'assistait pour mettre au point les textes français, mais Zweig, de plus en plus déçu, doutait de son aptitude à travailler avec lui sur un discours.

En outre Zweig avait encore des visites à faire : il rencontra l'éditeur Bernard Grasset, le diplomate et écrivain Jean Giraudoux qui avait participé en 1936 au congrès du PEN-Club à Buenos Aires, la journaliste Geneviève Tabouis et aussi, pour finir, son confrère Georges Duhamel.

[131*]   Stefan Zweig à Lotte Zweig, de Paris, le 19 avril 1940 (cachet de la poste), papier à lettres et enveloppe Hôtel Louvois, Paris, enveloppe portant l'adresse de Bath, Lyncombe Hill

[Paris, le] Vendredi

Chère Lotte, merci pour tes lettres. J'ai affreusement a faire, c'est une torture de ~~rev~~-corriger avec Hella la conference – trois jours de travail continuel, il est si lent et n'a pas le sens de la diction. Puis pour le radio. J'ai fait remettre la chose d'une journée et je ne parlerai [que] <u>Mercredi a 18</u> heures – j'ai fait le changement pour pouvoir <u>ecrire</u> le petit discours. J'etais ce soir au Theatre, invité par Girodoux, j'ai diné deux fois (merveilleusement) chez les Cortot, avec Duhamel et des gens charmants, j'ai eté a une conference de la Tabouis, j'ai donné deux interviews, j'ai parlé avec les Grassets, j'ai diné chez Gillet, demain avec les Romains et j'ai vu une foule des gens. Il fait terriblement froid et *j'ai vu très peu de Paris, j'espère la semaine prochaine me permet-tra de prendre haleine. Tout est ici confiant et plein de charme et si j'aurais un traducteur qui ne me fairait pas travailler toute la journee, j'aurais du loisir. J'ai pas eu le temps de changea chemise, mon costume commence à être sale et maintenant a 12.30 j'écris encore des lettres. Tout de même, cela m'a fait du bien. Amitiés à tous*

Stefan Zweig

La salle est grande et sans micro. Mais l'acoustique parait d'etre excellente.

Quelques jours avant son allocution radiophonique, Stefan Zweig demanda à Lotte de transmettre l'heure de cette diffusion à la baronne Maria Ignatievna Budberg, qui avait fait office d'interprète à Naples en 1930 quand Zweig avait rencontré Maxime Gorki dont elle était alors la compagne.

Zweig avait à présent retrouvé son entrain ; il poursuivait ses visites et il rencontra plusieurs fois pendant son séjour l'écrivain Jules Romains et sa femme Lise.

[132*]   Stefan Zweig à Lotte Zweig, de Paris, le 20 avril 1940
(cachet de la poste), papier à lettres et enveloppe
Hôtel Louvois, Paris, enveloppe portant l'adresse de
Bath, Lyncombe Hill

[Paris, le] Samedi

*C'est donc convenu – <u>Mercredi à 18 heures</u> a la Radiodiffusion
Nationale (Radio Paris je suppose). Si tu peux avertir la bonne
Budberg, je lui ai promis. Je n'ai pas encore préparé un ligne. Ce
soir avec les Romains, Lundi au théâtre, visites, interviews tout
est très interessant et exitant.*
*Je crois que je partirai Lundi le 29. pour arriver le même jour à
Londres – je veux avoir deux jours de Paris pour moi.*
*On voulait que je parle une seconde fois en Allemand, mais je
refusais. Assez une fois !*
*Il fait beau aujourd'hui et j'espère la semaine prochaine de
pouvoir me promener un peu. Girodoux a le plus beau chien que
j'ai vu tout ma vie – je l'ai bien envié. Ton*
Stefan Zweig

La préparation de sa grande conférence au théâtre Marigny
avec la collaboration d'Alzir Hella n'en finissait décidément
pas, de sorte que, sans le lui dire, Stefan Zweig s'adressa à
Blanche Gidon, la traductrice de Joseph Roth, et ce fut elle
qui vint finalement l'aider à corriger les corrections. Pour être
sûr qu'à Londres on ne manquât pas son allocution à la radio,
il inscrivit l'heure précise non seulement dans sa lettre, mais la
répéta exprès encore une fois sous l'en-tête.

L'excursion qu'il évoque pour le dimanche ne se fit probablement pas, car dans l'agenda qu'il avait acheté spécialement pour son séjour, différents rendez-vous sont inscrits pour ce jour-là aussi. Mais il est possible qu'il fasse allusion à une visite au cimetière Picpus sur la tombe du poète André Chénier, exécuté pendant la Révolution française, où il s'était rendu jadis en compagnie de Rainer Maria Rilke et où il est avéré qu'il retourna avec Friderike, pendant son séjour à Paris.

Bien que Zweig se préparât consciencieusement à ses deux interventions, on dirait qu'en pensée il était presque déjà rentré à Bath lorsqu'il écrivit la lettre suivante, car après avoir commencé par «Dear Lotte» il repassa aussi à l'anglais pour la formule finale.

[133*]   Stefan Zweig à Lotte Zweig, de Paris, le 21 [avril 1940], papier à lettres et enveloppe Hôtel Louvois, Paris, enveloppe portant l'adresse de Bath, Lyncombe Hill

Conference Paris donc Mercredi 18 heures
[Paris, le] 21

Dear Lotte*, merci pour ta lettre du 20. J'ai un sale travail avec la traduction de Hella, d'abord je l'ai retravaillé trois jours avec lui, maintenant je laisse la encore reviser par un autre, elle est trop mauvaise cela veut dire, elle est literale et par [= pas] pour la parole parlé. Quel misère! Deux jours de nouveau perdus dans ma chambre et maintenant il faut la laisser taper et etudier. J'ai fait ma conference pour le Radio moi-même en Français pour l'empêcher de devenir trop lourd. Tu dois comprendre : je parlerai ici devant un public <u>exigeant</u> qui a l'oreille pour des fautes et des lourdeurs.*

J'ai diné prodigieusement hier avec les Romains chez Larue, il avait lui-même combiné le menu. Ils envoient les meilleurs salutations. Je vois des gens très importantes et interessantes. Lundi je vais au theatre de nouveau, Mercredi je parle (Radio National 18 heures), je verrai encore les Cortot, Vendredi j'ai apres la conference, un petit diner avec quelques camerades au Penclub. Puis le delicieux Samedi, libre pour flaner, le Dimanche pour une excursion et Lundi je veux returner, je te dirai ou telegraphierai l'heure exacte, mais il ne faut pas m'attendre a la station.

Paris etait ravissant aujourd'hui – la seule chose que je peux faire etait decrire la conference pour le Radio sur un café-terasse au boulevard. Demain Dimanche travail again *avec la traductrice de Roth, qui refait en cachette avec moi le maquillage de Hella.* Kindest regards *Stefan Zweig*[1]

Zweig retomba en effet complètement dans l'anglais en écrivant la lettre suivante à sa femme, et il lui demanda même de préparer un premier rendez-vous avec son comptable et conseiller fiscal Wilmot, du cabinet Binder, Hamlyn & Co, à Londres.

Quant à sa question pour savoir si son agenda avait déjà été restitué par le bureau de la censure, il faut sans doute y répondre négativement, car dans ses papiers de l'année 1940 on n'a retrouvé aucun des petits carnets bleus, de la marque Smythson of Bond Street, qu'il utilisait depuis 1935.

---

1. Comme la lettre n° 128, celle-ci est écrite à l'encre violette, que Zweig aimait utiliser (NdT).

[134]   Stefan Zweig à Lotte Zweig, de Paris, le 21 [avril 1940],
         papier à lettres et enveloppe Hôtel Louvois, Paris,
         enveloppe portant l'adresse de Bath, Lyncombe Hill

[Paris, le] Lundi

Dear Charlot,
I have hard work, the translation has to be changed word for
word. I shall return Monday and we will make an appointment
in London as soon as I know the right time. You may use the
time to prepare all for Wilmot in different schemes so that we can
decide before seing him.
Paris is marvellous now in the spring, I sit in many cafehouses
and do there my work and correspondence. All is so cheap, sorry
that I took so little luggage and cannot buy anything.
Yours
Stefan Zweig

Has my diary been sent back already ?

Le jour même où Zweig prononça à la radio son discours
intitulé «Ceux qui ne peuvent pas parler», il communiquait
déjà à sa femme l'heure précise de son retour en Angleterre
et lui signalait encore une fois que le manque de temps et ses
bagages insuffisants ne lui laissaient aucune possibilité de faire
des achats, malgré tout ce qui était disponible.

Le samedi, Zweig rencontra aussi l'écrivain Roger Martin du
Gard, qu'il avait vu pour la dernière fois en 1936 pendant son
séjour à Nice.

[135]   Stefan Zweig à Lotte Zweig, de Paris, le 24 avril 1940
(cachet de la poste) papier à lettres et enveloppe Hôtel
Louvois, Paris, enveloppe portant l'adresse de Bath,
Lyncombe Hill

[Paris, le] Wednesday

Dear Lotte,
I shall leave Monday 9.30 and will be (I suppose) about 1 o'clock
or 2 o'clock in London. If you are not at Victoria air-station, I shall
leave the luggage there and we meet then at 6.30 at Paddington
for the Bath train. You can however easily find out by phone the
time of my arrival and if I do not find you there perhaps you leave
me a letter.
I am living here in a great turmoil as now all people know
that I am here. Saturday I shall see still Roger Martin du Gard.
Kindest regards to Hannah and the whole family
Yours
Stefan Zweig

Things are marvellous here and so cheap but I have not a
minute for shopping – I have not seen one bookseller and even
not Stock, my publisher.

Le discours de Zweig au théâtre Marigny, dans le cadre de
la Conférence des ambassadeurs, fut un immense succès, des
centaines d'auditeurs sans carton durent être refusés à l'entrée.
Cependant Zweig venait d'être soudain en butte à une inflammation des gencives, et du coup, dans sa lettre où il ne retrouve
pas le mot anglais «gums» pour gencives, il invente le mot

«teethfleisch[1]». Pour cette occasion exceptionnelle, Zweig avait choisi un sujet très personnel qui lui permettait de s'exprimer à sa manière sur la situation actuelle. Il évoqua «La Vienne d'hier», en anticipant non seulement sur le titre de ses Mémoires à venir [*Le Monde d'hier*], mais aussi sur l'idée de décrire une époque qu'il avait connue et qui à ses yeux était en train d'être engloutie.

[136]   Stefan Zweig à Lotte Zweig, de Paris [le 27 avril 1940], papier à lettres Hôtel Louvois, Paris

Dear Lotte,

Just this moment they phone me from the airport, that I have to start Monday at 14 h instead of 9.[30], so I shall arrive about 8 o'clock in the evening.

The lecture at Marigny seemed to start very unluckily. I had suddenly a terrible inflammation of my teethfleisch (I do not know the right expression) and suffered the whole day. I swallowed in my despair 3 kind of Vegamin (a special mixture recommended by Duhamel) and feel now a little better. But the lecture passed gloriously, the enormous theatre was full till to the top and one had to send 400 people away – so they want to have me a second time and in the radio I can speak now when and whatever I like.

Just my dear Roger Martin is here and I have to go out for lunch.
Yours
Stefan Zweig

I shall come to Woodstock [Road] if you are not at Vict[oria] Station].

---

1. Néologisme associant l'anglais *teeth* = dent et l'allemand *Fleisch* = chair (NdT).

À peine sept semaines après la conférence de Zweig, les troupes allemandes entrèrent dans Paris. Quand la ville se rendit sans combattre, le 14 juin, après la campagne menée vers l'ouest par la Wehrmacht, Zweig était à Londres pour faire établir les papiers dont il avait besoin, ainsi que Lotte, en vue de leur voyage au Brésil. Sa femme ayant elle aussi obtenu un passeport, ils avaient en effet décidé de partir ensemble d'abord à New York, puis à Rio de Janeiro où Zweig avait été invité officiellement à faire plusieurs conférences et visites. Dans son Journal cependant, il se posait encore la question, peu de temps auparavant : « Mais faut-il que je le fasse ? Partir à nouveau loin de mon travail, de ma maison, loin de tout et surtout dans l'inconnu, à nouveau plonger dans l'incertain, perdre à nouveau mon temps en conférences et en mondanités, alors qu'on se sent l'âme pétrifiée dans le corps. Ce qui hier encore aurait été de la joie, a aujourd'hui un goût de bile[1]. » L'obtention des visas et autres documents indispensables fut une nouvelle épreuve de patience, et Zweig laissa finalement plutôt le destin et les bureaucrates décider si ce voyage se réaliserait, et cessa de se poser des questions.

Il se faisait également du souci pour ses amis en France et en Belgique, maintenant que les pays du Benelux et le nord de la France étaient envahis par les Allemands. Il resta aussi longtemps sans nouvelles de Friderike ou de ses filles, mais apprit enfin qu'elles étaient en sécurité. Quant à Ernst Weiss, que Zweig avait encore revu à Paris, l'information se répandit bientôt qu'il s'était suicidé le jour de l'entrée de la Wehrmacht dans la ville.

---

1. Zweig, *Journaux 1912-1940*, 30 mai 1940, ici traduit par nous, B. C.-H. (NdT).

Stefan Zweig avec son ami Victor Fleischer, au printemps 1940 dans le jardin de la maison Rosemount.

À Bath, on accueillit, ce printemps, Victor Fleischer qui vint passer quelques semaines de convalescence, après son opération. Zweig admirait son insouciance et sa confiance en Dieu, comme il l'écrit dans son Journal, alors qu'il avait lui-même perdu depuis longtemps l'espoir que la situation puisse rapidement s'améliorer.

Quand les bagages furent finalement bouclés et que ce voyage outre-Atlantique fut imminent, les Zweig n'avaient pas encore de billets pour le retour, mais ils projetaient de rentrer après quelques mois à Bath, dans leur maison. Ils partirent avec le minimum et Stefan Zweig n'emporta que quelques documents

a) Lotte Zweig au printemps 1940 dans le jardin de la maison Rosemount.
b) Stefan Zweig avant son départ d'Angleterre.

pour travailler. Il avait surtout l'intention de se consacrer, en route, à ses Mémoires et laissa chez lui le volumineux ensemble de ses dossiers pour la biographie de Balzac.

Les lettres qui suivent furent écrites par les Zweig dans le train qui les emmenait à Liverpool, d'où le paquebot devait partir pour New York. Eva et Ursula restaient à Bath où Martha Kahn, la sœur de Hannah, allait diriger la maison, qui pendant l'absence des Zweig devait accueillir la famille Levinthal.

[137]   Lotte Zweig à Eva Altmann et Ursula Mayer [dans le train vers Liverpool, le 24 juin 1940]

Dear children,
I hope you made friends with the Levinthals and that you like one another, otherwise it will be difficult for your next guardian (auntie Martha) to keep peace at Rosemount while we are away. You really must help her to look after the house, to eat all the fruit and vegetables and to keep the piano in tune – not to forget the winding of the grandfatherclock. I shall try to come back soon, otherwise I am afraid that even Ursel will play the piano better than I do, and that must never happen. – I hope that we have a quiet journey and that I can at least sleep as much as I want and have a holiday from my various professions as guardian, housewife and secretary.
Keep well, be good and don't forget to write to your
auntie Lotte

Pour accompagner les recommandations de leur tante, Stefan Zweig envoya aux enfants une lettre où il s'inspira du tourbillon des langues qui avaient marqué les dernières années. En évoquant les chaussettes que les deux fillettes tricotaient pour les soldats partis à la guerre, il suggérait que la date de son retour était incertaine. Comme jusqu'alors elles n'avaient pas réussi à en terminer une seule paire, il avait fait remarquer d'un ton sarcastique qu'il s'agissait sans doute surtout d'un cadeau pour des blessés ayant déjà perdu une jambe dans les combats.

[138]   Stefan Zweig à Eva Altmann et Ursula Mayer [dans le train vers Liverpool, le 24 juin 1940]

Dear Evula (combination of Eva & Ursula)
Siamo nel treno et nous esperons d'être ce soir à Liverpool und morgen weiter zu reisen. Then we have soon to speak spanish una lingua molto bella, die du noch nicht verstehst et que je parle moi-même pas beaucoup mieux que toi le Français. I am afraid to forget my English und kann nicht alle Sprachen durcheinandersprechen, sonst werde ich cosi intelligibile come questa carta. Ursula vous aidera a traduire les passages en Italien and I am sorry not to be able to write in Irish for William. Give everybody my kindest regards et cultivez votre jardin, le piano. Wir hoffen zurückzusein, ehe der Strumpf für den Soldaten fertig ist.
Yours uncle
Stefan

Pendant la dernière nuit qu'ils passèrent en Europe, les Zweig s'aperçurent à quel point la Grande-Bretagne était à présent menacée, puisqu'une alerte aérienne les obligea à passer

La lettre de Stefan Zweig à Eva Altmann et Ursula Mayer, le 24 juin 1940.

une heure dans la cave de leur hôtel, à Liverpool. Tandis que Lotte ne mentionne qu'en passant le fait à sa belle-sœur, Zweig compléta sa lettre par quelques lignes là-dessus, mais à cette date-là il ne s'agissait très vraisemblablement pas, comme il l'écrit, d'une attaque, mais d'une alerte.

Vu leur réservation tardive et l'afflux important vers les paquebots à destination de l'Amérique, les Zweig durent se contenter tout d'abord d'une simple cabine sous le pont. Mais comme ils avaient emporté, au cas où, une lettre de recommandation, ils purent finalement s'installer en première classe. Ce sésame leur avait peut-être été procuré par le marchand de livres anciens Heinrich Eisemann, dont la famille avait des contacts avec un opérateur de voyage.

[139]   Lotte Zweig à Hannah Altmann, de Liverpool,
        le 25 [juin 1940]

Liverpool, 25ᵗʰ, 10.30 a.m.

Dear Hanna,

We had a good journey to Liverpool, spent an hour at night quietly in the basement, reported as ordered at 7.30 at the Office and have now just managed – with the help of the recommendation letter – to get a first class cabin.

There is nothing else to say – Eva will excuse if I use her words – so only very best wishes in the hope to be able to return soon.

Stefan would like to telegram when Levinthals are in your [our?] house. Perhaps you better urge them a little, I read that another south port town will evacuate children to Somerset.

Kindest regards to all,
Lotte

[Ajout de Stefan Zweig :]
Before our departure we had one hours air raid [warning?] tonight which we passed in the cellar of the hotel! S.

25.6.40

Dear Marta,

All the forma-
lities are over and as soon
as we get our luggage in
the cabin we can have a
rest. Even Stefan admits
that he is tired and a few
quiet days on the boat
would be very nice.
I don't quite
know whether I feel sorry
because I have left home
or whether I am looking
forward to the journey.

Première page de la lettre de Lotte Zweig et de Stefan Zweig à Martha Kahn, le 25 juin 1940.

Lotte et Stefan Zweig écrivirent aussi une lettre à Martha Kahn quand ils furent déjà sur le bateau. Bien que Lotte Zweig soulignât encore une fois que son souhait le plus vif était de rentrer dans quelques mois à Bath, elle et son mari ne devaient plus revoir l'Europe. Après la traversée jusqu'à New York, il y eut des séjours dans différents endroits et des semaines de voyage en Amérique du Nord, et entre l'Amérique du Nord et du Sud. À l'automne 1941, Stefan et Lotte Zweig louèrent finalement une maison à Petropolis, au Brésil, où ensemble, le 23 février 1942, ils se donnèrent la mort.

[140]   Lotte Zweig et Stefan Zweig à Martha Kahn
        [de Liverpool], à bord du *Scythia*, avant la traversée
        de l'Atlantique vers New York, le 25 juin 1940, papier
        à lettres Cunard White Star « Scythia »

25. 6. 40

Dear Marta, All the formalities are over and as soon as we get our luggage in the cabin we can have a rest. Even Stefan admits that he is tired and a few quiet days on the boat would be very nice.

I don't quite know whether I feel sorry because I have left home or whether I am looking forward to the journey.

I am afraid I got a bit too attached to Rosemount and all « our family » and so you were also part of the family I missed you the last weeks; I wish nothing better than to be able to return in a few months time and to continue life where we left it six weeks ago. And then I hope you would be willing to return too.

*In any case thanks for your company during all those months!
And kindest regards to Mayers and Manfred!*

Yours Lotte

What about your room?

*There were hard days. At night air-raid-alarm at 1³⁰ and more
than an hour in a cellar with forty people in (not always nice
looking)* negligés[1]. *This morning up at 6⁴⁵ and from then waiting, waiting, waiting without to sit down till to 1³⁰. We are both
tired not so much physically but in my age the fear of continual
examination of papers, of luggage, of passports, of money has
something which exasperates. Let us hope that the worst is over
for us all – the best I can wish to us!*

Yours,

Stefan Zweig

---

1. *Sic* (NdT).

Empreintes digitales de Stefan et Lotte Zweig, prises par les services de police à leur arrivée à New York.

DOCUMENTS ANNEXES

Stefan Zweig et Lotte Altmann
Modestes réflexions sur un rapprochement croissant

« J'ai parfois eu le sentiment que votre propre bonheur n'avait pas assez d'importance pour vous, comme si vous vouliez seulement saisir ce qui vous échoit, sans faire un seul pas dans cette direction, comme si vous n'aviez pas assez de <u>courage</u> pour vouloir être heureuse. Si seulement je pouvais vous aider à cet égard, et vous servir d'exemple. J'ai toujours désiré le meilleur et souvent il m'a été accordé ; et au moment précis où je n'osais pas l'espérer, c'était doublement beau. » C'est le 5 août 1934 que Stefan Zweig écrivait ces lignes à Lotte Altmann, qui était alors depuis quelques mois sa secrétaire à Londres. Ce jour-là, Zweig s'en allait de la ville et repartait vers cette Autriche qu'il avait quittée dans une grande fureur au début de l'année, après la perquisition de sa maison à Salzbourg par la police. Peu avant ce retour, il s'était rendu en Écosse en compagnie de Lotte Altmann pour y faire des recherches en vue de sa biographie de la reine Marie Stuart. Moins de six mois plus tard, son épouse Friderike allait le surprendre dans une chambre d'hôtel à Nice avec sa secrétaire, dans une situation qui lui prouva sans ambiguïté qu'ils avaient une liaison. Il en résulta, au cours des années suivantes, d'intenses affrontements entre Friderike et Stefan Zweig, qui menèrent à leur divorce et finalement à son mariage avec Lotte Altmann. Même si ce chapitre de la biographie de Zweig est assez bien connu, les sources dont on disposait jusqu'alors émanaient d'un unique point de vue. En l'absence d'autres documents, l'évocation de nombreux détails reposait principalement sur des récits de Friderike Zweig, qui, pour des raisons évidentes, n'était pas un témoin objectif.

Le présent volume[1], où pour la première fois sont reproduites toutes les lettres connues adressées par Stefan Zweig à Lotte Altmann, vient compléter la série des importantes éditions de la correspondance de Zweig parues ces dernières années et qui éclairent surtout sa biographie. Il faut citer l'anthologie de lettres échangées par Stefan et Friderike Zweig, éditée par Jeffrey B. Berlin et Gert Kerschbaumer, intitulée *Wenn einen Augenblick die Wolken weichen* [«*Si les nuages se dissipent un instant*»] parue en 2006, qui a permis de corriger sur bon nombre de points leur correspondance connue jusque-là; citons aussi le volume publié par Darien J. Davis et Oliver Marshall en 2010, *Stefan and Lotte Zweig's South American Letters. New York, Argentina and Brazil, 1940-1942*[2] qui constitue, pour la chronologie et la teneur des échanges, la suite des lettres que nous éditons ici.

Après la correspondance qui se poursuivit pendant trente ans entre Stefan et Friderike Zweig, après les lettres envoyées d'outre-Atlantique à la famille de Lotte Altmann, nous présentons ici des documents qui décrivent sous un angle nouveau la période où Stefan Zweig se détacha de Friderike et se tourna vers Lotte Altmann. L'examen de ces lettres montra rapidement qu'une édition enrichie de commentaires ponctuels peinerait à éclairer suffisamment ces textes. À la différence de ses relations avec la plupart de ses autres correspondants, Stefan Zweig passa à plusieurs reprises des semaines ou des mois avec Lotte Altmann, périodes où aucun message écrit n'était nécessaire, hormis quelques rapides billets, mais où se produisaient dans leurs vies des événements déterminants qu'aucune lettre ne mentionnait, alors qu'il faut absolument en être informé pour comprendre leurs échanges. En outre, aucun des deux n'évoquait explicitement avec l'autre des questions personnelles, encore moins touchant leur relation. Il nous

---

1. Paru en allemand en 2013, Fischer Verlag, Francfort-sur-le-Main (NdT).
2. *Stefan et Lotte Zweig, Lettres d'Amérique, New York, Argentine, Brésil, 1940-1942*, édition établie et préfacée par Darien J. Davis et Oliver Marshall, traduit de l'anglais par Adrienne Boutang et Baptiste Touverey, Paris, Grasset, 2012.

apparut donc que la meilleure solution était d'intégrer les documents authentiques dans un texte continu où seraient présentés les événements essentiels concernant leurs vies et l'histoire de l'œuvre.

Malheureusement, nous ne disposons que des lettres de Stefan Zweig à Lotte Altmann dont il faut considérer les réponses comme ayant disparu. Elles ont vraisemblablement été détruites par Stefan Zweig lui-même avant son départ d'Europe à l'été 1940. De même, tous les messages adressés aux Zweig par la famille Altmann ont disparu, alors que les lettres adressées par Lotte à son frère Manfred, à sa belle-sœur Hannah et à d'autres membres de la famille jusqu'au milieu de l'année 1940 ont pu être intégrées dans le présent volume, qu'elles complètent utilement.

Cette correspondance commence par une lettre de Stefan Zweig à Lotte Altmann alors partie à Francfort rendre visite à son père, gravement malade. Le ton plein de sollicitude de cette première lettre persiste dans les suivantes que Zweig lui adresse. Il s'inquiète toujours de Lotte Altmann, et quand elle lui fait défaut comme secrétaire, parce que tombée malade, il se montre extrêmement compréhensif, même dans des périodes où il est surchargé de travail. Quand Zweig a l'impression, en se relisant, que la tonalité d'une de ses lettres est trop professionnelle, il y joint en post-scriptum des explications qui sont parfois même plus longues que le texte d'origine.

Qu'il ne s'agisse pas là seulement d'un climat de travail particulièrement cordial, mais qu'une relation nettement plus complexe n'ait pas tardé à s'établir entre eux, on ne le perçoit souvent qu'entre les lignes. Dans *Le Monde d'hier*, son livre de souvenirs autobiographiques, Stefan Zweig en évoquant sa première visite à Londres, au début du XXᵉ siècle, note qu'après son séjour à Paris, cette ville lui avait fait l'impression que l'on éprouve par une journée de forte chaleur en se retrouvant brusquement dans l'ombre. Il va même jusqu'à parler d'un léger frisson qui vous envahit dans les premières minutes. Mais dans l'une de ses lettres d'août 1934 à Lotte Altmann [nᵒ 10], on lit : « Depuis longtemps déjà aucune ville nouvelle, aucun paysage rencontré ne m'a plus saisi aussi fort ; j'aurais envie de vivre complètement à Londres»; or, malgré le grand intervalle de temps écoulé depuis sa première visite, il est peu vraisemblable que la ville se soit transformée au point que Zweig ait pu oublier toutes ses préventions, et il ne faut être ni grand poète ni très imaginatif pour comprendre que «Londres» ici, comme dans nombre d'autres lettres, est à entendre symboliquement comme «Lotte». Et dans le passage que nous avons cité en commençant, l'allusion de Zweig est tout aussi claire : ce bonheur que, selon lui, Lotte Altmann pourrait atteindre par un simple pas, est sans aucun doute lié à l'attirance qu'elle lui inspire. Dans une lettre à Joseph Roth, Zweig avait déjà évoqué, quelques semaines plus tôt, ce qu'il éprouvait en compagnie de Lotte : «Encore une fois, j'ai perdu mes certitudes et je suis devenu curieux. D'ailleurs il y a aussi une jeune femme qui me veut du bien, à moi qui ai cinquante-trois ans[1]!» Et Zweig, l'auteur à succès, traduit dans d'innombrables langues, va jusqu'à flatter celle qui est sa secrétaire en lui écrivant assez souvent des phrases comme «mon travail, j'ai honte de le dire, se retrouve en quelque sorte dépendant de votre bonne volonté» [n° 13].

Après la première euphorie, et quand Zweig fut revenu de son voyage en Amérique, au printemps 1935, il y eut pourtant une phase durant laquelle, tout à fait irrésolu quant à la suite, il évita aussi bien tout séjour prolongé à Salzbourg que tout retour à Londres, et laissa Lotte Altmann durant des mois dans l'incertitude sur ses projets pour l'avenir. Pendant ce temps, sa femme Friderike lui reprochait sans cesse de s'être monté la tête depuis la perquisition de la maison à Salzbourg, et dans une sorte de délire de la persécution, d'être devenu tellement intransigeant qu'il refusait toute réconciliation avec les autorités locales. Sans doute Friderike Zweig ne voulait-elle pas voir certains signes, pourtant clairs, du détachement croissant manifesté par son mari vis-à-vis de Salzbourg – et d'elle aussi, par conséquent. Cette perquisition, outre son caractère douteux sur le plan juridique,

---

1. *Stefan Zweig/Joseph Roth, Correspondance 1927-1938*, lettre n° 125, non datée [de Londres, entre la fin mai et la mi-juin 1934] Payot & Rivages, Paris, 2013, ici traduit par nous (NdT).

avait aussi fourni à Stefan Zweig la possibilité de réorienter fondamentalement sa vie sans devoir pour autant invoquer des motifs personnels précis ; car après des années de conflits familiaux, le couple Zweig était depuis longtemps au bord de la séparation quand Lotte Altmann entra en scène. Il est intéressant de savoir que Zweig, dès mai 1934, donc juste après l'avoir engagée, déclara dans un questionnaire adressé au Foreign Office, à Londres, son intention d'y louer ou même d'y acquérir un appartement, voire une maison – comme il ressort d'un document adressé par E. H. Carr à C. B. McAlpine, qui figure dans le dossier de naturalisation de Stefan Zweig, conservé au Home Office. La déclaration évoque aussi le problème qui retenait encore Zweig d'acquérir alors un bien immobilier à Londres : à la place de l'habituelle prolongation de son permis de séjour, à chaque fois pour trois mois, il voulait obtenir une autorisation à plus long terme, voire illimitée. Même si les fonctionnaires assuraient catégoriquement à Zweig qu'il obtiendrait sans difficulté toutes les prolongations demandées, un règlement exceptionnel n'était pas envisageable, même pour lui. Zweig avait-il alors effectivement déjà le projet de s'installer à demeure à Londres, ou essayait-il plutôt, en invoquant sa situation particulière, de se procurer un permis de séjour permanent et de s'assurer ainsi à plus long terme la possibilité d'obtenir sa naturalisation, c'est difficile à dire.

D'ailleurs, on en est également réduit aux hypothèses, quant à savoir comment Stefan Zweig lui-même considérait sa relation avec Lotte Altmann. Dans les lettres qu'il lui adresse, il conserve dans toute la période suivante un ton très amical, mais il met de plus en plus l'accent sur ses préoccupations concernant son œuvre. Dans une lettre à sa femme en septembre 1935, depuis Zurich, il écrit froidement, peu avant de retourner à Londres : « Je suis impatient de revenir à mon travail (et pas à Miss A[ltmann]., comme tu le supposes hélas)[1]. » Il y a sans doute un peu de vrai dans cette phrase, car Zweig termine sa dernière lettre de 1935 à Lotte Altmann, qui reste bien

---

1. Stefan Zweig à Friderike Zweig, de Zurich, le 19 septembre 1935 [cachet de la poste), FRED., cf. Sources et sigles, p. 388.

évidemment sa secrétaire, en écrivant : « Et vous emportez bien sûr aussi la machine ! »

Au début de 1936, Zweig changea très nettement d'attitude et s'employa activement à transférer son domicile de Salzbourg à Londres. Il était alors dans un état d'intense tension nerveuse, car l'interdiction de ses livres dans le Reich allemand menaçait de le priver d'une grande partie de ses lecteurs. En même temps, le conflit entre sa femme et lui sur la suite de leur mariage et la question d'un domicile commun ne faisait que s'envenimer. Cette phase décisive de la vie de Stefan Zweig a pu être éclairée ici de manière significative en intégrant dans le présent volume des lettres, jusqu'alors inédites, de Friderike Zweig et de plusieurs autres membres de la famille.

Friderike Zweig eut beaucoup de mal à supporter la séparation, ainsi que l'attitude longtemps irrésolue de son mari. Dans ses lettres, elle apparaît comme une femme combative qui n'est prête à renoncer ni à son couple, ni à tous les acquis de leur passé à Salzbourg. Le fait qu'en cas d'un échec définitif de leur relation, elle allait divorcer pour la seconde fois la déstabilisait fortement. Si l'on compare sa correspondance (encore inédite) avec son premier mari Felix von Winternitz, pour les lettres datant de leur séparation, au début de la Première Guerre mondiale, on y trouve de nombreuses analogies, pour le contenu et la tactique, avec les messages qu'elle envoya à Stefan Zweig. Et qu'après leur divorce d'avec elle, ses deux ex-maris aient chacun épousé une femme nettement plus jeune, fut sans doute pour Friderike Zweig une grande blessure d'amour-propre.

Dans ses lettres, elle sut recourir aux symboles pour se battre, en plus des mots. Une fois, pour répliquer, mine de rien, à l'exigence impérieuse de Stefan Zweig que la maison de Salzbourg soit vendue, elle utilisa de façon ostentatoire son papier à lettres portant l'adresse de Salzbourg[1] et transforma en « FZ » les initiales « SZ » dessinées pour l'en-tête par Ephraïm Moses Lilien, l'ami de Stefan. Et pour la copie qu'elle fit de la seule lettre connue de Lotte Altmann à Stefan

---

1. Voir le fac-similé illustrant la lettre [20], p. 84 (NdT).

Zweig, Friderike n'utilisa certainement pas par hasard une feuille de ce même papier à lettres. En juillet 1937, après des discussions acharnées sur la convention réglant leur séparation, elle glissa dans une lettre à Stefan Zweig où elle évoquait son tempérament si peu sentimental une photo datant probablement de l'époque de leur rencontre en 1912 et qui la montrait elle, Friderike, avec sa fille Alix.

Après la mort de Stefan Zweig, Friderike écrivit plusieurs livres biographiques sur lui et publia une partie de leur correspondance commune; mais elle conserva par-devers elle des documents importants et des déclarations décisives, et camoufla maints détails. C'est seulement dans les dernières décennies que nombre de ces petits faits purent être élucidés grâce aux nouveaux documents mis au jour. L'aspect le plus problématique dans les ouvrages de Friderike Zweig est son traitement de la personne de Lotte Altmann. Sans le formuler directement, elle suggère à plusieurs reprises que si elle avait été aux côtés de Stefan Zweig, elle aurait pu l'empêcher de se donner la mort, contrairement à Lotte. Après l'incident de Nice, les relations entre les deux femmes, qui se revirent encore plusieurs fois et assez longuement, restèrent des plus tendues, mais l'indécision de Stefan Zweig n'y fut pas étrangère, car au lieu de trancher nettement, il continua pendant plusieurs années à passer d'un lieu à l'autre en Europe. Pourtant, la dernière fois où Lotte Zweig rencontra Friderike à Ossining, près de New York, à l'été 1941, la situation se présentait nettement mieux. Dans une lettre à Hannah Altmann, datée du 21 juillet, et jusqu'ici inédite, Lotte écrit à sa belle-sœur que ses relations avec Friderike s'étaient sensiblement améliorées et pouvaient presque être qualifiées de normales, alors que dans diverses circonstances Alfred, le frère aîné de Stefan, s'était montré tout à fait égocentrique.

Il semble que Friderike Zweig ait été prudente, lors de cette rencontre; dans son premier livre publié en 1947 et intitulé *Stefan Zweig, comme je l'ai connu*[1], elle se contente d'ailleurs de simples allusions, à plusieurs reprises. En revanche, dans sa volumineuse autobiographie

---

1. Friderike Zweig, *Stefan Zweig, wie ich ihn erlebte*, Stockholm, Zürich, Londres, New York, 1947, inédit en français (NdT).

Reflets d'une vie[1], parue en 1964, où Stefan Zweig joue un grand rôle, elle s'exprime beaucoup plus clairement sur les mêmes faits. Il est vrai qu'entre-temps, aussi bien Hannah et Manfred Altmann que Felix von Winternitz étaient décédés, et le ton tranchant de Friderike Zweig révèle combien, même après plusieurs décennies, elle avait encore du mal à accepter que son mari l'ait quittée et qu'il ait épousé Lotte Altmann.

Mais le plus difficile, même après la lecture des lettres de ce volume, est de cerner la personnalité de Lotte Altmann. Alors que les documents nouveaux exhumés ici des archives de l'université de Francfort-sur-le-Main permettent pour la première fois d'éclairer un peu son parcours avant sa rencontre avec Stefan Zweig, de nombreux aspects de sa vie ultérieure restent dans l'ombre.

Dans les lettres que Stefan Zweig lui adresse, on est frappé par le ton un peu guindé qu'il conserve, malgré une cordialité souvent appuyée. Cette façon notamment de l'appeler tout au long «Mademoiselle Altmann», et jusqu'à leur mariage, donne à Zweig l'allure d'un personnage d'un autre siècle, ce qui est en effet le cas. Cependant, cette réserve exagérée – que l'on peut du reste imaginer comme existant aussi dans la plupart des lettres que lui écrivait Lotte Altmann –, ne relevait pas seulement d'une conception un peu surannée de la bienséance, de la «bonne éducation» ou encore de la prudence à observer vis-à-vis de tierces personnes. C'était plutôt l'expression d'un profond désarroi et d'une grande incertitude après avoir rompu avec sa vie antérieure et être parti en exil. D'un côté, il est un peu paradoxal de voir qu'un écrivain connu précisément pour avoir composé des histoires sophistiquées de relations amoureuses complexes ne semble pas avoir réussi, en son propre nom, à écrire des lettres plus ferventes, ou plus claires. Mais on peut également penser que c'était là justement l'un des principaux points qu'il avait en commun avec Lotte Altmann, certes dotée d'un fort caractère, mais qui

---

1. Friderike Maria Zweig, *Spiegelungen des Lebens, Wien, Stuttgart, Zürich 1964*, inédit en français (NdT).

était sans aucun doute une personnalité plutôt introvertie. Elle se vit même parfois attribuer le rôle d'une *Femme silencieuse*, par allusion à l'opéra de Richard Strauss dont Stefan Zweig avait composé le livret. Silencieuse, Lotte Altmann le restera, puisque ses lettres à Stefan Zweig ont disparu. Mais on peut maintenant suivre pour la première fois plus en détail l'évolution de leurs relations. Dans cette même lettre que nous avons citée ici en commençant, on lit des phrases capitales à cet égard. Lorsque Stefan Zweig quitte pour la première fois Lotte Altmann à la fin de l'été 1934, après son séjour à Londres, il lui écrit comme pour la consoler : « Et croyez-moi aussi, s'il vous plaît, sur un point : mon amitié n'est pas oublieuse. J'oublie des relations et des gens de rencontre. Mais là où j'ai vraiment ressenti de l'amitié, je n'ai jamais faibli et je suis plus fidèle que d'autres, qui le promettent haut et fort, avec de grandes phrases. » Il semble en effet qu'il ne se soit pas tant agi d'une relation amoureuse, mais plutôt d'une profonde et très grande amitié qui, au fil des années, se mua en un destin partagé et les mena pour finir à une fin commune et tragique.

*

Pour leur aide importante, pour leurs informations, remarques et recherches, je remercie très cordialement Stephan Bader, du département fédéral de l'Intérieur, l'office fédéral de météréologie et de climatologie MétéoSuisse, Régine Battiston, de l'Université de Haute-Alsace (Mulhouse), Sonja Dobbins, Atrium Press Ltd (Londres), Christopher Frey (Vienne), Sonja Hochfeld (Wolfenbüttel), Thomas Hoeller (Munich), Hildemar Holl, Literaturarchiv Salzburg, le Centre de recherches de l'Université, du Land et de la ville de Salzbourg, Kurt Ifkovits, musée autrichien du Théâtre (Vienne), Stefan Litt, The National Library of Israel (Jérusalem), Michael Maaser, Archives de l'Université de Francfort-sur-le-Main, Oliver Marshall (Londres), Elisabeth Matthias (Francfort-sur-le-Main), Gerda Morissey, Stefan Zweig Collection, Daniel A. Reed Library, State University of New York (Fredonia), Gerald Piffl, IMAGNO, Brandstätter images KG (Vienne), Gina et Ernest Preston (Greppolongo), Lindi Preuss,

Williams Verlag AG (Zurich), Klemens Renolder, Stefan Zweig Center (Salzbourg) et Timothy Smolka (Vienne).

Je remercie aussi tout spécialement Stephan Matthias (Leipzig), Michele Schilling (Uerikon) et Rainer-Joachim Siegel (Leipzig) ainsi que Lea Katharina Ostman et Roland Spahr, du service de lecture des Éditions Fischer (Francfort-sur-le-Main), sans oublier les héritiers de Stefan Zweig (Londres) pour leur généreux soutien et pour les nombreuses bonnes heures de travail en commun sur ce livre.

Oliver Matuschek
Londres, octobre 2012

Liste des documents
avec les traductions des textes
en langues étrangères

On trouvera ci-après la liste de toutes les lettres, cartes postales et autres documents imprimés dans cet ouvrage. Les textes en langues étrangères sont traduits sous les numéros qui les désignent. Les indications de dates ou de lieux manquantes ont été reconstituées le plus précisément possible, à partir des lettres ou d'autres documents et placées entre crochets droits. La plupart des lettres ne sont pas datées, ou n'indiquent que le jour de la semaine. Pour les lettres de Stefan Zweig à Lotte Altmann, on dispose de nombreuses enveloppes dont certaines ont longtemps été conservées séparément des lettres, avant de leur être plus tard réattribuées, le plus souvent de façon erronée, comme l'a montré la confrontation des événements mentionnés dans les lettres et des cachets de la poste imprimés sur les enveloppes. Dans la présente édition, on a tenté de replacer les lettres dans les enveloppes correspondantes et de les ranger selon la succession la plus plausible qui soit. La mention «cachet de la poste» ne figure que dans les cas où la lettre n'est pas datée, et on n'a pas indiqué le mode d'acheminement du courrier. Pour les lettres de Stefan et Lotte Zweig à la famille Altmann, non datées pour la plupart, aucune enveloppe n'a été conservée, de sorte que souvent leur datation n'a pu être qu'approximative.

Signalons qu'en transcrivant ici les textes, on a conservé les particularités d'orthographe (ainsi Stefan Zweig remplaçait en général par «ss» le «ß» gothique et employait volontiers quelques austriacismes, comme «ect.[1]»; on a rectifié, sans les signaler, quelques évidentes erreurs d'inattention. En revanche, des noms mal orthographiés dans les lettres y ont été maintenus, mais se trouvent sous leur forme correcte dans le commentaire. Les noms des personnes concernées y figurent sous leur forme attestée dans des documents officiels.

La copie effectuée par Friderike Zweig de la lettre [20] de Lotte Altmann provient de la Stefan Zweig Collection, dans la Daniel A. Reed Library de la State University of New York, à Fredonia. La lettre [136] et l'enveloppe de la lettre [128] se trouvent dans les papiers de Donald Prater légués à la Fondation des Archives littéraires de Salzbourg [Stiftung Salzburger Literaturarchiv]. Les originaux de tous les autres documents sont la propriété des héritiers de Stefan Zweig, à Londres, qui les ont mis à notre disposition en vue de cette édition. On peut en consulter des copies numérisées dans la Stefan Zweig Collection, à Fredonia.

---

1. Cette abréviation qui diffère de la plus usuelle «*etc.*» [*et cetera* : «et autres choses»] correspond au latin «*e ceteris*» [«parmi d'autres choses»]; 1re occurrence p. 74 dans la lettre [17] et *passim* (NdT).

PREMIÈRE PARTIE

Carte d'étudiante de Lotte Altmann

Partie gauche	**Partie droite**
PHOTO Nr d'imm. 32 700	**CARTE D'IDENTITÉ**
	Étud. Sc. Pol...........................
	LOTTE ALTMANN
	Né(e) à Kattowitz
Signature manuscrite du titulaire	Attention
XXXXXXXXX	
Lotte Altmann	Cette carte d'identité est valable pour le
(Photo et signature doivent être certifiées	seul semestre désigné par le timbre-dateur.
conformes)	L'étudiant doit la porter sur soi. Pour
	parer aux éventuels abus, toute perte est
	à déclarer sans délai au Secrétariat de
Francfort-sur-le-Main, le..................	l'université.
26 OCT. 1932	L'établissement d'une nouvelle carte don-
	nera lieu au versement d'une redevance.
	Lors de l'exmatriculation de l'étudiant,
	la carte devra être restituée au Secrétariat.
Timbre Secrétariat	
de l'université de l'université	
Signature	

[Ajouté à la main par l'administration :]
À remettre aussitôt rempli au secrétariat
[Daté en biais :] 16 MAI 1933

Université Johann-Wolfgang-Goethe,
Frankfort/Main

QUESTIONNAIRE
Pour les étudiants non aryens

Patronyme : **Altmann**   Prénom : **Lotte**

Né(e) le... **5 mai 1908**   à : **Kattowitz, H^{te}-Sil.** [Haute-Silésie]

Nationalité : **Prusse**

Études : **Économie politique**

Domicile : **Eppsteinerstrasse 45**

1) Dans quel semestre d'études vous trouvez-vous ? : **7e**

2) Un de vos deux parents est-il d'origine aryenne ? **non**

3) Vos grands-parents sont-ils d'origine aryenne ? **non**
   (Si oui, lequel ?)

4) Votre père a-t-il combattu sur le front pendant la guerre mondiale pour le Reich allemand ou ses alliés ?   **non, il n'était plus mobilisable**
   Êtes-vous personnellement soldat combattant ?

   victime de guerre ?   **non**

   expulsé ?

5) Depuis quand votre famille est-elle installée en Allemagne ?
   Branche paternelle depuis le XIXe siècle
   Branche maternelle depuis le XIIIe siècle

6) Votre famille a-t-elle abandonné la religion juive ?   **non**
   (Si oui) depuis quand ?

7) Êtes-vous membre d'un parti politique ou d'un mouvement politique ?
   (si oui) lequel ?

   depuis quand ?   **non**

8) Quels autres points particuliers susceptibles de favoriser une autorisation de poursuite de vos études avez-vous à ajouter ? (par ex. frère tombé au front)

Je certifie sur l'honneur avoir répondu ici en mon âme et conscience
Francfort-sur-le-Main, le...... mai 1933

Lotte Altmann
(Nom et prénom)

Le questionnaire de mai 1933 adressé aux étudiants non aryens, rempli à la main par Lotte Altmann

[27]   Stefan Zweig à Lotte Altmann, de Vienne, le 23 mars 1935
[28]   Stefan Zweig à Lotte Altmann, de Vienne, le 2 avril 1935
[29]   Stefan Zweig à Lotte Altmann, de Vienne [début avril 1935]
[30]   Stefan Zweig à Lotte Altmann, de Vienne, le 10 avril 1935
[31]   Stefan Zweig à Lotte Altmann, de Vienne [le 14 avril 1935]
[32]   Stefan Zweig à Lotte Altmann [de Vienne, mi-avril 1935]
[33]   Stefan Zweig à Lotte Altmann, de Budapest [dimanche de Pâques] 22 avril 1935
[34]   Stefan Zweig à Lotte Altmann, de Vienne, le 29 avril 1935
[35]   Stefan Zweig à Lotte Altmann, de Zurich, le 9 mai 1935
[36]   Stefan Zweig à Lotte Altmann, de Zurich, le 19 mai 1935
[37]   Stefan Zweig à Lotte Altmann, de Zurich, le 31 mai 1935
[38]   Stefan Zweig à Lotte Altmann, de Zurich, le 6 juin 1935
[39]   Stefan Zweig à Lotte Altmann, de Zurich, le 12 juin 1935
[40]   Stefan Zweig à Lotte Altmann, de Zurich, le 13 juin 1935
[41]   Lettre jointe [*Au consulat de France à Londres*]
[42]   Stefan Zweig à Lotte Altmann, de Zurich, le 14 juin 1935
[43]   Stefan Zweig à Lotte Altmann, de Zurich, le 16 juin 1935
[44]   Stefan Zweig à Lotte Altmann, de Vienne, le 30 juillet 1935
[45]   Stefan Zweig à Lotte Altmann, de Marienbad, le 4 août 1935
[46]   Stefan Zweig à Lotte Altmann, de Marienbad, le 9 août 1935
[47]   Stefan Zweig à Lotte Altmann, de Marienbad, le 20 août 1935
[48]   Stefan Zweig à Lotte Altmann, de Marienbad, le 25 août 1935
[49]   Stefan Zweig à Lotte Altmann, de Vienne, le 4 septembre 1935
[50]   Stefan Zweig à Lotte Altmann, de Vienne, le 8 septembre 1935
[51]   Stefan Zweig à Lotte Altmann, de Vienne, le 12 septembre 1935
[52]   Stefan Zweig à Lotte Altmann, de Vienne, le 14 septembre 1935
[53]   Stefan Zweig à Lotte Altmann, de Zurich, le 19 septembre 1935
[54]   Stefan Zweig à Lotte Altmann, de Paris, le 23 septembre 1935
[55]   Stefan Zweig à Lotte Altmann, de Londres, le 2 décembre 1935
[56]   Stefan Zweig à Lotte Altmann, de Cambridge, le 4 décembre 1935
[57]   Stefan Zweig à Lotte Altmann, de Douvres, le 15 décembre 1935
[57 a]   Stefan Zweig à Lotte Altmann, de Vienne, le 20 décembre [1935 ou 1936] Enveloppe vide, en-tête Hôtel Regina, Vienne, portant l'adresse de Woodstock Road, timbre et cachet de la poste déchirés, second cachet de la poste : Vienne, 20. XII, sans année imprimée, mais sans doute 1935 ou 1936, car ce sont les deux

372

seules années où Stefan Zweig passa Noël à Vienne après avoir rencontré Lotte Altmann.

Deuxième partie

[78]   Stefan Zweig à Lotte Altmann, de Vienne [le 20 décembre 1936]
[79]   Stefan Zweig à Friderike Zweig [sans doute début 1937]
[80]   Johann Thalhuber à Stefan Zweig [sans doute mars 1937]
[81]   Friderike Zweig à Stefan Zweig, de Salzbourg, le 21 mars 1937
[82]   Stefan Zweig à Lotte Altmann, de Vienne [sans doute le 7 mai 1937]
[83]   Stefan Zweig à Lotte Altmann, de Vienne [le 8 ?] mai 1937
[84]   Stefan Zweig à Lotte Altmann, de Vienne, le 11 mai 1937
[85]   Stefan Zweig à Lotte Altmann, de Vienne [le 12 mai 1937]
[86]   Stefan Zweig à Lotte Altmann, de Vienne, le 14 mai 1937
[87]   Stefan Zweig à Alix von Winternitz [de Marienbad, le 29 juillet
       1937]
       Texte transcrit d'après un brouillon manuscrit de Stefan Zweig
       comportant un grand nombre d'ajouts et de corrections de sa
       main, que nous avons intégrés sans les signaler, pour assurer une
       meilleure lisibilité. À quelques détails près, cette version est iden-
       tique à la lettre qui fut envoyée plus tard.
[88]   Friderike Zweig à Stefan Zweig [de Salzbourg], le 30 juillet 1937
[89]   Stefan Zweig à Lotte Altmann, de Vienne [autour du 19 août 1937]
[90]   Stefan Zweig à Lotte Altmann, de Vienne [autour du 21 août 1937]
[91]   Stefan Zweig à Lotte Altmann [de Lucerne, sans doute le 23 août
       1937]
[92]   Stefan Zweig à Lotte Altmann, de Lucerne, le 25 août 1937
[93]   Stefan Zweig à Lotte Altmann, de Lucerne, le 27 août 1937
[94]   Stefan Zweig à Lotte Altmann, de Lucerne, le 30 août 1937
[95]   Alfred Zweig à Stefan Zweig [de Vienne], le 10, puis le 11 sep-
       tembre 1937
[96]   Stefan Zweig à Lotte Altmann, de Prague, le 26 novembre 1937
[97]   Stefan Zweig à Lotte Altmann, de Londres, le 8 novembre 1938
[Traduit ici de l'anglais]

Chère mademoiselle Lotte,
Ceci juste pour voir si vous recevez des nouvelles – je n'en ai pas reçu de
vous jusqu'à maintenant. Je suis très paresseux, rien n'avance – et aucune
bonne nouvelle ne m'arrive de nulle part, surtout pas de Salzbourg où il
semble y avoir quelques obstacles administratifs, et globalement je me sens
très fatigué de Londres, et je préférerais que mon voyage puisse commencer
un mois plus tôt. Je me mets à relire mes conférences et je vais les modifier ou

les améliorer un peu. J'espère que vous allez tous les jours dans les cafés pour
moi et que vous profitez bien de votre séjour.
Salutations très cordiales de votre
S. Z.
Bien des choses à votre belle-sœur

[98]   Stefan Zweig à Lotte Altmann [de Londres le 9 novembre 1938]

TROISIÈME PARTIE

[99]   Lotte Altmann à Eva Altmann, à bord du *Normandie* pour la tra-
          versée de l'Atlantique vers New York, le 20 [et le 21] décembre
          1938
[Traduction ici de l'anglais]

[à bord, le] 20. XII. 38
[Liste des dates et des villes]
Chère Eva, voici la liste telle que nous la connaissons. Nous devons arriver
le jeudi matin. Le bateau est beau et après une journée passée au lit, je me sens
très bien. Dehors il fait chaud et on peut déambuler sur le pont-promenade sans
manteau. L'après-midi il y a toujours un spectacle de marionnettes, et ensuite
un film. Je suis sûre que tu aimerais ça, surtout qu'il y a quelques chiens à bord,
qui viennent parfois dans les salons – et en plus il y a autant de vin qu'on veut
pour accompagner les repas, dans la salle à manger il y a sur chaque table une
bouteille de vin rouge et de vin blanc.

Mercredi.
Maintenant nous sommes presque arrivés et demain matin nous allons
atteindre New York. Tu peux imaginer combien je me réjouis à cette idée. Tu
vois dans la liste que je vais rester quinze jours à New York. Ensuite le voyage
reprendra et tu recevras au moins une carte postale de chaque ville. Mais il ne
faut pas que tu oublies de répondre à ma lettre !
Je salue bien tout le monde
Tante Lotte

[100]   Stefan Zweig à Hannah Altmann [dans le train entre Boston et New York City, le 13 janvier 1939]

[101]   Stefan Zweig à Hannah Altmann, de Salt Lake City [le 5 ou 6 février 1939]

[102]   Stefan Zweig à Hannah Altmann [de Bath, le 11 septembre 1939]

[103]   Lotte Zweig à Hannah Altmann [de Bath, le 11 septembre 1939]

[104]   Stefan Zweig à Lotte Zweig et Hannah Altmann [de Bath, le 15 septembre 1939]

[Traduit ici de l'anglais]

Chère Fohanna, merci pour tous tes efforts. Je n'ai pas encore reçu de nouvelles concernant Mme Kahn. J'espère que tu reviendras toi-même un jour ou l'autre pour aider un peu Lotte qui n'est pas très expérimentée pour installer et faire marcher une maison. Je pense que, maintenant que nous allons complètement transformer l'ancienne cuisine (et prévoyons d'en faire une laverie et buanderie), nous aurons une petite maison bien ensoleillée offrant toutes sortes de possibilités d'extension ultérieure, ce qui apparaît comme la solution idéale en ces temps si énigmatiques. J'espère que Manfred ne va pas partir immédiatement pour la France – c'est très facile d'accepter une pareille obligation, mais fort difficile de s'en dégager ensuite. «Ne va jamais trouver un prince, si tu n'es pas convoqué» – c'est ce que j'ai appris à l'école et les expériences que j'ai faites par la suite m'ont prouvé le sens et la vérité de cette phrase profonde.

Toujours à toi
Stefan Z.

[105]   Stefan Zweig à Hannah Altmann [de Bath, sans doute le 19 septembre 1939]

[106]   Stefan Zweig et Lotte Zweig à Hannah Altmann [de Bath], le 23 septembre [1939], fragment

[107]   Stefan Zweig à Hannah Altmann [de Bath, autour du 7 octobre 1939]

[108]   Stefan Zweig à Hannah Altmann [de Bath, le 14 octobre 1939]

[109]   Stefan Zweig à Hannah Altmann [de Bath, vers le 20 octobre 1939]

[110]   Stefan Zweig à Hannah Altmann [de Bath, peu après le 20 octobre 1939]

[111]   Stefan Zweig à Hannah Altmann, de Bath, le 6 novembre 1939

[112] Stefan Zweig et Lotte Zweig à Hannah Altmann [de Bath, mi-novembre 1939]

[113] Stefan Zweig et Lotte Zweig à Hannah Altmann [de Bath, sans doute le 28, ou le 29 novembre 1939]

[114] Eva Altmann et Stefan Zweig à Hannah Altmann [de Bath], le 2 décembre 1939

[115] Stefan Zweig et Lotte Zweig à Hannah Altmann, de Bath, le 8 décembre 1939

[116] Stefan Zweig et Lotte Zweig à Hannah Altmann [de Bath, après le 8 décembre 1939]

[117] Stefan Zweig à Hannah Altmann [de Bath, le 15 décembre 1939]

[118] Lotte Zweig et Stefan Zweig à Hannah Altmann [de Bath], le 19 décembre 1939

[119] Stefan Zweig et Lotte Zweig à Hannah Altmann [de Bath, début janvier 1940]

[120] Stefan Zweig et consorts à Hannah Altmann [de Bath], le 29 janvier 1940

[121] Stefan Zweig à Hannah Altmann [de Bath, autour du 19 février 1940]

[122] Stefan Zweig à Hannah Altmann [de Bath, mi-février 1940]

[123] Stefan Zweig à Hannah Altmann [de Bath, le 12 mars 1940]

[124] Stefan Zweig et Lotte Zweig à Hannah et Manfred Altmann [de Bath, après le 15 mars 1940]

[125] Stefan Zweig et Lotte Zweig à Hannah Altmann, de Bath, le 4 avril 1940

[Traduit ici de l'anglais]

Chère Hannah, je dispose à présent de toutes les autorisations, billets etc., excepté l'autorisation concernant les frais de voyage, qui arrivera demain. Mon départ est fixé à mercredi matin 9 h 30, de Victoria Station, et Lotte et moi aimerions bien venir lundi. Nous avons l'intention de prendre ici le train de 9 h 15 qui arrive à 11 h 30, puis Lotte emporterait les bagages chez vous tandis que j'irai au bureau de la censure, et vous pourriez ensuite venir me rejoindre pour le déjeuner, elle ou bien vous deux. Peut-être vaudrait-il mieux que mardi soir nous allions dormir, Lotte et moi, dans un hôtel à proximité de Victoria Station, pour ne pas causer de dérangement chez vous mercredi matin et ne pas priver Manfred de la précieuse heure de son bain. Nous aurons tout le temps d'en parler lundi. Très cordialement
Stefan

[126]   Stefan Zweig à Lotte Zweig, de Paris, le 10 avril 1940
[Traduit ici de l'anglais]

[Paris, le] 10 avril 1940
Chère Lotte,
Je suis bien arrivé, le voyage nous a un peu secoués, car nous avons volé tout le temps très près du sol, mais c'était si délicieux de voir la France dans les rayons du soleil. Aujourd'hui on a seulement pu me donner une charmante chambre pour deux personnes (avec bain 70 francs), demain on m'en attribuera une pour une personne, et ce n'est <u>pas</u> vrai que les cafés soient fermés trois jours par semaine – il n'y a pas d'apéritifs, c'est tout.
J'ai été obligé de laisser à la douane mon petit carnet bleu, à cause de toutes les adresses. Il sera renvoyé directement par le bureau de la censure.
Voilà, je termine ma première lettre, et tu devras patienter quelque temps avant la seconde. Cordiales salutations à vous tous
Stefan Zweig

[Les sept lettres suivantes marquées d'un * sont en français]
[127*]   Stefan Zweig à Lotte Zweig, de Paris, le 11 avril 1940
[128*]   Stefan Zweig à Lotte Zweig, de Paris, le 13 avril 1940
[129*]   Stefan Zweig à Lotte Zweig, de Paris, le 14 avril 1940
[130*]   Stefan Zweig à Lotte Zweig, de Paris, le 16 avril 1940
[131*]   Stefan Zweig à Lotte Zweig, de Paris, le 19 avril 1940
[132*]   Stefan Zweig à Lotte Zweig, de Paris, le 20 avril 1940
[133*]   Stefan Zweig à Lotte Zweig, de Paris, le 21 [avril 1940]
[134]   Stefan Zweig à Lotte Zweig, de Paris, le 21 [avril 1940]
[Traduit ici de l'anglais]

[Paris, le] lundi
Chère Charlot,
J'ai un gros travail à faire, toute la traduction est à modifier, un mot après l'autre. Je rentrerai lundi et fixerai un rendez-vous à Londres dès que je connaîtrai l'heure. Tu pourrais d'ici là tout préparer pour Wilmot selon les différents projets, de sorte que nous puissions nous décider avant notre rencontre avec lui.
Paris est merveilleux maintenant, au printemps, je vais m'asseoir dans les cafés pour y travailler ou écrire mes lettres. Tout est tellement bon marché,

mais malheureusement je n'ai pris que ma petite valise et je ne pourrai rien rapporter du tout.

Bien à toi
Stefan Zweig

Mon agenda a-t-il déjà été renvoyé ?

[135]   Stefan Zweig à Lotte Zweig, de Paris, le 24 avril 1940
[Traduit ici de l'anglais]

[Paris le] mercredi
Chère Lotte,
Je partirai lundi à 9 h 30 et serai à Londres (je pense) vers 1 ou 2 h. Si tu n'es pas à l'arrêt Victoria-Aéroport, je laisserai les bagages là-bas et nous nous retrouverons à 18 h 30 à Paddington pour le train de Bath. Mais tu pourras facilement te renseigner par téléphone sur mon heure d'arrivée, et si je ne te trouve pas là, tu me laisseras peut-être des nouvelles.

Je vis ici dans un vrai tourbillon parce que maintenant tout le monde sait que je suis là. Samedi je verrai encore Roger Martin du Gard. Salue bien cordialement Hannah et toute la famille.

Bien à toi
Stefan Zweig

Ici tout est merveilleux et si bon marché, mais je n'ai pas une minute pour faire des courses – je n'ai pas été voir un seul marchand de livres, ni même Stock, mon éditeur.

[136]   Stefan Zweig à Lotte Zweig, de Paris [le 27 avril 1940]
[Traduit ici de l'anglais]

Chère Lotte,
On m'appelle à l'instant de l'aéroport en disant que je dois décoller lundi à 14 h, au lieu de 9 h 30, si bien que j'arriverai vers 8 h du soir.

La conférence à Marigny semblait très mal commencer. J'ai eu d'un seul coup une terrible inflammation de la chair autour des dents (je ne connais pas le bon mot), qui m'a fait souffrir toute la journée. Dans mon désespoir j'ai avalé

379

3 Vegamin (un cocktail très spécial, recommandé par Duhamel) et je me sens un peu mieux maintenant. Mais la conférence a marché du tonnerre, l'immense théâtre était plein à craquer et on a dû renvoyer 400 personnes – c'est pourquoi ils voudraient que je la répète, et à la radio je peux parler maintenant quand je voudrai et sur le sujet de mon choix.
Mais voici mon cher ami Roger Martin et je dois sortir pour aller déjeuner.
Bien à toi
Stefan Zweig

Je viendrai à Woodstock [Road] si tu n'es pas à Victoria [Station]

[137] Lotte Zweig à Eva Altmann et Ursula Mayer [dans le train vers Liverpool, le 24 juin 1940]
[Traduit ici de l'anglais]

Chers enfants,
J'espère que vous êtes devenues amies avec les Levinthal et que vous vous entendez bien, sinon votre nouvelle guardian *(Tante Martha) va avoir du mal à faire régner la paix à Rosemount, pendant notre absence. Il faut vraiment que vous l'aidiez à s'occuper de la maison, que vous mangiez tous les fruits et les légumes et mainteniez le piano bien accordé – sans oublier de remonter la pendule. Je vais essayer de rentrer bientôt, sinon je crains que même Ursel arrive à mieux jouer du piano que moi, chose proprement inenvisageable.*
– J'espère que nous aurons une traversée tranquille et que je pourrai dormir au moins autant que j'en aurai envie, en prenant des vacances loin de mes différents métiers de guardian*, de femme au foyer et de secrétaire.*
Portez-vous bien, soyez sages et n'oubliez pas d'écrire à votre
auntie *Lotte*

[138] Stefan Zweig à Eva Altmann et Ursula Mayer [dans le train vers Liverpool, le 24 juin 1940]

Chère Evula (combinaison de Eva & Ursula)
Nous sommes dans le train et nous espérons être ce soir à Liverpool, pour continuer le voyage demain. Ensuite nous devrons bientôt parler l'espagnol, une très belle langue que tu ne comprends pas encore et que je ne parle moi-même pas beaucoup mieux que toi le français. J'ai peur d'oublier mon anglais et je

n'arrive pas à parler toutes les langues mélangées, sinon je vais devenir aussi [peu]
compréhensible que cette lettre. Ursula t'aidera à traduire les passages en italien et
je suis désolé de ne pas savoir écrire en irlandais pour William. Transmettez mes
salutations à tout le monde et cultivez votre jardin, le piano. Nous espérons être de
retour avant que la chaussette pour le soldat ne soit terminée.

Votre oncle
Stefan

[139]   Lotte Zweig à Hannah Altmann, de Liverpool, le 25 [juin 1940]
[Traduit ici de l'anglais]

Liverpool, le 25, 10 h 30 du matin
Chère Hanna,
Nous avons fait bon voyage jusqu'à Liverpool, avons passé une heure
tranquillement pendant la nuit dans le sous-sol, nous sommes présentés à
7 h 30 comme prévu au Bureau, et nous venons tout juste d'arriver – grâce à la
lettre de recommandation – à obtenir une cabine en première classe.
Il n'y a rien d'autre à dire – Eva m'excusera de reprendre ses mots –, donc je
vous souhaite simplement le meilleur, avec l'espoir de pouvoir bientôt rentrer.
Stefan aimerait avoir un télégramme quand les Levinthal seront dans votre
[= notre ?] maison. Peut-être que tu devrais les presser un peu, car j'ai lu qu'une
autre ville portuaire du Sud va évacuer des enfants vers le Somerset.
Meilleures salutations à tous,
Lotte

[Ajout de Stefan Zweig :]
Avant notre départ, nous avons eu, cette nuit, un raid aérien [une alerte ?]
d'une heure que nous avons passée dans la cave de l'hôtel ! S.

[140]   Lotte Zweig et Stefan Zweig à Martha Kahn [de Liverpool],
        à bord du *Scythia*, avant la traversée de l'Atlantique vers New
        York, le 25 juin 1940
[Traduit ici de l'anglais]

Chère Martha, toutes les formalités sont terminées et dès que nos bagages
seront apportés dans la cabine, nous pourrons nous reposer. Même Stefan

reconnaît qu'il est fatigué et que quelques journées tranquilles sur le bateau seront les bienvenues.

Je ne sais pas vraiment si je regrette d'avoir quitté notre maison ou si je me réjouis à l'idée du voyage.

J'ai peur de m'être un peu trop attachée à Rosemount et à «toute notre famille», et comme tu en as fait partie toi aussi, ta présence m'a manqué, ces dernières semaines ; mon plus grand souhait est de rentrer dans quelques mois et de reprendre notre vie là où nous l'avons interrompue, il y a six semaines.

Et j'espère que toi aussi tu auras alors envie de revenir.

Merci en tout cas pour ta compagnie pendant tous ces mois ! Et transmets toutes mes salutations aux Mayer et à Manfred !

Bien à toi, Lotte

Qu'en est-il pour ta chambre ?

Ces journées ont été éprouvantes. Dans la nuit, alerte aérienne à 1 h 30, et plus d'une heure dans une cave avec quarante personnes en (pas toujours très jolies) chemises de nuit. Ce matin, levés à 6 h 45, et depuis, attendre, attendre, attendre sans pouvoir s'asseoir jusqu'à 13 h 30. Nous sommes fatigués tous les deux, pas tant physiquement, mais à mon âge, redouter les contrôles incessants des papiers, des bagages, des passeports, de l'argent, cela a quelque chose d'exaspérant. Espérons que le pire est passé pour nous tous – c'est la meilleure chose que je puisse nous souhaiter !

Bien à toi
Stefan Zweig

Notices biographiques
des principaux membres de la parentèle
mentionnés dans l'ouvrage

ALTMANN, EVA
Née en 1929 à Berlin

Eva Altmann, la nièce de Lotte Zweig, est la fille unique de Hannah et Manfred Altmann. Peu après le départ de Stefan et Lotte Zweig pour l'Amérique, elle fut envoyée aux États-Unis, depuis Bath au cours de l'été 1940. Elle fut mise dans un internat, à Croton-on-Hudson, non loin de New York, que dirigeait avec sa femme Olga un écrivain allemand réfugié, Albrecht Schaeffer. Eva Altmann revit plusieurs fois Lotte et Stefan Zweig avant qu'ils ne partent pour le Brésil, et fit aussi aux États-Unis la connaissance du frère de Stefan, Alfred Zweig et de sa femme Stefanie, ainsi que de Friderike, la première femme de Stefan Zweig, et de ses filles Suse et Alix. Elle repartit pour l'Angleterre avant la fin de la guerre, en 1943. Comme ses parents, elle fit des études de médecine et exerça plus tard comme professeur d'épidémiologie clinique.

ALTMANN, JOHANNA (HANNAH), NÉE MAYER
Ettlingen 1898-1954 Turtmann

Hannah Altmann étudia la médecine et rencontra son futur mari Manfred à Berlin, où leur fille Eva naquit en 1929. Hannah Altmann suivit son mari dans l'exil à Londres, en 1933. Elle s'était spécialisée en psychiatrie, et travailla là-bas quelque temps avec Anna Freud, sans pour autant exercer la médecine en Angleterre. Hannah Altmann trouva la mort dans un accident de voiture en Suisse, avec son mari et leur ami commun Franz Neumann.

ALTMANN, MANFRED
Kattowitz 1900-1954 Turtmann

Docteur en médecine et frère aîné de Lotte Altmann, il insista pour que sa sœur quitte l'Allemagne dès que possible et parte pour l'étranger lorsqu'en 1933, elle fut exclue de l'université de Francfort-sur-le-Main où elle poursuivait ses études. Il fut lui-même chassé de son poste dans une clinique berlinoise par les nazis à cause de ses origines juives, raison pour laquelle il se réfugia avec sa famille à Londres, où il ouvrit un cabinet dans le quartier de Golders Green. Il comptait parmi ses patients de nombreux émigrés allemands. Dans les dernières années de la guerre, il fut envoyé comme médecin militaire dans ce qui est aujourd'hui le Ghana. En 1948, il ferma son cabinet londonien et se consacra à la radiologie et aux thérapies par irradiation. Manfred Altmann mourut d'un accident de la route, en Suisse, avec sa femme et l'ami de la famille Franz Neumann.

ALTMANN, THERESE, NÉE HIRSCH
Francfort-sur-le-Main 1868-1949 Londres

La mère de Lotte Zweig était la petite-fille du rabbin Samson Raphael Hirsch, et contrairement au reste de la famille, elle observait strictement les règles religieuses du judaïsme. Pendant la guerre, elle se replia à Harrogate, dans le Yorshire, mais revint par la suite à Londres.

KAHN, MARTHA, NÉE MAYER
Ettlingen 1887-1983 Londres

Martha Kahn était une sœur aînée de Hannah Altmann. Elle quitta l'Allemagne en 1935 après la mort de son mari et trouva asile en Angleterre. Elle vécut d'abord à Londres, travailla ensuite dans la maison des Zweig à Bath, puis revint à Londres après leur décès. Elle y vécut chez sa sœur Hannah et son mari, et remplit plus tard le rôle de gouvernante dans la famille d'Eva Altmann.

MAYER, URSULA (URSEL)
Née en 1927 à Berlin
Ursula Mayer est la fille du frère de Hannah Altmann, Heiner Mayer, et de sa femme Alice. En 1939, elle arriva en Angleterre avec ses parents, venant d'Italie, et on lui fit quitter Londres avec sa cousine Eva, pour plus de sécurité, en l'envoyant à Bath où elle vécut avec les Zweig dans la maison Rosemount jusqu'à leur départ en Amérique, à l'été 1940. Comme elle n'avait pas de passeport britannique, elle ne put être envoyée aux États-Unis comme Eva Altmann, et elle resta à l'école de Bath pendant toute la guerre. Après la fin du conflit, elle travailla d'abord pour l'agence de presse Reuters, et plus tard dans d'autres bureaux comme secrétaire et traductrice.

WINTERNITZ, ALIX (ELISABETH MARIA ALEXIA) VON
Vienne 1907-1986 Stamford, Connecticut
Alix von Winternitz était la fille aînée de Friderike Zweig, de son premier mariage. À Salzbourg, elle travailla notamment comme secrétaire, et dans une agence de voyages. Après l'Anschluss, elle resta dans un premier temps à Salzbourg, et rejoignit ensuite sa mère et sa sœur à Paris. Après l'occupation de la France par la Wehrmacht, elle se réfugia aux États-Unis avec son mari, le médecin autrichien Herbert Stoerk, et travailla à New York dans un magasin de mode.

WINTERNITZ, FELIX VON
Vienne 1877-1950 Vienne
Felix von Winternitz, fonctionnaire au ministère des Finances à Vienne, fut le premier mari de Friderike Zweig. Le couple eut deux filles, Alix et Suse von Winternitz qui, après le divorce de leurs parents, vécurent avec leur mère et Stefan Zweig à Salzbourg. Felix von Winternitz se remaria avec une catholique Eleonore (Lore), née Chaluppa (1895-1981), avec qui il eut une fille. Il décida de ne pas émigrer et resta à Vienne après l'Anschluss malgré ses origines juives.

WINTERNITZ, SUSE (SUSANNE BENEDIKTINE LOUISE) VON
Vienne 1910-1998 Marathon, Floride
Suse von Winternitz était la cadette des deux filles de Friderike et de
Felix von Winternitz. Ayant dû interrompre prématurément sa scola-
rité pour cause de maladie, elle suivit en Suisse une formation de pué-
ricultrice et jardinière d'enfants, et apprit plus tard la photographie à
Vienne. Au milieu des années 1930, elle travaillait à Salzbourg comme
photoreporter dans la période du festival et publia en 1937 un volume de
portraits du chef d'orchestre Arturo Toscanini chez Herbert Reichner,
éditeur à Vienne. Elle s'installa à Paris au début de 1938 pour se perfec-
tionner dans son métier. En août 1940, elle épousa le cinéaste et photographe autrichien Karl Hoeller et quand la Wehrmacht eut occupé la
France, elle partit avec lui se réfugier aux États-Unis où elle ouvrit par la
suite un atelier de photographie à Greenwich Village, New York.

ZWEIG, ALFRED
Vienne 1879-1977 New York
Alfred Zweig était le frère aîné de Stefan Zweig, tous deux fils de
Moritz (1845-1926) et d'Ida Zweig, née Brettauer (1854-1938). Il
dirigea les affaires de l'entreprise familiale, une usine de tissage située
en Bohême, à Reichenberg (Liberec), que leur père avait fondée. En
1938, après l'Anschluss, Alfred Zweig qui, depuis la fin de la Première
Guerre mondiale, était citoyen tchèque, partit pour la Suisse, et de
là pour les États-Unis avec sa femme Stefanie, née Duschak (1894-
1977), et ils s'installèrent à New York. Ils y rencontrèrent à plusieurs
reprises Stefan et Lotte Zweig.
Alfred Zweig était tout à fait critique envers les livres publiés par
son ex-belle-sœur Friderike après la guerre sur son frère Stefan. Il
stipula dans son testament que les papiers de famille qu'il détenait,
ainsi que les lettres de son frère, devraient être détruits.

ZWEIG, FRIDERIKE, NÉE BURGER, EX. VON WINTERNITZ
Vienne 1882-1971, Stamford, Connecticut
Friderike Zweig naquit sous le nom de Friderike Burger dans
une famille juive. Avant son mariage avec Felix von Winternitz,

fonctionnaire aux Finances, elle devint catholique par le baptême en 1905. Le couple eut deux enfants, Alix et Suse. Leur divorce fut prononcé en 1914. Elle épousa en 1920 Stefan Zweig, dont elle avait fait la connaissance dès 1912, et vécut avec lui et ses deux filles à Salzbourg. Après sa séparation d'avec Stefan Zweig, elle resta d'abord en Autriche, accompagna en 1938 sa fille Suse à Paris, et en 1940 quitta la France occupée avec ses deux filles et leurs maris, en s'enfuyant par le Portugal vers les États-Unis où elle vécut à New York et plus tard à Stamford, Connecticut. Stefan et Friderike Zweig se revirent plusieurs fois à New York, et à Ossining où Stefan et Lotte Zweig passèrent l'été 1941. Ils restèrent régulièrement en correspondance, jusqu'au suicide de Stefan Zweig. En 1943, Friderike Zweig fonda le Writers Service Center, qui venait en aide aux écrivains réfugiés. Après la fin de la guerre, elle écrivit entre autres une biographie de Stefan Zweig, publia un choix de leur correspondance commune et détermina ainsi pour longtemps l'image que la postérité pouvait se faire de Stefan Zweig.

Sources et sigles

CENTRAL ZIONIST ARCHIVES, JÉRUSALEM
– Lettres de Stefan Zweig à Josef Leftwich

HÉRITIERS DE STEFAN ZWEIG, LONDRES (LON)
– Lettre de Friderike Zweig à Stefan Zweig [de Salzbourg, 21 mars 1937]
– Exemplaires d'ouvrages de Stefan Zweig dédicacés à Lotte Altmann
– Correspondances diverses entre les membres de la famille

LITERATURARCHIV SALZBURG (LAS)
– Lettre de Stefan Zweig à Alix von Winternitz, de Marienbad, 29 juillet 1937 (lettre originale envoyée)
– Lotte Altmann : Amerikareise [«Voyage en Amérique»] 1938-1939, journal dactylographié

THE NATIONAL ARCHIVES, KEW (NA)
– Certificat de naturalisation : Manfred Altmann. Originaire d'Allemagne. Résidant à Londres. – Certificat BZ 1140 établi le 13 mai 1939. HO [Home Office, ministère de l'Intérieur] 334 / 228 / 1140
– Home Office, département Étrangers, dossiers individuels Étrangers. Zweig, Stefan : écrivain autrichien et sa femme, HO 382/ 4
– Certificat de naturalisation : Stefan Zweig. Originaire d'Autriche. Résidant à Londres. Certificat AZ 15747 établi le 12 mars 1940. HO 334 / 157 / 1547

THE NATIONAL LIBRARY OF ISRAEL, JÉRUSALEM (NLI)
- Lettres de Stefan Zweig et Lotte Altmann à Lavinia Mazzucchetti
- Lettre de Lavinia Mazzucchetti à Friderike Zweig, 19 juillet 1952

ÖSTERREICHISCHES STAATSARCHIV, ARCHIV DER REPUBLIK, VIENNE (ÖSTA)
- Déclaration de fortune des Juifs, formulaire rempli par Felix von Winternitz, VVSt VA Lettre W 36746

COLLECTION PARTICULIÈRE
- Lettre de Stefan Zweig à Felix von Winternitz [de Salzbourg, 6 avril 1931]
- Correspondance entre Friderike von Winternitz et Felix von Winternitz

STEFAN ZWEIG COLLECTION, DANIEL A. REED LIBRARY, STATE UNIVERSITY OF NEW YORK, FREDONIA (FRED)
- Correspondance entre Friderike Zweig et Stefan Zweig
- Lettre de Richard Friedenthal à Stefan Zweig, de Londres, le 28 décembre 1938

UNIVERSITÄTSARCHIV FRANKFURT-AM-MAIN
- Dossier de l'étudiante Lotte Altmann, Sect. 604, Nr. 451, p. 1-15

Bibliographie des ouvrages consultés et de référence

ALLDAY 1972
Elisabeth Allday, *Stefan Zweig. A Critical Biography*, Londres, 1972.

ARENS 1968
Hans Arens, *Stefan Zweig im Zeugnis seiner Freunde* [« S. Z. au témoignage de ses amis »], édité et introduit par Hans Arens, Münich et Vienne, 1968.

BRIEFE I [« LETTRES »] :
Stefan Zweig, *Briefe 1897-1914*, édité par Knut Beck, Jeffrey B. Berlin et Natascha Weschenbach-Feggeler, Francfort-sur-le-Main, 1995.

BRIEFE II :
Stefan Zweig, *Briefe 1914-1919*, édité par Knut Beck, Jeffrey B. Berlin et Natascha Weschenbach-Feggeler, Francfort-sur-le-Main, 1998.

BRIEFE III :
Stefan Zweig, *Briefe 1920-1931*, édité par Knut Beck et Jeffrey B. Berlin, Francfort-sur-le-Main, 2000.

BRIEFE IV :
Stefan Zweig, *Briefe 1932-1942*, édité par Knut Beck et Jeffrey B. Berlin, Francfort-sur-le-Main, 2005.

EN FRANÇAIS :
Stefan Zweig, *Correspondance*, en 3 volumes [car un certain nombre de lettres ou de notes de l'édition allemande n'y figurent pas].

– *1897-1919*, préface, notes et traduction d'Isabelle Kalinowski, Paris, 2000, rééd. Le Livre de Poche, Paris, 2010.

– *1920-1931*, traduction de Laure Bernardi, Paris, 2003, rééd. Le Livre de Poche, Paris, 2010.

– *1932-1942*, traduction de Laure Bernardi, Paris, 2008, rééd. Le Livre de Poche, Paris, 2010.

BRIEFE AN FREUNDE [« LETTRES AUX AMIS »]

Stefan Zweig, *Briefe an Freunde*, édité par Richard Friedenthal, Francfort-sur-le-Main, 1984.

BRIEFE SÜDAMERIKA [« LETTRES D'AMÉRIQUE DU SUD »]

Stefan and Lotte Zweigs South American Letters, New York, Argentina and Brazil, 1940-1942, edited by Darién J. Davis et Oliver Marshall, Londres, 2010.

EN FRANÇAIS : Stefan et Lotte Zweig, *Lettres d'Amérique, New York, Argentine et Brésil, 1940-1942*, édition établie et préfacée par Darién J. Davis et Oliver Marshall, traduit de l'anglais par Adrienne Boutang et Baptiste Touverey, Paris, 2012.

CORRESPONDANCE FRIDERIKE ZWEIG 1951

Stefan Zweig-Friderike Zweig, *Unrast der Liebe, Briefwechsel 1912-1942*, Bern, 1951.

EN FRANÇAIS : Friderike et Stefan Zweig, *L'Amour inquiet, Correspondance 1912-1942*, traduit de l'allemand par Jacques Legrand, Paris, 1987 [d'après la 2de édition allemande augmentée, datée 1981].

CORRESPONDANCE FRIDERIKE ZWEIG 2006

Stefan Zweig-Friderike Zweig, *« Wenn einen Augenblick die Wolken weichen »* [« Si les nuages se dissipent un instant »], *Briefwechsel 1912-1942*, édité par Jeffrey B. Berlin et Gert Kerschbaumer, Francfort-sur-le-Main, 2006.

CORRESPONDANCE ROTH-ZWEIG

« Jede Freundschaft mit mir ist verderblich », Josef Roth und Stefan Zweig, Briefwechsel 1927-1938, édité par Madeleine Rietra et Rainer-Joachim Siegel, Göttingen, 2011.

EN FRANÇAIS : Stefan Zweig-Joseph Roth, *Correspondance 1927-1938*, traduit de l'allemand et préfacé par Pierre Deshusses, Paris, 2013.

CORRESPONDANCE ZWEIG-STRAUSS

Richard Strauss-Stefan Zweig, Briefwechsel, Willi Schuh (éd.), Francfort-sur-le-Main, 1957.

EN FRANÇAIS : *Richard Strauss-Stefan Zweig, Correspondance 1931-1936*, édition française présentée, établie et annotée par Bernard Banoun, traduction par Nicole Casanova et Bernard Banoun, Paris, 1994.

DINES 2006
Alberto Dines, *Tod im Paradies. Die Tragödie des Stefan Zweig* [«Une mort au paradis. La tragédie de S. Z.»], Francfort-sur-le-Main, 2006.

EBERMEYER 2005
Erich Ebermeyer, *Eh' ich's vergesse... – Erinnerungen an* [«Avant que j'oublie... – Souvenirs de»] *Gerhard Hauptmann, Thomas Mann, Klaus Mann, Gustav Gründgens, Emil Jannings und Stefan Zweig*, édité et préfacé par Dirk Heisserer, Munich, 2005.

FITZBAUER 1959
Stefan Zweig – Spiegelungen einer schöpferischen Persönlichkeit [«Reflets d'une personnalité créatrice»], édité par Erich Fitzbauer, Vienne, 1959.

HOLL-ZELEWITZ 1981
Hildemar Holl und Klaus Zelewitz, *Hausdurchsuchung 1934. Versuch einer Dokumentation über Stefan Zweigs Abschied von Österreich.* [«Perquisition 1934. Essai d'une documentation sur le départ de Stefan Zweig d'Autriche»]. In *Stefan Zweig 1881/1981, Zirkular*, hors série n° 2, 1981, p. 77-95.

KERSCHBAUMER 2003
Gert Kerschbaumer, *Stefan Zweig – Der fliegende Salzburger* [«Le Salzbourgeois volant»], Salzbourg, Vienne, Francfort-sur-le-Main, 2003.

KERSCHBAUMER 2009
Gert Kerschbaumer, *Kapuzinerberg 5 – Beletage und Souterrain.* In *Zweigheft 02*, novembre 2009, p. 31-37.

KRAMML 2007
Peter F. Kramml, *Stefan Zweigs Stieftochter Suse von Winternitz (1910-1998) und die Anfänge der Pressephotographie in Salzburg.* [«La belle-fille de St. Z. Suse von Winternitz et les débuts de la photographie de presse à Salzbourg»]. In *Salzburg-Archiv 32 / 2007*, p. 325 ss.

MATUSCHEK 2005
«Ich kenne den Zauber der Schrift.» Katalog und Geschichte der Autographensammlung Stefan Zweigs [«Je connais la magie de l'écriture.»

Catalogue et histoire de la collection d'autographes de Stefan Zweig], Oliver Matuschek (éd.) (Antiquariat In-libris, Katalog 15), Vienne, 2005.

MATUSCHEK 2006
Oliver Matuschek, *Stefan Zweig. Drei Leben – Eine Biographie*, Francfort-sur-le-Main, 2006.

PRATER 1981
Donald A. Prater, *Stefan Zweig. Das Leben eines Ungeduldigen* [«La Vie d'un impatient»], Munich et Vienne, 1981.

RIEGER 1928
Erwin Rieger, *Stefan Zweig. Der Mann und das Werk* [«L'Homme et l'Œuvre»], Berlin, 1928.

SALZBURG 1961
Stefan Zweig 1881-1942, Ausstellungskatalog [«Catalogue d'exposition»], Erich Fitzbauer (dir.), Salzbourg, 1961.

ZWEIG F 1947
Friderike Maria Zweig, *Stefan Zweig, wie ich ihn erlebte* [«S. Z. comme je l'ai connu»], Stockholm, Zurich, Londres, New York, 1947.

ZWEIG F 1961
Friderike Maria Zweig, *Stefan Zweig – Eine Bildbiographie*, Munich, 1961.

ZWEIG F 1964
Friderike Maria Zweig, *Spiegelungen des Lebens* [«Reflets d'une vie»], Vienne, Stuttgart, Zurich, 1964.`

ZWEIG GW TAGEBÜCHER [*Gesammelte Werke* : «œuvres complètes»]
Stefan Zweig, *Tagebücher*, édité, annoté et postfacé par Knut Beck, Francfort-sur-le-Main, 1984.
EN FRANÇAIS : Stefan Zweig, *Journaux 1912-1940*, traduction par Jacques Legrand, Belfond, Paris, 1986.

ZWEIG GW WELT VON GESTERN
Stefan Zweig, *Die Welt von Gestern – Erinnerungen eines Europäers*, Francfort-sur-le-Main, 1981.
EN FRANÇAIS : Stefan Zweig, *Le Monde d'hier. Souvenirs d'un Européen*, nouvelle traduction par Serge Niemetz, Belfond, Paris, 1993/Le Livre de Poche, 1996.

Illustrations

Index des noms de personnes

Retrouvez toute l'actualité des éditions Albin Michel sur notre site
albin-michel.fr
et suivez-nous sur les réseaux sociaux !
Instagram : editionsalbinmichel
Facebook : Éditions Albin Michel
Twitter : AlbinMichel

Composition : IGS-CP
Éditions Albin Michel
22, rue Huyghens, 75014 Paris
www.albin-michel.fr
ISBN : 978-2-226-47731-6

Imprimé par NRI s.a.s.
N° d'impression : 2205270
N° d'édition : 25150/01
Dépôt légal : janvier 2023
Imprimé en France